MEDIZIN

W0012684

BILDUNG

PERSONALWESEN

Jörg Dräger • Ralph Müller-Eiselt

WIR UND
DIE INTELLIGENTEN
MASCHINEN

Jörg Dräger ◆ Ralph Müller-Eiselt

WIR UND
DIE INTELLIGENTEN
MASCHINEN

Wie Algorithmen unser Leben bestimmen
und wir sie für uns nutzen können

Deutsche Verlags-Anstalt

Unter Mitarbeit von
Carla Hustedt
Sarah Fischer
Emilie Reichmann
Anita Klingel

Redaktion: André Zimmermann

Verlagsgruppe Random House FSC® N001967

1. Auflage
Copyright © 2019 Deutsche Verlags-Anstalt, München,
in der Verlagsgruppe Random House GmbH,
Neumarkter Straße 28, 81 673 München
Umschlaggestaltung: total italic, Thierry Wijnberg (Amsterdam/Berlin)
Vor- und Nachsatz: Dietlind Ehlers
Typografie und Satz: DVA/Andrea Mogwitz
Gesetzt aus der Meta Serif
Druck und Bindung: GGP Media GmbH, Pößneck
Printed in Germany
ISBN 978-3-421-04841-7

www.dva.de

Dieses Buch ist auch als E-Book erhältlich.

Inhalt

Die algorithmische Gesellschaft – ein Vorwort

Intelligente Maschinen sind Teil unseres Lebens. Sie helfen Ärzten bei Krebsdiagnosen und schicken Polizisten auf Verbrecherjagd. Sie suchen für Personalabteilungen geeignete Bewerber aus und schlagen Richtern vor, welche Strafen sie verhängen sollen. Das ist keine Science-Fiction, sondern Realität. Algorithmen und Künstliche Intelligenz bestimmen mehr und mehr unseren Alltag.

Faszination und Horror liegen dabei dicht beieinander. Vieles klingt verheißungsvoll: Den Krebs besiegen, bevor er entsteht. Das Verbrechen verhindern, ehe es geschieht. Den Traumjob bekommen, auch ohne Vitamin B. Gerechtigkeit walten lassen, ohne unterbewusst zu diskriminieren. So vielsprechend sich das anhört, so bedrückend kommen die Negativ-Szenarien daher: Das solidarische Gesundheitssystem aufgekündigt, bestimmte Bevölkerungsgruppen benachteiligt, manche komplett vom Arbeitsmarkt ausgeschlossen, Menschen als Spielball und Opfer digital ermittelter Wahrscheinlichkeiten.

Ob Verheißung oder Verderben – die Veränderungen werden radikal sein. Wir müssen deshalb das Verhältnis von Mensch und Maschine neu bewerten und neu justieren. Wie wirkt Künstliche Intelligenz (KI) auf uns, unser Leben und unsere Gesellschaft? Wo können uns Algorithmen bereichern, wo gilt es, ihrer drohenden Allmacht Einhalt zu gebieten? Wer gewinnt und wer verliert durch den digitalen Wandel? Die Fragen erinnern an frühere Umbrüche mit ähnlich großer Reichweite. Auch die industrielle Revolution hat die wirtschaftlichen und gesellschaftlichen

Verhältnisse umgekrempelt, begleitet von Zukunftshoffnungen, Ängsten und erheblichen sozialen Spannungen. In der historischen Rückschau hat der technologische Fortschritt das Leben der meisten Menschen besser gemacht und Wohlstand, Lebenserwartung und Sozialstandards steigen lassen. Wer sehnt sich heute allen Ernstes in die vorindustrielle Zeit des frühen 18. Jahrhunderts zurück?

Einfach darauf zu vertrauen, dass sich alles auch dieses Mal zum Guten wendet, wäre allerdings naiv. Ob die intelligenten Maschinen die Gesellschaft besser oder schlechter machen, ist noch längst nicht entschieden. Die gute Nachricht: Es liegt an uns, die Veränderung zu gestalten. Algorithmen werden von Menschen geschaffen und tun, was Menschen ihnen als Ziel vorgeben. Deshalb sind wir es, die es in der Hand haben zu entscheiden, welchen Interessen und Werten sie dienen sollen.

Wir wollen mit diesem Buch Mut machen. Wir wollen zeigen, wie intelligente Maschinen in den Dienst der Gesellschaft gestellt werden können. Das ist eine der wichtigsten politischen Aufgaben unserer Zeit. Umso fahrlässiger erscheint der Umgang der deutschen Politik mit dem digitalen Wandel. Während hierzulande die Debatte jahrelang im Lamento über Funklöcher und langsames Internet verharrte, sind uns andere Nationen deutlich enteilt. Bereits Anfang 2016 – in digitalen Zeiten also vor einer kleinen Ewigkeit – ließ der damalige US-Präsident Obama von einer hochrangigen Kommission Empfehlungen entwickeln, wie die amerikanische Gesellschaft Künstliche Intelligenz zu ihrem Nutzen einsetzen könnte. Der französische Präsident Emmanuel Macron hat direkt nach Amtsantritt die europäische Zusammenarbeit bei diesem Thema zu einem seiner Kernanliegen gemacht. Die Kräfte in Europa zu bündeln, wird auch nötig sein: In China will man im kommenden Jahrzehnt umgerechnet 150 Milliarden Dollar in KI-Projekte investieren.

In Deutschland hingegen blieb der Diskurs vage und hypothetisch, fast staunend verfolgten Politik und Öffentlichkeit die Entwicklung in anderen Ländern. Erst im Herbst 2018 zog die Bundesregierung nach, richtete mehrere Kommissionen ein und verabschiedete eine nationale KI-Strategie – mit einem Volumen von 3 Milliarden Euro. Der deutschen Politik, aber auch weiten Teilen von Wissenschaft und Zivilgesellschaft mangelt es noch an Fachexpertise und zu oft leider auch an Gestaltungswillen. Nur: Algorithmen sind gekommen, um zu bleiben. Aussitzen werden wir die algorithmische Revolution nicht können. Wenn überhaupt gehandelt wird, dominiert zumeist die ökonomische Perspektive. Doch mindestens genauso dringend brauchen wir eine gesellschaftliche Gestaltung. Intelligente Maschinen sind ein Fall fürs Gemeinwohl. Deshalb haben wir dieses Buch geschrieben. Im ersten Teil *WIR in der algorithmischen Welt* zeigt es, wie weitreichend sich unser Leben verändert und warum ein Miteinander von Mensch und Maschine nötig ist. Der zweite Teil *Was Algorithmen für UNS tun können* sortiert die Vielfalt algorithmischer Einsatzbereiche und ihre jeweiligen Chancen, Risiken und Folgen. Der dritte Teil *Was WIR jetzt tun müssen* entwickelt konkrete Vorschläge für eine gute algorithmische Gesellschaft, bevor wir abschließend einen kurzen Ausblick wagen. Mit dieser Mischung aus Appell, Analyse und Ansätzen für Lösungen hoffen wir, eine breitere gesellschaftliche Debatte befeuern zu können.

Deswegen geht es in diesem Buch auch nicht um Technik, sondern um ihre sozialen Folgen und Gestaltungsbedarfe. Wir kümmern uns nicht um Geschäftsmodelle, sondern um Gesellschaftsmodelle. Viele Beispiele aus der Praxis beleuchten, wie sich der zunehmende Einsatz scheinbar intelligenter Maschinen auf jeden Einzelnen und unser Miteinander auswirkt. *Scheinbar* deshalb, weil Algorithmen zwar menschliche Intelligenz imitieren können und in manchen Einsatzbereichen auch unsere kognitive Leistungsfähigkeit überflügeln. Diese sogenannte Künstliche Intelligenz aber beschränkt sich auf eng definierte Aufgaben und entbehrt gerade dessen, was Menschen weiterhin einzigartig macht: Verschiedene Sachverhalte zu verbinden, Erkenntnisse zu übertragen, zu bewerten und zwischen widerstreitenden Interessen und Zielen abzuwägen. Wann immer wir in diesem Buch von »intelligenten Maschinen« als Synonym für Algorithmen – noch korrekter: als Synonym für algorithmische (Software-)Systeme – sprechen, sind wir uns dieser wesentlichen Beschränkung ihrer »Intelligenz« bewusst. Doch selbst dann ist ihre Wirkung sehr weitreichend.

Unser Buch blickt auf die großen Herausforderungen der algorithmischen Revolution durch die Brille des Gemeinwohls – unabhängig und unparteilich, aber keineswegs unpolitisch. Ebenso wie das Bertelsmann-Stiftungsprojekt *Ethik der Algorithmen* (www.algorithmenethik.de) wollen wir für kommende Veränderungen sensibilisieren, den Diskurs strukturieren, Lösungen entwickeln und deren Umsetzung anstoßen. Dabei folgen wir einem klaren Kompass: Nicht das technisch Mögliche, sondern das gesellschaftlich Sinnvolle muss der Maßstab sein. Dieses Buch soll Sie anstiften, aktiv zu werden und sich zu engagieren. Noch haben wir es selbst in der Hand, Algorithmen und Künstliche Intelligenz in unseren Dienst zu stellen.

WIR in der algorithmischen Welt

> »Künstliche Intelligenz könnte das Beste oder
> das Schlimmste werden, was der Menschheit
> jemals widerfahren ist. Wir wissen nur noch nicht,
> was von beidem zutrifft.«[1]
> STEPHEN HAWKING, PHYSIKER (1942–2018)

1

Immer und überall

11. Dezember 2017. Es ist der Tag, an dem sich der Stadtrat von New York City ein Stück Mitbestimmung zurückholt.[2] Und für die 8,6 Millionen Einwohner der US-Metropole einen wichtigen Etappensieg erkämpft für mehr Transparenz über die dort eingesetzten Algorithmen. Demnächst könnten die New Yorker als weltweit erste Bürger das Recht haben zu wissen, wo, wann, wie und nach welchen Kriterien sie von Maschinen regiert werden. Der Mann, der diesen Kampf geführt hat, heißt James Vacca. Ein Demokrat aus der Bronx, der in seiner dritten und letzten Amtszeit als Abgeordneter auch den Technologieausschuss leitet. Das Gesetz, das der Stadtrat an diesem Tag beschließt, soll sein politisches Vermächtnis sein. Seine Bedeutung könnte weit über New York und die USA hinausgehen.

»Wir werden zunehmend von Technik bestimmt.«[3] Mit diesem Satz beginnt Vacca seine Rede, in der er den Gesetzentwurf begründet. Mit »wir« meint der damals 62-Jährige die Bürger der Stadt, aber auch sich und seine Kollegen, die Abgeordneten im Rat. Die New Yorker Verwaltung setzt seit einigen Jahren zunehmend Algorithmen ein. Sie tut das in den unterschiedlichsten Bereichen: Polizei, Justiz, Schule, Brandschutz, Sozialtransfers. Transparenz: Fehlanzeige. Weder die Öffentlichkeit noch ihre gewählten Vertreter wissen, welche Daten in die Algorithmen eingespeist werden und wie sie dort gewichtet werden. Damit ist ein Widerspruch gegen Behördenentscheidungen für die Bürger ebenso schwierig wie die politische Steuerung für die Abgeordneten. Gegen diese Intransparenz kämpft Vacca. Er will, dass jedes Amt, das Algorithmen einsetzt, gegenüber dem Parlament und der Öffentlichkeit rechenschaftspflichtig wird. Er will Licht bringen in die Black Box der algorithmischen Gesellschaft.

Seit Vaccas erstem Arbeitstag vor nahezu 40 Jahren hat sich vieles verändert. Zu Beginn seiner beruflichen Laufbahn wurden Briefe und Vorlagen noch auf Schreibmaschinen geschrieben. Als diese eines Tages durch Computer ersetzt werden sollten, hielt er das für Geldverschwendung. Vacca ist alles andere als ein *Digital Native*. Aber er ist auch kein *Digital Naive*. Durch seine Arbeit im Technologieausschuss weiß er, wie weit computerbasierte Entscheidungen heute in den Alltag der New Yorker eingreifen: Polizisten werden auf Basis von maschinell erstellten Kriminalitätsprognosen auf Verbrecherjagd geschickt, Schüler von Computern ihren weiterführenden Schulen zugeteilt, Sozialhilfevergabe durch Software überprüft und Untersuchungshaft auf Basis algorithmisch berechneter Rückfallquoten verhängt. Dagegen hat er im Prinzip gar nichts einzuwenden. Nur möchte er gern verstehen, wie diese Entscheidungen zustande kommen.

Vacca irritierte die mangelnde Offenheit der Verwaltung schon in den 1980er Jahren. Damals ärgerte er sich über die seiner Meinung nach zu geringe personelle Ausstattung der Polizeidienststelle in der Bronx, für die er als Stadtteilmanager verantwortlich war. Als er sich an die zuständige Behörde wandte, bekam er zur Antwort, die Kriminalitätsrate seines Bezirks sei zu niedrig für mehr Polizisten. Die dahinterstehende Berechnungsformel jedoch wurde ihm nicht herausgegeben. Er konnte die Quote also weder verstehen noch hinterfragen oder gar dagegen vorgehen.

Damals wie heute wollte James Vacca mehr Transparenz. Im August 2017 hatte er die erste Fassung des Gesetzentwurfs in den Stadtrat eingebracht, mit dem alle Behörden verpflichtet werden sollten, den Quellcode ihrer Algorithmen offenzulegen. Die Experten bremsten Vacca bei der Anhörung im Technologieausschuss: Das Themenfeld sei noch zu unbekannt, zu viel Transparenz gefährde die Sicherheit, mache die Systeme anfällig für Betrüger und missachte Geschäftsgeheimnisse der Softwarehersteller.

James Vacca musste Zugeständnisse machen. Nun wird zunächst eine Kommission aus Wissenschaftlern und Experten eingesetzt, die bis Ende

2019 Regeln entwerfen soll, wie Abgeordnete und Öffentlichkeit künftig über automatisierte Behördenentscheidungen informiert werden. Zufrieden ist Vacca trotzdem, denn die Kommission hat einen klar definierten Auftrag, der in Gesetzestext gegossen ist:»Wenn schon Maschinen, Algorithmen und Daten über uns bestimmen, dann müssen sie zumindest transparent sein. Dank des neuen Gesetzes werden wir algorithmische Entscheidungen besser verstehen und die Behörden rechenschaftspflichtig machen können.«[4] Der Prozess hin zu mehr Offenheit und Regulierung scheint unaufhaltsam.

Was die Gesetzesinitiative jetzt schon bewirkt hat: In New York steht der Einsatz von Algorithmen mehr denn je auf der öffentlichen Agenda. Im Stadtrat, in den Medien, in der Bürgerschaft. Algorithmen sind von nun an politisch. Es wird darüber debattiert, was sie tun. Und sie tun bereits eine ganze Menge.

Im Dienste der Sicherheit

Nicht nur Notrufe führen die New Yorker Polizei zu ihrem nächsten Einsatz, sondern auch Computermitteilungen.[5] Noch ist am Einsatzort, den die Software den Polizisten zugewiesen hat, kein Verbrechen geschehen. Aber laut der Datenanalyse soll in dem auf der Straßenkarte gekennzeichneten Bereich in den nächsten Stunden mit hoher Wahrscheinlichkeit ein Autodiebstahl oder ein Einbruch passieren. Durch verstärkte Patrouillen könnten diese Delikte verhindert werden.

Algorithmen steuern Polizeiarbeit. In den 1990er Jahren war New York City berüchtigt für seine hohe Kriminalität und die vielen Gangs. Innerhalb eines Jahres wurden 2000 Morde, 100 000 Raubüberfälle und 147 000 Autodiebstähle gezählt. New York hatte sich den Ruf der gefährlichsten Stadt der Welt eingehandelt. Die Politik reagierte. Unter dem Slogan *Zero Tolerance* wurde in Abschreckung investiert, härtere Strafen und höhere Aufklärungsquoten sollten klarmachen: Verbrechen lohnt sich nicht.

Was aber, wenn man mittels moderner Technologie Kriminalität verhindern könnte, bevor sie überhaupt entsteht? Auch dieser Frage ging die New Yorker Polizei nach, obwohl das anfangs nach Science-Fiction klang. Der Spielberg-Thriller *Minority Report* nach der Kurzgeschichte von Philip K. Dick spielte die Idee 2002 durch: In einer utopischen Gesellschaft geschehen keine schweren Verbrechen mehr, weil drei Mutanten über hellseherische Fähigkeiten verfügen und jede Straftat verlässlich melden – eine Woche, bevor sie begangen wird. Potentielle Straftäter werden interniert. Chief John Anderton, gespielt von Tom Cruise, leitet in dem Film die zuständige Abteilung bei der Polizei und ist stolz auf ihre Ergebnisse, bis eines Tages sein eigener Name vom System ausspuckt wird. Er gilt nun als Mörder in spe und versucht verzweifelt, seine Unschuld zu beweisen.

Was bei Dicks und Spielberg die drei Mutanten sind, sind in New York die Algorithmen. Sie liefern Kriminalitätsprognosen. Allerdings mit einem entscheidenden Unterschied: Der Computer trifft hier keine Vorhersagen, *wer* demnächst ein Verbrechen begeht, sondern *wo* demnächst eines geschieht. *Predictive Policing*, vorhersagende Polizeiarbeit, wird das genannt.

Und es funktioniert so: Eine Software wertet für jeden Stadtteil New Yorks die Verbrechenshistorie der vergangenen Jahre aus und gleicht die erkannten Muster mit tagesaktuellen Polizeimeldungen ab. Kriminalität mag auf den ersten Blick zufällig erscheinen, tatsächlich folgen bestimmte Straftaten wie Wohnungseinbrüche oder Diebstähle aber Gesetzmäßigkeiten, die es zu entdecken gilt. Sie sind abhängig von der Bevölkerungsstruktur, dem Wochentag, der Tageszeit und anderen Rahmenbedingungen. So wie Erdbeben an den Rändern der tektonischen Platten entstehen, breitet sich Kriminalität rund um bestimmte Punkte wie einen Supermarktparkplatz, eine Bar oder eine Schule aus. Für die präventiven Einsätze der Polizisten markiert die Software kleine Quadrate von 100 bis 200 Metern Seitenlänge, wo kürzlich Diebstähle, Drogenhandel oder Gewaltverbrechen stattgefunden haben, denen – so die Analyse – häufig weitere Delikte folgen.

Seit sie *Predictive Policing* einsetzen, hat sich im Arbeitsalltag der Polizisten einiges geändert. Wurden sie früher erst gerufen, wenn ein Verbrechen bereits begangen war und aufgeklärt werden sollte, sagt ihnen heute der Computer, wo am wahrscheinlichsten das nächste Verbrechen geschieht. Fuhren sie früher oft täglich die gleiche Route ab, bestimmt heute die Software sogenannte Kriminalitätshotspots, die sie besonders unter die Lupe nehmen und dort Präsenz zeigen sollen. Die Polizei kann so ihre Ressourcen besser planen und einsetzen und präventiver arbeiten. »Verbrechen verhindern, bevor sie geschehen, ist der heilige Gral der Strafverfolgung«, sagt der Washingtoner Juraprofessor Andrew G. Ferguson.[6] New Yorks Bürgermeister Bill de Blasio sieht das pragmatischer und weniger poetisch: Durch algorithmische Systeme habe die Polizeiarbeit an Wirksamkeit und Vertrauen gewonnen. Die Stadt sei jetzt sicherer und lebenswerter.[7] Tatsächlich hat sich innerhalb von 20 Jahren die Zahl der Morde in New York City um 80 Prozent auf jährlich nur noch rund 350 reduziert. Auch Diebstähle und Raubüberfälle gingen um 85 Prozent zurück. Welchen Anteil *Predictive Policing* daran hat, lässt sich nicht genau feststellen. Auf jeden Fall aber ermöglicht die Software Polizisten, dort zu sein, wo sie dringend gebraucht werden.

Allerdings bleibt die konkrete Funktionsweise der Algorithmen den Bürgern verborgen: Wie arbeiten diese Programme? Welche Daten sammeln sie? Es laufen Klagen gegen die New Yorker Polizei wegen Verletzung des Informationsfreiheitsgesetzes. Wo überall Algorithmen zum Einsatz kämen, würde den Bürgern ebenso wenig transparent gemacht wie die genauen Berechnungsformeln. Vor Gericht bekamen die Kläger in erster Instanz Recht. Dennoch weigert sich die Polizei weiterhin, detaillierte Informationen über ihr *Predictive Policing* zu veröffentlichen.

Prävention wird auch bei der New Yorker Feuerwehr großgeschrieben.[8] Brände verhindern statt Brände löschen, lautet ihr Ziel. Doch wie die Polizei hat auch sie mit begrenzten Ressourcen zu kämpfen, gerade beim Brandschutz. Nicht alle der 330 000 Gebäude können jedes Jahr überprüft werden. Die Feuerwehr muss deshalb Prioritäten setzen und die am stärksten gefährdeten Gebäude rechtzeitig identifizieren. Doch welche sind das? Allein dieser Auswahlprozess hat früher eine ganze Abteilung ausgelastet. Seit ein paar Jahren nutzt die Feuerwehr ein Computerprogramm, das algorithmisch das Brandrisiko jedes Gebäudes berechnet. Unter Berücksichtigung von Größe, Alter, Baumaterial, Schädlingsbefall und Bewohnerdichte sowie der Brandgeschichte des Stadtviertels erstellt der Algorithmus die Inspektionsliste des nächsten Tages (siehe Kapitel 10).

Im Dienste der Gerechtigkeit

»Kleiner, sicherer, gerechter.«[9] Unter dieses Motto stellt Bürgermeister de Blasio im Juni 2017 seinen Plan, das größte Gefängnis New Yorks zu schließen.[10] Auf Rikers Island, einst als das neue Alcatraz bezeichnet, saßen in den 1990er Jahren die meisten der damals 20 000 Strafgefangenen der Stadt. Doch mittlerweile sind weniger als 10 000 New Yorker in Haft, die jährlich 800 Millionen Dollar teure Vollzugsanstalt auf Rikers Island steht teilweise leer. Zudem wurde das Gefängnis gerade von einem Skandal um die Misshandlung eines jugendlichen Untersuchungshäftlings erschüttert. De Blasio hat also gleich mehrere Gründe für die Schließung. Dafür will er die Zahl der Inhaftierten weiter reduzieren: auf 7000 in fünf Jahren und langfristig auf 5000.

Der größte Hebel in seinem Plan: Algorithmen. Den New Yorker Richtern sollen sie bei der besseren Risikoabschätzung helfen. Erstens, ob Untersuchungshaft angeordnet wird, während jemand auf seinen Prozess wartet. Zweitens, ob einem Antrag auf vorzeitige Haftentlassung stattgegeben wird. Zu beurteilen sind hier Wahrscheinlichkeiten: im einen Fall die der Fluchtgefahr, im anderen die einer Rückfälligkeit. Und diese Wahrscheinlichkeiten hängen von so vielen Faktoren ab, dass ein Richter sie in der für einen Fall zur Verfügung stehenden Zeit bislang kaum adäquat abschätzen konnte.

COMPAS (Correctional Offender Management Profiling for Alternative Sanctions) ist eine Software, die das Flucht- und Rückfallrisiko berechnet. Auch wenn sich die Firma, die das Programm entwickelt hat, weigert, den dahinterliegenden Algorithmus zu veröffentlichen, weiß man durch Untersuchungen der Nonprofit-Organisation für investigativen Journalismus ProPublica, dass bei solchen Systemen eine Vielzahl von Daten erfasst und analysiert wird: Alter, Geschlecht, Wohnadresse, Art und Schwere von Vorstrafen bis hin zu Informationen über das familiäre Umfeld oder das Vorhandensein eines funktionierenden Telefonanschlusses. *COMPAS* erhebt dazu Antworten auf 137 Fragen.

Das Potenzial für algorithmische Unterstützung der Richter ist riesig. In einer Studie haben Wissenschaftler für New York City berechnet, dass man insgesamt die Zahl der Inhaftierten um 42 Prozent verringern könne, ohne die Kriminalitätsrate zu erhöhen, wenn man Gefängnisinsassen mit geringer Rückfallwahrscheinlichkeit frei ließe.[11] Im US-Bundesstaat Virginia arbeiteten in einem Test einige Gerichte mit Algorithmen. Sie ordneten nur in halb so vielen Fällen Untersuchungshaft an wie Gerichte, an denen die Richter ohne Software entschieden. Trotzdem war die Quote derjenigen, die einem Prozess fernblieben oder in der Zwischenzeit erneut straffällig wurden, nicht höher.

Algorithmisch unterstützte Entscheidungen verbessern Prognosen, auch wenn sie natürlich keine hundertprozentige Treffsicherheit bieten. Zudem könnten sie auch die Abweichungen in der Rechtsprechung reduzieren. So verlangt in New York City der härteste Richter mehr als doppelt so häufig eine Kaution wie der mildeste seiner Kollegen. Die Schwankungen mögen an der Einstellung der Richter liegen, aber auch an deren Arbeitsbelastung: Innerhalb nur weniger Minuten müssen sie über eine Kaution entscheiden.

Was für die Gesellschaft einige Vorteile verspricht, kann für den einzelnen Betroffenen aber auch handfeste Nachteile mit sich bringen. Kaum jemand wüsste das besser als Eric Loomis aus dem US-Bundesstaat Wisconsin. Er wurde im Jahr 2013 zu sechs Jahren Gefängnis verurteilt für ein Verbrechen, das üblicherweise nur eine Bewährungsstrafe nach sich zieht. Der *COMPAS*-Algorithmus hatte dem Richter eine hohe Wahrscheinlichkeit weiterer Delikte vorhergesagt und damit zu einer langen Haftstrafe beigetragen. Wie solche Algorithmen diskriminieren, werden wir in Kapitel 4 noch vertiefen.

Im Dienste der Effizienz

Jedes Jahr im Herbst beginnt in New York die Bewerbungsphase für die Highschool.[12] Für viele Eltern ist das eine Zeit von Stress und Unsicherheit, denn es gibt zu wenige Plätze an den begehrten Schulen, deren Abschluss später besonders hilfreich für Ausbildung, Studium und Karriere ist. Die Teenager haben in den vergangenen Monaten mit ihren Eltern weiterführende Schulen recherchiert, bei einigen haben sie Tests absolviert und sich persönlich vorgestellt. Akademisch herausfordernd, mit gutem Sportangebot und nicht zu weit weg soll die zukünftige Highschool sein – und natürlich gute Abschlussraten und -noten vorweisen. Bis zum 1. Dezember haben die rund 80 000 Kinder und ihre Eltern Zeit, aus über 400 Optionen zwölf Wunschschulen auf dem Bewerbungsbogen anzugeben. Im folgenden März werden sie dann vom örtlichen Schulamt erfahren, wo sie einen Platz bekommen.

Bis zum Jahr 2003 mussten die Mitarbeiter der Behörde die Schulplätze händisch zuteilen – eine komplexe Aufgabe, die unter erheblichem Zeitdruck stand. Der Arbeitsaufwand in der Verwaltung war immens, doch das Ergebnis mau, denn 41 Prozent der Schüler bekamen keinen Platz an einer ihrer – damals noch vier – Wunschschulen. Dementsprechend groß war die Unzufriedenheit. Besonders selten zum Zug kamen Kinder mit schlechten Noten oder aus ärmeren Haushalten, während die engagierten Eltern sich immer neue Tricks einfallen ließen, um ihren Nachwuchs in eine gute Institution zu bringen.

Heute haben die Jugendlichen bessere Chancen. Denn über ihre weiterführende Schule wird kein Verwaltungsmitarbeiter und kein Losverfahren entscheiden, sondern ein Algorithmus. Er wird versuchen, einen ihrer Top-Wünsche zu erfüllen. Ein aus der Spieltheorie abgeleitetes Verfahren ermöglicht eine viel genauere Passung als früher zwischen den Präferenzen der Schüler und den Kapazitäten der Schulen. 96 Prozent der Schüler erhalten heute einen Platz an einer Highschool ihrer Wahl, und das ist nicht nur der Verlängerung der Wunschliste von vier auf zwölf geschuldet. Jeder zweite Schüler erhält einen Platz an seiner Lieblingsschule, ein weiteres Drittel an der seiner zweiten Wahl. Fälle wie früher, dass manche Kinder mehrere Zusagen bekamen und andere gar keine, verhindert das neue System. Die Arbeit im Schulamt ist wesentlich effizienter geworden.

New York City optimiert hier mithilfe von Algorithmen ein klassisches Verteilungsproblem: Zu viele Bewerber müssen auf zu wenige Plätze verteilt werden. Bei anderen stark nachgefragten Gütern wie Tickets für ein beliebtes Konzert wäre die Lösung einfach. Der Veranstalter erhöht den Preis, sodass Angebot und Nachfrage sich dann die Waage halten. Doch der Zugang zu staatlichen Gütern wie schulische Bildung braucht andere Kriterien. Die entwickelte für New York City ein Nobelpreisträger. Alvin E. Roth von der Stanford University entwarf einen Algorithmus, der erst nach mehreren virtuellen Matching-Runden, in denen er sowohl die Präferenzen der Schüler als auch die Kapazitäten und Auswahlkriterien der Schulen berücksichtigt, eine endgültige Zuteilung vornimmt.

Dennoch löst auch dieser Algorithmus bei weitem nicht alle Probleme des Bildungssystems: Soziale Ungleichheiten werden durch effiziente Zuteilung nicht aufgehoben, auch nicht die Segregation von Schülern unterschiedlicher Herkunft. Weiterhin gibt es nicht genügend Plätze an den guten Schulen, und es besteht ein deutliches Gefälle zwischen den Bildungsangeboten in reicheren und ärmeren Gegenden der Stadt. Kinder aus sozial schwachen Haushalten und mit schlechteren Noten landen nach wie vor eher in unterfinanzierten und benachteiligten Schulen. Die Eltern mögen zwar zufriedener als früher sein, weil ihr Nachwuchs einen Platz an der nächstgelegenen Schule erhält. Das heißt aber nicht, dass das auch automatisch die beste Wahl für ihn ist. Schüler aus wohlhabenderen Haushalten hingegen bekommen bei der Erstellung ihrer Präferenzliste oft intensive Unterstützung, sogar von professionellen Beratern.

Algorithmen für mehr Qualität und Effizienz bei komplexen Aufgaben werden in New York nicht nur im Schulwesen eingesetzt. Auch die Gewährung von Sozialhilfe wird maschinell überprüft.[13] Im Jahr 2009 wurden noch händisch 48 000 Ermittlungen wegen Sozialbetrugs geführt und Gelder in Höhe von lediglich 29 Millionen US-Dollar sichergestellt. Heute erkennt ein Algorithmus die Muster des Betrugs weitaus zuverlässiger. Die Zahl der Ermittlungen und damit auch der falschen Verdächtigungen konnte reduziert, die Summe der Rückforderungen trotzdem gesteigert werden. Aus nur noch 30 000 Verdachtsfällen wurden 2014 schon 46,5 Millionen Dollar rückgeführt. Das Problem mangelnder Transparenz besteht jedoch auch hier. Zwar lässt sich Sozialbetrug zulasten der Allgemeinheit jetzt effizienter aufdecken als früher, der einzelne Betroffene hat aber kaum Einblick in die Kriterien, warum gegen ihn ermittelt wird. Doch gerade bei der Verteilung von Sozialleistungen wäre ein Höchstmaß an Transparenz wünschenswert, um Glaubwürdigkeit und Vertrauen in die Grundwerte einer Solidargemeinschaft und in die Fairness von Verwaltungsentscheidungen zu stärken.

Weichenstellungen

New York City ist nicht die einzige amerikanische Stadt, in der Algorithmen überall präsent sind. Andere Metropolen wie Chicago oder Los Angeles unterstützen ihre Richter ebenso durch Software oder setzen *Predictive Policing* ein. Auch außerhalb der USA werden algorithmische Systeme genutzt, etwa in Australien, wo sie über den Bezug von Sozialhilfe entscheiden und sogar selbstständig Mahnbescheide verschicken (siehe Kapitel 9). So weit ist Deutschland noch nicht. Aber auch hierzulande gibt es erste Anwendungsfälle: In Berlin werden Grundschulplätze mittels Software zugewiesen (siehe Kapitel 10) und Steuererklärungen von Algorithmen auf Plausibilität überprüft, und sechs Bundesländer nutzen verschiedene Formen von vorhersagender Polizeiarbeit (siehe Kapitel 11).

Vor allem in Großstädten ist die Verwaltung derart komplex geworden, dass kommunale Dienstleistungen von Polizeistreifen bis zur Müllabfuhr ohne technologische Unterstützung kaum mehr zu bewältigen sind. Dort kommen Algorithmen zum Einsatz. Sie sind Teil des Alltags eines jeden Bürgers, ohne dass der auch nur von ihrer bloßen Existenz erfährt, geschweige denn ihre Funktionsweise durchschaut. Muss er auch nicht, könnte man sagen. Soll er doch froh sein, wenn der Müll verlässlich jede Woche abgeholt wird und ihm als Steuerzahler keine unnötigen Kosten entstehen.

Spätestens aber mit der Entscheidung über Freiheit oder Gefängnis, über den Bildungsweg oder über staatliche Unterstützung greifen Algorithmen tief in die Grundrechte des einzelnen Bürgers ein. Damit sind sie und ihre Ausgestaltung hochpolitisch. Über solch scheinbar intelligente Maschinen sollte nicht nur hinter verschlossenen Türen oder in der Wissenschaft debattiert werden, sondern in einem breiten gesellschaftlichen und politischen Diskurs. Auch und gerade, weil sogar gut gestaltete algorithmische Systeme diskriminieren können. In der Verbrechensbekämpfung haben sie eine selbstverstärkende Wirkung: Wo die Polizei am meisten sucht, findet sie auch die meiste Kriminalität. Kleinere Drogendelikte etwa, die an anderen Orten einer Stadt auch nicht gerade eine Seltenheit sein dürften, werden so in bestimmten Stadtvierteln überproportional häufig erfasst und führen dort zu noch mehr Polizeikontrollen.

Oder bei den Richtern: Schickt der Algorithmus einen Menschen länger ins Gefängnis, bleibt dieser nach der Entlassung eher arbeitslos, hat weniger Kontakt zu Familie und Freunden und wird damit leichter rückfällig – der Algorithmus fühlt sich bestätigt. All das, so die Kritiker der Vorhersagesysteme, verstärkt die Benachteiligung und Stigmatisierung bestimmter Bevölkerungsgruppen.

New York zeigt: Algorithmen können Aufgaben lösen, die zu komplex für Menschen sind. Sie können nützliche Helfer für uns und unsere Gesellschaft sein. Auch in Deutschland und Europa. Ob das gelingt, hängt aber davon ab, welche Ziele wir ihnen setzen. Sie sind von sich aus weder gut noch schlecht. Im Idealfall bringen sie mehr Sicherheit, Gerechtigkeit und Effizienz. Genauso können sie allerdings gesellschaftlich vorhandene Ungleichheiten verfestigen oder gar neue Diskriminierungen hervorbringen. Es liegt an uns, die Weichen in die richtige Richtung zu stellen.

James Vacca unterrichtet heute am Queens College der City University von New York. Seine Jahre als Stadtrat sind vorbei, die maximale Amtszeit war ausgeschöpft. Im Gespräch blickt er voller Stolz zurück auf den 11. Dezember 2017 und auf sein größtes Vermächtnis, das Algorithmen-Transparenz-Gesetz: »Wir waren die ersten, die sich politisch der Algorithmen angenommen haben. Algorithmen sind hilfreich, es wäre falsch, sie verbieten zu wollen. Aber man muss den Umgang mit ihnen regeln. Es ist *die* politische Gestaltungsaufgabe unserer Zeit schlechthin.«[14]

>»Die Maschine ist kein denkendes Wesen, sondern
lediglich ein Automat, der nach Gesetzen handelt,
die ihm auferlegt wurden.«[1]

ADA LOVELACE, PROGRAMMIER-PIONIERIN (1815–1852)

2

Algorithmen auf der Spur

In Deutschland mangelt es an Menschen wie James Vacca, Politikern, die so nachdrücklich für Transparenz und Regulierung von Algorithmen kämpfen. Auch wenn diese hierzulande noch nicht so verbreitet sind wie in New York City: In vielen Lebensbereichen sind sie uns längst zu ständigen Wegbegleitern geworden. Für mehr als 30 Millionen Deutsche bestimmen die Facebook-Algorithmen, welche Inhalte sie in ihrer Timeline zu sehen bekommen und welche »Freunde« ihnen das Online-Netzwerk vorschlägt. Fitnessarmbänder sind ein Alltagsprodukt, sie erfassen unser Bewegungsverhalten und ermuntern uns automatisch mit kleinen Erinnerungen zum regelmäßigen Sport. Unternehmen nutzen immer häufiger *Robo-Recruiting*-Software bei der Personalauswahl. Und auch der Staat entdeckt peu à peu algorithmische Systeme, etwa um Schul- und Studienplätze möglichst fair und effizient zu verteilen oder um Einbrüche und Diebstähle zu verhindern.

Unkenntnis, Unentschlossenheit, Unbehagen

All diesen Beispielen zum Trotz: Geht es um Algorithmen, herrschen hierzulande Unkenntnis, Unentschlossenheit und Unbehagen.[2] Fast der Hälfte der Menschen in Deutschland, so eine repräsentative Umfrage, fällt zu diesem Begriff spontan nichts ein; nur zehn Prozent wissen genau, wie Algorithmen funktionieren. Allenfalls bei Dating-Portalen oder bei personalisierter Werbung vermuten etwa 50 Prozent der Befragten den Einsatz automatisierter Entscheidungen, andere Anwendungsbereiche wie die Vorauswahl von Job-Bewerbern oder die vorausschauende Polizeiarbeit sind nur einer Minderheit bekannt. Diese Unkenntnis spiegelt sich in allgemeiner Unentschlossenheit wider: Fast die Hälfte der Bevölkerung hat sich noch nicht festgelegt, ob Algorithmen mehr Vor- oder mehr Nachteile bringen – ein in der Meinungsforschung extrem hoher Wert. Das zeigt: Die öffentliche Debatte zu diesem Thema steht noch ganz am Anfang. So unklar die Haltung, so eindeutig das Unbehagen. Die meisten Befragten ziehen menschliche gegenüber algorithmischen Bewertungen vor. Fast drei Viertel befürworten sogar ein Verbot von Entscheidungen, die von einer Software selbstständig getroffen werden.

Einerseits kaum Berührungsängste im Alltag, andererseits eine höchst skeptische Grundhaltung – dieses Spannungsverhältnis kennzeichnet laut vieler Studien den Umgang der Deutschen mit der Digitalisierung.[3] An manche Algorithmen haben wir uns schon so gewöhnt, dass wir sie gar nicht mehr als digitale Helfer wahrnehmen. Wer früher im Auto bei nasser Straße kräftig auf die Bremse treten musste, geriet häufig ins Schleudern. Heute macht eine Software das Autofahren sicherer: Dank ABS messen Sensoren, ob das Fahrzeug ausbricht und ein Algorithmus optimiert automatisch, was als Stotterbremse bekannt ist. Der Fahrer muss heute nur noch das Pedal durchtreten und nicht mehr wie früher mit geübtem Fuß bremsen, kurz loslassen, wieder bremsen. Laut einer Untersuchung des Gesamtverbands der Deutschen Versicherungswirtschaft verhindern ABS und weitere Assistenzsysteme in ungefähr jeder zweiten kritischen Situation den sonst unvermeidlichen Auffahrunfall.[4]

Die im Auto versteckten Algorithmen treffen ihre Entscheidungen alleine. Dennoch verspüren wir deswegen kein Unbehagen. Im Gegenteil: Jedes Assistenzsystem ist ein Verkaufsargument mehr. Wie genau das automatisierte Ausweichen, Spurwechseln und Abstandhalten funktioniert, interessiert die Wenigsten. Erheblich mehr Bauchschmerzen hingegen hätten wir vermutlich, wenn eine Software und nicht ein Richter über eine vorzeitige Haftentlassung entscheiden würde. Wie der Staat sein Gewaltmonopol ausübt, hat eine ganz andere Tragweite für eine Gesellschaft als noch so wirkungsvolle Hilfsmittel für Autofahrer.

Ein einfaches Rezept

Als der arabische Gelehrte Al-Chwarizmi im 9. Jahrhundert in Bagdad seinen Schülern das schriftliche Rechnen beibrachte, konnte er noch nicht ahnen, dass aus seinem Namen einer der wichtigsten Begriffe unserer Zeit abgeleitet würde. »Algorithmus« steht zunächst für nichts weiter als eine eindeutig formulierte Abfolge von Handlungen, die Schritt für Schritt abgearbeitet wird, um zu einem bestimmten Ziel zu gelangen.

Auch ein Backrezept ist ein Algorithmus: Wer die richtigen Zutaten und Küchengeräte hat und die Anleitung befolgt, nähert sich Stück für Stück seinem Ziel, einem leckeren Kuchen. Nach dem gleichen Prinzip funktionieren auch die immer wichtiger werdenden Software-Algorithmen, die im Mittelpunkt dieses Buches stehen. Nur führt in ihrem Fall kein Mensch, sondern ein Computer die einzelnen Arbeitsschritte aus.

Ein einfaches Beispiel: Angenommen, man möchte eine große Menge von Zahlen von der kleinsten bis zur größten der Reihe nach aufsteigend sortieren. Damit ein Computer diese Aufgabe übernehmen kann, braucht er eine klare und vor allem eindeutige Anweisung, was er zu tun hat. Das Ziel »Zahlen sortieren« muss auf einzelne Arbeitsschritte heruntergebrochen werden. Dazu könnte ein Software-Entwickler den sogenannten *Bubblesort*-Algorithmus nutzen. In jedem Arbeitsschritt soll der Computer entlang der Zahlenreihe benachbarte Paare vergleichen und gegebenenfalls vertauschen, sofern die zweite Zahl kleiner ist als die erste. Diese Aufgabe muss er so oft wiederholen, bis alle benachbarten Paare und damit auch die Gesamtmenge aller Zahlen aufsteigend sortiert sind.

So wie es unzählige Backrezepte gibt, existieren viele verschiedene Typen von Algorithmen. Zu den eher simplen Varianten gehören neben dem beschriebenen Sortieralgorithmus etwa die fest programmierte Rechtschreibkorrektur, die im Textverarbeitungsprogramm immer dieselben Schritte durchläuft. Komplexe Varianten hingegen sind in der Lage, eigenständig hinzuzulernen. So könnte ein Algorithmus im selbstfahrenden Auto beispielsweise erfassen, dass einem auf die Straße rollenden Ball mit gewisser Wahrscheinlichkeit ein Kind hinterherrennt, und deshalb vorausschauend die Geschwindigkeit drosseln. Egal ob simpel oder komplex: Uns interessieren in diesem Buch Algorithmen, die gesellschaftliche Relevanz haben und politische Fragen aufwerfen.

Wann Algorithmen politisch werden

Öffentliche Debatten und demokratische Entscheidungen sind manchmal auch in Fällen notwendig, in denen man es nicht auf Anhieb vermuten würde. Navigationssysteme, die Staus anzeigen und Umleitungen empfehlen, sind mittlerweile aus kaum einem Auto oder Smartphone mehr wegzudenken. Früher empfahlen sie bei einer Straßensperrung jedem dieselbe Route, um den Stau zu umfahren. So manches Mal war dieser Weg binnen Minuten hoffnungslos verstopft. Heute leiten Navis die Autofahrer abhängig vom aktuellen Verkehrsfluss auf verschiedene Routen um und entzerren so die Verkehrsbelastung.

Politisch interessant wird die Frage, welche Alternativen das Navi anbieten darf. Ist es ausschließlich auf den schnellsten Weg geeicht, kann dieser auch schon mal durch Wohngebiete und verkehrsberuhigte Zonen führen. Derzeit bilden sich bereits mancherorts Bürgerinitiativen, um bestimmte Straßen für den Durchgangsverkehr zu sperren und somit diese Abkürzungen aus der Software der Routenplaner zu entfernen.[5]

Spannend ist folgendes Gedankenexperiment: Angenommen, es gäbe bei der Vollsperrung einer Autobahn eine kurze und eine lange Umleitung, die beide benötigt werden, um den Verkehr fließen zu lassen. Nach welchen Kriterien sollte der Navi-Algorithmus dann seine Empfehlung aussprechen? Ein ökologisch orientierter Programmierer würde vielleicht festlegen, dass die sparsamen Autos den längeren Weg und die Spritschlucker den kürzeren angezeigt bekommen. Schließlich spart das in Summe Benzin. Sozial gerecht wäre es allerdings nicht, wenn Menschen mit teuren Luxuskarossen noch schneller zum Ziel kommen als die anderen. Ein auf Gerechtigkeit hin optimierter Algorithmus würde wohl einen Zufallsgenerator entscheiden lassen, wem die lange und wem die kurze Umleitung empfohlen wird. Das wiederum wäre ökologisch nicht optimal. Es gibt hier kein eindeutiges Richtig oder Falsch, nötig ist eine politische Abwägung. Und die sollte nicht den Autoherstellern oder Programmierern überlassen bleiben, sondern öffentlich diskutiert werden.

Zerrbilder einer Superintelligenz

Wenn von Algorithmen die Rede ist, fällt schnell auch der Begriff Künstliche Intelligenz (KI) oder *Artificial Intelligence* (AI). Damit sind Computerprogramme gemeint, die die menschliche Fähigkeit imitieren sollen, komplexe Ziele zu erreichen. In Wahrheit sind KI-Systeme allerdings bislang alles andere als intelligent, sondern gut trainierte Automaten für sehr spezifisch festgelegte Aufgaben. Aufgabendefinition und Training müssen Menschen übernehmen, denn ein Algorithmus weiß nicht von alleine, was er tun soll, und erkennt nicht von alleine, ob ein Foto einen Hund oder ein Haus abbildet oder ob ein Gedicht von Schiller oder Schülern stammt. Je spezieller die Aufgabe und je mehr Beispiele er zum Lernen bekommt, desto besser wird seine Leistung.

Im Unterschied zu menschlicher Intelligenz ist Künstliche Intelligenz aber noch nicht in der Lage, das Gelernte auf andere Rahmenbedingungen oder Bereiche zu übertragen. Schachcomputer wie *Deep Blue* schlagen jeden Schachprofi, wären aber bei einem Spiel auf einem größeren Brett mit neun mal neun statt acht mal acht Feldern chancenlos. Mit einer anderen Aufgabe wie der Unterscheidung von Katze und Maus wären diese vermeintlich intelligenten Star-Algorithmen vollständig überfordert. Solche Transferleistungen bleiben nach Einschätzung führender Experten auf absehbare Zeit eine menschliche Domäne.[6] *Starke Künstliche Intelligenz*, von manchen auch *Superintelligenz* genannt, die jede beliebige kognitive Aufgabe mindestens so gut erfüllen kann wie wir Menschen, ist bis auf Weiteres nur Science-Fiction. Wenn in diesem Buch von Künstlicher Intelligenz die Rede ist, meinen wir deshalb die sogenannte *schwache* oder *eingeschränkte Künstliche Intelligenz,* die eine limitierte Zahl von Zielen erreichen kann, die Menschen ihr gesetzt haben.

Die Debatte über Künstliche Intelligenz ist von vielen Mythen geprägt. Digitale Utopisten und Techno-Skeptiker entwerfen Zukunftsbilder, die sich teilweise diametral widersprechen. Die einen halten das Entstehen einer Superintelligenz im 21. Jahrhundert für unausweichlich, die anderen für unmöglich. Ob es jemals so weit kommen wird, kann derzeit niemand seriös vorhersagen.[7] Aktuell jedenfalls liegt die Gefahr weniger in einer Übermacht einer maschinellen Intelligenz als vielmehr in ihrer Unzulänglichkeit. Wenn Algorithmen noch nicht ausgereift sind, machen sie Fehler. Bei Übersetzungen kommen Nonsens-Sätze heraus, und selbstfahrende Autos bauen hin und wieder Unfälle, die ein Mensch am Steuer vielleicht vermieden hätte.

Statt ein dystopisches Zerrbild von KI und Robotern zu zeichnen, sollten wir lieber unsere Energie in die sichere und gesellschaftlich förderliche Gestaltung der heute schon existierenden Technologien stecken. Im gedeihlichen Miteinander von Mensch und Maschinen können sich ihre jeweiligen Stärken und Schwächen sinnvoll ausgleichen. Genau davon handeln die beiden folgenden Kapitel.

3

Menschen irren

Errare humanum est. Die bekannte Redewendung spendet Trost, wenn etwas nicht gelingt und scheint zugleich dem Streben nach Perfektion eine Absage zu erteilen. Einem Irrtum kann sogar ein gewisser Charme innewohnen, zumal wenn jemand selbstironisch zu seiner eigenen Fehlbarkeit steht. Doch der lateinische Ausspruch, auf den die Redewendung zurückgeht, ist im Original länger als die ersten drei Worte. Vollständig lautet das mehr als 1600 Jahre alte Zitat des Theologen Hieronymus: *Errare humanum est, sed in errare perseverare diabolicum.* Irren ist menschlich, aber im Irrtum zu verharren, ist teuflisch.

So sympathisch ein kleiner Lapsus erscheinen mag, der keine schwer wiegenden Konsequenzen nach sich zieht, so tragisch sind systematische Fehleinschätzungen, wenn es um existentielle Fragen geht. Krebsdiagnosen, Gerichtsurteile, Personalauswahl: Hier sollte kein Platz für Großzügigkeit gegenüber vermeidbaren Irrtümern bleiben.

Algorithmen können helfen, wenn Menschen an ihre kognitiven Grenzen stoßen. Gerade in Bereichen, die von besonderer gesellschaftlicher Bedeutung sind, etwa in der Medizin oder der Justiz, besteht zunehmend Bedarf an algorithmischer Unterstützung. Denn zum einen hat die psychologische Forschung nachgewiesen, dass die Qualität menschlicher Entscheidungen auch dort suboptimal ist, wo diese von großer Tragweite sind und von Experten getroffen werden. Zum anderen haben Datenreichtum und -verarbeitung neue Wege eröffnet, Diagnosen, Analysen oder Urteile zu optimieren.

Während Wissenschaftler die Grenzen unserer Kognition immer besser verstehen, stellt der IT-Fortschritt dem Menschen mehr und mehr Informationen zur Verfügung, deren Auswertung ihn geistig zunehmend fordert, ja überfordert. Ihm dabei geeignete maschinelle Unterstützung zu verweigern, hieße, im systematischen Irrtum zu verharren. Dabei ließen sich menschliche Limitationen wie Informationsüberlastung, Denkfehler, Inkonsistenz oder Überforderung im Umgang mit Komplexität so durchaus überwinden. Das zu unterlassen, wäre im Sinne von Hieronymus nicht menschlich, sondern teuflisch.

Überlastung: Menschen ertrinken in der Datenflut

Die radiologische Abteilung im Universitätsklinikum Essen ist eine gewaltige Datenverarbeitungsmaschine. Sie ist so groß, dass man darin spazieren gehen kann. Die Räume rechts und links vom langen Flur wirken auch jetzt, an einem sonnigen Nachmittag, dämmrig-dunkel. Die Jalousien sind überall heruntergelassen, vor großen Monitoren sitzen Radiologen und verarbeiten Daten. Sie sind die Prozessorkerne der Radiologie. Die Fachärzte klicken sich durch Informationen: Patientenakten, Röntgenbilder (CT), Kernspintomographie-Aufnahmen (MRT). In einem Raum flimmern Bilder vom Gehirn eines Schlaganfallpatienten über die Monitore, nebenan werden Querschnittsaufnahmen von Metastasen in der Lunge begutachtet.

Gut 1000 Fälle pro Tag betrachten die Radiologen in der Uniklinik. Die Menge an Informationen, die sie verarbeiten müssen, hat sich in den vergangenen Jahren nicht nur in Essen vervielfacht. Wissenschaftler der Mayo-Kliniken in den USA haben Daten und Dienstpläne aus zwölf Jahren ausgewertet. In dieser Zeit verdoppelte sich nicht nur fast die Zahl der jährlichen Untersuchungen. Vor allem die Menge der dabei entstandenen Aufnahmen stieg rasant. 1999 befundete ein Arzt pro Patient 110 Bilder, 2010 waren es bereits 640. Die Mayo-Kliniken stellten in dieser Zeit zwar zusätzliches Personal ein, aber nicht in dem Ausmaß, in dem die zu analysierenden Daten anwuchsen. Die Folge: Während 1999 ein Arzt pro Minute gut drei Bilder sichtete und bewertete, waren es im Jahr 2010 schon mehr als 16 Aufnahmen – umgerechnet alle drei bis vier Sekunden eine, um in einem achtstündigen Arbeitstag der Informationsflut Herr zu werden.[2]

Für Patienten kann das Mehr an Daten lebensrettend sein. Als Michael Forsting, heute Direktor der Universitätsradiologie Essen, in den 1980er Jahren als junger Arzt auf Querschnittsbilder von Gehirnen blickte, stand jedes einzelne für eine zehn bis zwölf Millimeter dicke Scheibe des Hirns. Die Wahrscheinlichkeit, eine Metastase von sieben Millimeter Durchmesser zu übersehen, war nicht gering. Heute kommt auf einen Millimeter Gehirn eine CT-Aufnahme. Die Sieben-Millimeter-Metastase, die früher unentdeckt zwischen zwei Aufnahmen bleiben konnte, ist jetzt auf sieben Bildern zu sehen. Neue technische Verfahren erfassen die Wirklichkeit in viel höherer Auflösung. Doch damit eine Klinik dieses Potenzial für die Qualität der Befunde und die Früherkennung von Krankheiten wie Krebs voll ausschöpfen kann, reichen bisherige Kapazitäten nicht mehr aus. Radiologiedirektor Forsting: »Wir haben um den Faktor zehn mehr Bilder. Beim CT des Gehirns waren es früher 24 Aufnahmen, heute sind es 240. Und die muss sich erstmal jemand angucken.«[3]

Ob beim Suchen nach dem schnellsten Weg im Stadtverkehr oder beim Bewältigen der Masse an wissenschaftlicher Literatur zu einem Thema: Die Herausforderung in der Radiologie ist exemplarisch für viele Bereiche. Zuerst verbessert die technische Entwicklung die Datenmenge und -qualität. Anschließend muss Technik helfen, das Relevante in dieser Informationsflut zu erkennen. Ärzte können mittlerweile den Körper per Computertomographie bis in die kleinste Zelle abbilden. Statt nach Tumoren zu tasten, suchen Radiologen auf CT- oder MRT-Bildern nach auffälligen Zellveränderungen. Inzwischen gibt es aber mehr Daten, als ein Arzt mit bisherigen Methoden sinnvoll verarbeiten kann. Auch die besten Radiologen werden nicht 160 statt 16 Aufnahmen pro Minute analysieren und bewerten können. Der Versuch, so zu besseren Ergebnissen zu gelangen, würde scheitern. Denn mit der Müdigkeit der Mediziner sinkt die Qualität ihrer Urteile.

Auch eine Aufstockung des Personals wäre keine Lösung. Abseits der Finanzierungsfrage im ohnehin schon teuren Gesundheitssystem: Das Rennen gegen die stetig wachsende Menge an Daten ist nicht mit Neueinstellungen zu gewinnen. Stattdessen braucht es algorithmische Werkzeuge im Umgang damit. Die Ärzte dürften dem offen gegenüberstehen. Denn das monotone Abarbeiten von Röntgenaufnahmen in einem abgedunkelten Raum ist nicht die Stärke des Menschen, nicht der Kern der analytischen Arbeit eines Radiologen und sicher nicht der Grund, warum jemand sich für diesen Beruf entscheidet.

Denkfehler: Menschen irren und diskriminieren

Tim Schultheiß und Hakan Yilmaz haben vieles gemeinsam. Beide suchen einen Ausbildungsplatz. Beide kamen 1996 in Deutschland zur Welt und sind deutsche Staatsbürger. Beide besuchen eine Realschule in einer mittelgroßen Stadt. Ihre Lebensläufe gleichen einander wie ein Ei dem anderen – abgesehen von ihren Namen. Tim und Hakan gibt es nicht wirklich. Erfunden wurden die beiden von Wissenschaftlern für eine Studie über Diskriminierung am Ausbildungsmarkt, in Auftrag gegeben vom Sachverständigenrat deutscher Stiftungen für Integration und Migration.[4]

Die Forscher schickten Bewerbungen von Tim und Hakan an 1794 Unternehmen. Ergebnis: Tim wurde erheblich öfter zum Vorstellungsgespräch eingeladen als Hakan, dessen Erfolgsquote um 50 Prozent geringer ausfiel. Bei kleinen Unternehmen ist die Diskriminierungsrate höher als bei großen, beim Kfz-Mechatroniker höher als beim Bürokaufmann. Doch bei allen Unterschieden im Detail ist der Befund durchweg eindeutig: Trotz ansonsten identischer Voraussetzungen sind Bewerber mit türkischem Namen auf dem deutschen Ausbildungsmarkt klar im Nachteil.

Diskriminierung aufgrund von Herkunft weisen ähnliche Studien in vielen Ländern nach: In Irland für deutsche Namen, in den Niederlanden für surinamische, in Norwegen für pakistanische, in der Schweiz für portugiesische, in Spanien für marokkanische, in den USA für typisch afroamerikanische Namen wie Lakisha und Jamal gegenüber solchen wie Emily und Greg.[5] Diese Diskriminierungen, ob bewusst oder unbewusst, sind nicht auf den Arbeitsmarkt beschränkt. Sie prägen unseren Alltag. An US-Universitäten hat ein Feldversuch gezeigt, dass Professoren Beratungstermine für potentielle Doktoranden eher an weiße Männer vergeben als an Frauen, auch Hispanos, Schwarze, Chinesen oder Inder wurden benachteiligt.

Menschen lassen sich bei wichtigen Entscheidungen von Assoziationen und unbewusst aktivierten Stereotypen leiten. Unsere Urteile, aber auch unsere Wahrnehmung und unser Denken sind von systematischen Fehlern behaftet. Diese sogenannten kognitiven Verzerrungen dokumentieren Psychologen seit Jahrzehnten. Sie scheinen bei aller Varianz in der Ausprägung nahezu universell menschlich und unbewusst zu sein.[6]

Bekannt sind weit über hundert solcher Fehlfunktionen unseres Denkens.[7] Viele davon hat der Psychologe Daniel Kahneman erforscht, der für seine Arbeit über diese Unzulänglichkeiten den Nobelpreis erhielt. Kahneman hat die Essenz vieler Jahrzehnte empirischer Forschung zur menschlichen Informationsverarbeitung einmal so zusammengefasst: »Das Selbstvertrauen, das wir beim Urteilen erfahren, ist keine begründete Einschätzung der Wahrscheinlichkeit, dass wir richtig liegen. Dieses Vertrauen ist ein Gefühl, das vor allem bestimmt wird durch die Kohärenz der Geschichte und die Leichtigkeit, mit der sie uns in den Sinn kommt, auch wenn die Beweise für die Geschichte spärlich und unzuverlässig sind.«[8]

Kognitive Verzerrungen führen zu unterschiedlichsten Fehlurteilen. Wenn gerade ein Flugzeug abgestürzt ist und die Medien darüber berichten, schätzen Menschen die Häufigkeit von Flugzeugabstürzen vorübergehend höher ein als sonst und als sie tatsächlich ist. Wir überschätzen das Risiko, ermordet zu werden, und unterschätzen die Wahrscheinlichkeit eines Schlaganfalls. Menschen bewerten Personen wohlwollender, die sie äußerlich attraktiv finden: Sie beurteilen dieselbe Straftat bei gut aussehenden Angeklagten milder und halten attraktive Bewerber um politische Ämter für sachkundiger.[9]

Festzuhalten bleibt: In vielen Lebensbereichen agieren Menschen weder rational noch fair. Wir ziehen ungeeignete Kriterien heran, ohne dass uns das unbedingt bewusst ist. In der Erinnerung sind wir oftmals felsenfest davon überzeugt, die Sachkenntnis oder Kompetenz einer Person beurteilt zu haben, auch wenn letztlich deren Aussehen, Hautfarbe oder Geschlecht den Ausschlag gaben. Manche Fehlurteile im Alltag sind harmlos oder sogar amüsant. Systematische Verzerrungen können aber auch erhebliche negative soziale Folgen haben. Das Gleichheitsgebot und der Schutz vor Diskriminierung sind Grundlage der Menschenrechte. Daher sollten wir auch die »Intelligenz« der Maschinen nutzen, um für alle Bevölkerungsgruppen Chancengerechtigkeit herzustellen.

Inkonsistenz: Menschen bewerten Gleiches unterschiedlich

Zwei Juristen, drei Meinungen – für die Inkonsistenz von rechtlichen Bewertungen hält die deutsche Sprache diesen schönen Aphorismus parat. Den Ruf, ein und denselben Sachverhalt häufig unterschiedlich zu beurteilen, haben Juristen jedoch nicht exklusiv. Widersprüche sind menschlich und gehören auch unter Medizinern zum Alltag. Deshalb holen sich viele Patienten bei schwerwiegenden Krankheiten häufig eine zweite Meinung ein, bevor sie einer Behandlung zustimmen. Das zeugt nicht unbedingt von fehlendem Vertrauen zum behandelnden Arzt. Es belegt wohl eher ein gesundes Bauchgefühl dafür, dass selbst Experten von der Meinung eines Kollegen abweichen und manchmal irren können.

Wie berechtigt dieses Bauchgefühl ist, zeigt ein Test des Bostoner Radiologen Hani Abujudeh. Er lädt 2010 drei seiner auf Bauchraum und Becken spezialisierten Kollegen am Massachusetts General Hospital zu einem Experiment ein. Abujudeh gibt jedem von ihnen Computertomographie-Aufnahmen von 60 Altfällen, die er zuvor nach dem Zufallsprinzip aus der Datenbank des Krankenhauses gezogen hat. Was die drei Ärzte nicht wissen: Erstens, welche Diagnose ursprünglich gestellt worden war, und zweitens, dass sie es in der Hälfte der Fälle selbst waren, die diese gestellt hatten. Nun bittet Abujudeh seine Kollegen, die CT-Bilder nochmals zu begutachten, anschließend vergleicht er die neuen mit den Originalbefunden. Das Ergebnis: Jedes vierte Mal wichen die Radiologen erheblich von ihrer eigenen Diagnose aus der Vergangenheit ab. Bei CT-Aufnahmen, die einer der Kollegen früher bewertet hatte, kamen die Probanden sogar in jedem dritten Fall zu einem anderen Urteil.[10]

Um einem Kurzschluss vorzubeugen: Diese starken Abweichungen sind kein Grund, grundsätzlich von weit verbreiteten Fehldiagnosen oder gar Behandlungsfehlern auszugehen. Denn Krankenhäuser haben sich aufwändig auf die Grenzen menschlicher Fähigkeiten eingestellt. In schwierigen Fällen entscheidet niemals ein Radiologe allein. Es gibt Verfahren mit Zweitgutachtern, man gleicht mit der Krankheitsgeschichte und den Laborwerten ab, im Zweifel werden interdisziplinäre Gremien mit der Beratung betraut. Deshalb sind die Anteile signifikant abweichender Befunde unter klinischen Alltagsbedingungen erheblich geringer als in Abujudehs Experiment, sie liegen eher bei drei bis vier als bei 25 bis 30 Prozent.[11]

Unzweifelhaft ist jedoch, dass Menschen Gleiches unterschiedlich bewerten. Selbst ausgewiesene Experten müssen aufwändige Sicherheitsschleifen in ihre Arbeitsabläufe einbauen, um die Abweichungen in ihren Beurteilungen gering zu halten. Dies ist nicht nur dann so, wenn dieselben Tatsachen von verschiedenen Experten begutachtet werden. Auch ein und derselbe Mensch bewertet ein und denselben Sachverhalt zu verschiedenen Zeitpunkten häufig anders.

Und nicht nur in der Medizin: So schätzten in einer Studie sieben erfahrene Software-Entwickler den Arbeitsaufwand für neue Projekte völlig unterschiedlich ein. Sie hatten dieselben 60 Ausschreibungen vorliegen, ihre Prognosen zur Bearbeitungsdauer wichen aber durchschnittlich um 71 Prozent voneinander ab.[12] Ähnlich inkonsistent beurteilen Vorgesetzte die Leistung von Mitarbeitern und Finanzexperten den Wert von Aktien und Immobilien.[13] Inkonsistenz macht Entscheidungen unberechenbar und fehlerhaft. Resultieren kann sie aus ganz unterschiedlichen Ursachen: Tagesform, Müdigkeit, Stress, aktuelle Erlebnisse. Auch wenn sich nur selten feststellen lässt, worauf inkonsistentes Verhalten im Einzelfall zurückzuführen ist, fest steht, dass Menschen dazu neigen. Doch neue softwaregestützte Hilfsmittel könnten helfen, es in wichtigen Lebensbereichen noch weiter zurückzudrängen.

Komplexität: Menschen sind von zu vielen Optionen überfordert

Deutsche Städte dürften den Vergleich zu New York City in der Regel eher scheuen. Wer allerdings in einer Kommunalverwaltung mit der Grundschulplanung beschäftigt ist, wird sich in Kapitel 1 vermutlich wiedergefunden haben. Denn die Komplexität der Aufgabe, Kinder gerecht und praktikabel auf Schulen zu verteilen und dabei alle relevanten Faktoren zu berücksichtigen, ist keine Besonderheit des Big Apple.

Einzugsgebiete von Schulen müssen immer wieder neu berechnet werden. Die Geburtenraten entwickeln sich von Stadtteil zu Stadtteil unterschiedlich, neue Wohngebiete entstehen, die sozioökonomischen Strukturen verändern sich ebenso wie die Verkehrssituation und natürlich auch die

Wünsche der Eltern. All das gilt es zu berücksichtigen, und am Ende sollen die Schulen ähnlich ausgelastet, die Schulwege für die Kinder möglichst kurz und sicher sowie eine soziale Durchmischung gewährleistet sein.

Für die zuständige Behörde ist diese Aufgabe auch deshalb so schwierig, weil sich ihre Komplexität kaum durch Ausschlussverfahren oder Priorisierungen reduzieren lässt. Alle Faktoren sind relevant. Und jeder Faktor für sich ist schon schwer zu fassen und zu bewältigen. Etwa die Länge des Schulwegs. Die hat beispielsweise im Brandenburgischen Schulgesetz herausgehobene Bedeutung, denn sobald die Anmeldungen an einer Grundschule deren Kapazität übersteigen, gilt dort: Wer am nächsten wohnt, bekommt den Zuschlag. Eigentlich. Denn als die Stadt Potsdam 2012 erhob, wie treffsicher der Zuschnitt der Einzugsgebiete bis dato war, offenbarten die Wegedaten von fast 7000 Grundschülern: 35 Prozent von ihnen besuchten nicht die nächstgelegene Schule, 21 Prozent noch nicht einmal die zweitnächste.[14]

Wie Menschen auf Komplexität reagieren, wird bereits in alltäglichen Situationen und bei sehr viel einfacheren Entscheidungen sichtbar. Ein langes Regal im Supermarkt, vollgepackt mit Schokolade in vielen Varianten: weiße, Vollmilch oder Zartbitter, mit Nüssen, Früchten, Knusperkeksen, als Tafel, Praline oder Riegel, günstig oder als teures Markenprodukt. Für die Kunden bedeutet ein so umfangreiches Sortiment die Qual der Wahl. Die Psychologen Sheena Iyengar und Mark Lepper von der Stanford University haben das in einem Experiment nachgewiesen: Eine Gruppe von Testpersonen konnte unter sechs Schokoladen aussuchen, eine andere hatte 30 Sorten zur Wahl. Spontan mag man denken, je größer das Angebot, desto besser. Weit gefehlt. Die Teilnehmer, die sich zwischen 30 Optionen entscheiden mussten, brauchten länger, empfanden die Entscheidung als schwieriger und waren im Anschluss weniger zufrieden.[15]

Zwar werden Entscheidungen grundsätzlich besser, je mehr Informationen ihnen zugrunde liegen. Allerdings kippt diese Regel bei jedem Menschen an einem bestimmten Punkt. Dann verschlechtert sich die Entscheidungsqualität bei weiterem Input, denn die menschliche Informationsverarbeitung ist limitiert. Die kognitiven Kapazitäten sind ausgeschöpft, der Mensch fühlt sich überfordert.[16] Mit steigender Komplexität nimmt auch die Wahrscheinlichkeit zu, dass man sich überhaupt nicht entschließt.[17] Ein naheliegendes Szenario vor dem Supermarktregal ist dann, dass der Kunde gar nichts auswählt und an diesem Tag auf Schokolade verzichtet.

Solche Überforderungen entstehen vor allem, wenn mehrere Optionen zur Wahl stehen, die sich durch mehrere Merkmale unterscheiden.[18] Übertragen auf das Schokoladenbeispiel: Der Kunde muss Füllung, Größe, Form, Preis, Kakaogehalt und Marke berücksichtigen. In der Regel nutzen Menschen dann mentale Abkürzungen und Faustregeln, um solche komplexen Aufgaben zu vereinfachen.[19] Vor dem Supermarktregal werden einige Informationen ausgeblendet, andere gelten als Ausschlusskriterium. Mag jemand keine Nüsse, scheiden eben Nuss-Schokoladen von Beginn an aus. Außerdem reduzieren Menschen Komplexität, indem sie Merkmale abstrahieren. Dann zählt etwa zuerst die Marke, weil mit ihr verschiedene Assoziationen verbunden sind.

Der Zuschnitt der Einzugsbereiche von Grundschulen lässt aber keine Entscheidungslosigkeit und keine mentalen Abkürzungen zu. Weder die Länge und Sicherheit des Schulwegs noch die gleichmäßige Auslastung oder die soziale Durchmischung der Schulen können ausgeblendet werden. Will die Behörde eine optimale Zuteilung erreichen, muss sie verschiedene Szenarien durchspielen, um die Auswirkungen auf die Gesamtheit der Schüler zu erkennen. Das kostet bei einem manuellen Abgleich sehr viel Zeit und ist fehleranfällig (siehe Kapitel 10).

Wenn bei einer Entscheidung viele Optionen mit vielen Merkmalen zu berücksichtigen sind, die auch noch alle gleichermaßen relevant sind, geraten wir Menschen schnell an die Grenzen unserer kognitiven Möglichkeiten. Gerade dort, wo wir Komplexität mühsam herunterbrechen und oftmals ausblenden müssen, können uns Softwarelösungen sinnvoll unterstützen.

Keine Verklärung

Die Qualität menschlicher Entscheidungen ist ernüchternd und beeindruckend zugleich. Ernüchternd, weil empirische Forschung zeigt, dass selbst Fachleute auf ihrem Gebiet zum Teil schlecht, falsch, widersprüchlich oder gar nicht entscheiden. Beeindruckend, weil sich die Ergebnisse trotz dieser Hindernisse insgesamt verbessern. Radiologen begutachten heute ein Vielfaches der Bildmenge, die Kollegen vor 20 Jahren bewältigen mussten, und diagnostizieren zuverlässiger. Beachtlich ist auch, dass unsere Unzulänglichkeiten gut erforscht und als Herausforderung akzeptiert sind.

Menschen setzen sich Ziele und verfolgen diese. Und sie bauen sich Werkzeuge, um ihnen näher zu kommen. Algorithmen sind solche Werkzeuge. Sie können Menschen helfen, ihre eigenen Unzulänglichkeiten auszugleichen und neue Freiräume zu gewinnen. In der Radiologie zum Beispiel kann mehr maschinelle Unterstützung mehr Zeit für menschliche Schlussfolgerungen schaffen. Radiologe Forsting: »Neue Technik muss dazu dienen, besser zu werden. Um mehr Informationen aus den Bildern zu holen, um typische radiologische Fehler durch Übermüdung oder Abstumpfung zu vermeiden, um Seltenes besser zu erkennen.«[20] Den größten gesellschaftlichen Nutzen werden intelligente Maschinen nicht dort bringen, wo sie lediglich Zeit oder Personal einsparen, sondern dort, wo sie Qualität steigern.

Gebraucht werden gute Algorithmen, um zentrale gesellschaftliche Ziele wie bessere Gesundheit oder chancengerechtere Bildung zu erreichen. Doch auch solche guten Algorithmen, so zeigt sich, machen Fehler: Sie ziehen falsche Schlüsse oder diskriminieren. In unserem Urteil über ihre Schwächen sollten wir aber unsere eigenen Fähigkeiten nicht zu sehr verklären. Menschen sind nicht perfekt, sie können manches nicht so gut, wie sie glauben. Das Miteinander von Mensch und Maschine müssen wir so gestalten, dass die jeweiligen Stärken zum Tragen kommen, um die jeweiligen Schwächen zu mindern.

>Computer sind nutzlos, sie können uns
nur Antworten geben.«[1]
PABLO PICASSO (1881–1973)

4

Algorithmen irren

Der Computer sagt nein! Es ist einer der Running Gags in der populären englischen Sketch-Show *Little Britain*. Die Dramaturgie ist immer dieselbe: Ein Kunde wendet sich mit einem Wunsch an Sachbearbeiterin Carol und wird abgewiesen. Mal spielt die Szene in einem Reisebüro, mal in einer Arztpraxis, mal in einer Bank. Egal, was der Kunde möchte, ob den Urlaub buchen, einen Termin beim Doktor vereinbaren oder ein Konto eröffnen – »Computer says no«, lautet stets ihre Antwort, nachdem Carol ein paar Befehle in die Tastatur eingegeben hat.

Sie schaut in den Szenen so demonstrativ mürrisch, dass völlig offensichtlich ist: Das Problem ist nicht der Computer, sondern Carols schlechte Laune. Vielleicht fehlt ihr auch die Kompetenz, den Kundenwunsch zu erfüllen, zumindest aber fehlt ihr jede Bereitschaft. Damit das allerdings gar nicht erst zum Thema werden kann, schiebt sie die Verantwortung dem Computer zu. Nach dem Motto »Sorry, leider nichts zu machen« prallt jede Bitte oder Beschwerde an ihr ab, mag sie auch noch so überzeugend oder anrührend vorgetragen sein.

Die Situation, die die britische Serie Anfang der 2000er Jahre parodierte, findet ihre Parallelen in der heutigen Welt, denn im Verbund mit inkompetent, unreflektiert oder unethisch agierenden Anwendern produzieren algorithmische Systeme ebenso wie Carol mit ihrem Computer zuweilen ungewollte, unfaire und unangemessene Ergebnisse.

Die sechs folgenden Geschichten aus ganz unterschiedlichen Bereichen illustrieren, wann, wo und warum Algorithmen irren können. Sie zeigen, welch gravierende Konsequenzen ihr Scheitern haben kann. Und sie hinterlassen einen allerersten Eindruck, was wir tun oder lassen müssen, um Algorithmen in den Dienst der Gesellschaft zu stellen.

Fehler im System: Algorithmen scheitern an ihrer Aufgabe

Louise Kennedy hatte durchaus Respekt.[2] Von Irland nach Australien auszuwandern, war für die Tierärztin ein großer Schritt. Sie ahnte, dass ihr nicht sofort alles in den Schoß fallen würde. Dass allerdings die höchste Hürde für die Muttersprachlerin mit zwei Hochschulabschlüssen ausgerechnet ein Englisch-Sprachtest werden würde, damit hatte sie nicht gerechnet. 74 Punkte erreichte sie im mündlichen Teil, 79 wären nötig gewesen. Dauerhafter Aufenthalt abgelehnt. Wer denkt da nicht an »Computer says no«?

Gescheitert war die Irin in der Tat an einer Software zur Spracherkennung. Den computerbasierten Test setzt die australische Einwanderungsbehörde ein, um das mündliche Ausdrucksvermögen zu bewerten. Ausländer, die in Australien leben möchten, müssen dazu Sätze nachsprechen und eine Geschichte nacherzählen. Ein Algorithmus analysiert dann ihre Sprachfähigkeit.

Diese Aufgabe gut zu bewältigen, traute sich auch die Chinesin Alice Xu zu. Immerhin hatte sie in Australien studiert, ihr Englisch ist fließend. Doch die algorithmische Anerkennung blieb auch ihr versagt. 41 Punkte lautete das verheerende Resultat ihrer mündlichen Prüfung. Alice Xu wollte nicht aufgeben und engagierte einen Coach, mit dessen Hilfe sie beim zweiten Versuch wenig später mit Maximalpunktzahl bestand. Wie verbessert man seine mündliche Sprachkompetenz in so kurzer Zeit so stark?

Ihr Coach Clive Liebmann erklärt den Leistungssprung und legt so die Absurdität der Software offen: »Ich ermutige meine Studenten, ihre Betonung zu übertreiben. Sie sollten sich weniger auf Grammatik und Vokabular konzentrieren als auf das, worin Computer gut sind.«[3] Wenn Tonhöhe, Lautstärke und Schnelligkeit stimmen, könnten die Testteilnehmer also im Extremfall den größten Blödsinn erzählen, sofern ein paar Vokabeln zum Thema passen.

Die Irin Louise Kennedy ging nicht zu einem Coach, sondern an die Öffentlichkeit. Weltweit spotteten danach Medien über die australische

Einwanderungsbehörde. Und die tat – erstmal nichts. Der Betreiber der automatischen Sprachtests wies sogar im Gegenteil darauf hin, die Anforderungen an potentielle Einwanderer seien eben sehr hoch. Natürlich waren es nicht die Leistungsmaßstäbe, die hier verhindert hatten, eine junge und hochqualifizierte Muttersprachlerin dauerhaft ins Land zu lassen. Das algorithmische System war einfach nicht in der Lage, ein vernünftiges Ziel technisch angemessen abzubilden. Die in Australien eingesetzte Spracherkennungssoftware ist zumindest derzeit noch nicht geeignet, Satzbau, Vokabular und die Fähigkeit zur logischen Darstellung komplexer Sachverhalte adäquat abzuprüfen. Das ist der Kern des Problems. Die Weigerung, das offenkundige Defizit einzugestehen, macht den Fall zur Realsatire.

Jenseits dessen hat das Beispiel eine sehr ernste Seite. Denn letztlich wahrt hier die Software weder die berechtigten Interessen des australischen Staats in der Zuwanderungssteuerung noch sorgt sie für individuelle Gerechtigkeit gegenüber den Menschen, die mit großen Hoffnungen und Fleiß an ihrer Aufenthaltsgenehmigung gearbeitet haben. Alice Xu und Louise Kennedy fanden Wege, das untaugliche algorithmische System zu umgehen. Die eine hat die Schwächen der Software systematisch ausgenutzt und ihr genau das gesagt, was sie hören will. Die andere hat einen Australier geheiratet und wird ihre dauerhafte Aufenthaltsberechtigung auf diese Weise erlangen. Doch sollten nicht die Menschen sich einem fehlerhaften Algorithmus anpassen müssen, vielmehr sollte dysfunktionale Software für die Menschen angepasst werden.

Falsche Schlüsse: Algorithmen fehlinterpretieren Daten

Soziale Medien sind heutzutage für viele eine wichtige Informationsquelle. Dabei bekommt jeder vor allem solche Meldungen auf seinen Bildschirm, die ihn am meisten interessieren. Dahinter steht etwa bei Facebook der Wunsch, dass Menschen möglichst viel Zeit in dem sozialen Netzwerk verbringen, möglichst viele Texte, Videos, Fotos sehen, kommentieren, liken. Deshalb sollen die Nachrichten, die ein Algorithmus für jeden Account automatisiert auswählt, möglichst relevant sein. Doch wie definiert und misst man Relevanz?

Für Facebook ist der entscheidende Indikator das individuelle Nutzerverhalten. Wenn jemand bei einer Meldung auch nur einen Augenblick länger verweilt, ein Detail antippt oder ein Video aufruft, wertet die Plattform das als Zeichen für gesteigertes Interesse. Je intensiver und länger Menschen interagieren, desto relevanter die Inhalte, lautet die Hypothese. Aus dieser Analyse leitet der Algorithmus ab, wen er künftig mit welchen Nachrichten aus welcher Quelle versorgt. Das Problem dabei: Je verstörender ein Beitrag, desto eher bleibt man dort hängen, desto eher wertet die Software das als Interesse, desto eher sendet sie dem Nutzer weitere Nachrichten derselben Art. Eine gesellschaftlich wünschenswerte Messung von Relevanz sieht anders aus. Denn journalistisch-ethische Werte wie Wahrheit, Vielfalt oder gesellschaftliche Integration spielen hier allenfalls eine untergeordnete Rolle. Stattdessen zählen Aufmerksamkeit und das Ausmaß der Interaktion (siehe Kapitel 13).

Facebook versucht allerdings nicht nur zu ermitteln, was den Nutzern besonders gut, sondern auch, was ihnen gar nicht gefällt. Und hier kam es über längere Zeit zu einer Fehlinterpretation, weil das Falsche gemessen wurde: Wenn ein Nutzer die Option »Beitrag verbergen« anklickte, wertete der Algorithmus das als untrügliches Zeichen für Unzufriedenheit und zeigte der Person dementsprechend keine weiteren Nachrichten ähnlicher Art mehr an. Bis 2015 jemand genauer hinsah und feststellte: Fünf Prozent der Facebook-Nutzer waren für 85 Prozent der ausgeblendeten Meldungen verantwortlich.

Diese sogenannten *Super Hider* waren ein Rätsel. Sie versteckten fast alles, was in ihrem Nachrichtenstrom auftauchte. Sogar Beiträge, die sie kurz zuvor kommentiert hatten. Erst qualitative Befragungen ergaben: Die *Super Hider* waren keineswegs unzufrieden. Sie wollten lediglich gelesene Meldungen wegräumen, so wie einige Menschen ihren Posteingang durch fortwährendes Löschen von E-Mails sauber halten. Immerhin: Nach dieser Erkenntnis änderte Facebook sein Vorgehen. Es interpretiert das Verbergen von Beiträgen seither nicht mehr notwendigerweise als starkes Signal des Missfallens.[4]

Der Algorithmus tat in diesem Fall, wie ihm befohlen – allerdings mit ungewolltem Ergebnis. Falsche Kriterien führten zu falschen Schlüssen. Der Algorithmus war nicht in der Lage, das Phänomen der *Super Hider* zu erkennen. Um die Fehlsteuerung zu bemerken, bedurfte es erst einer durch Menschen initiierten und interpretierten Untersuchung. Wer algorithmische Systeme einsetzt, ist gut beraten, deren Logik und Sinnhaftigkeit immer wieder zu hinterfragen und zu überprüfen.

Diskriminierende Daten: Algorithmen verstärken Ungleichheiten

Es ist ein milder Frühlingstag in Fort Lauderdale, Florida. Brisha B. eilt zur Schule, um ihre Stiefschwester abzuholen, sie ist spät dran.[5] Da sieht sie ein nicht abgeschlossenes Kinderfahrrad am Wegesrand. Die 18-Jährige nimmt es, fährt ein paar Meter auf dem für sie viel zu kleinen Rad und lässt es direkt liegen, als ihr jemand hinterherruft:»Das gehört meinem Sohn!«Zu spät. Nachbarn haben Brisha erkannt und die Polizei gerufen. Sie wird wegen Diebstahls angeklagt. In der Vorverhandlung setzt der Richter eine Kaution von 1000 Dollar fest, obwohl der Staatsanwalt keine solche gefordert hat. Bis ihre Familie das Geld aufgetrieben hat, muss Brisha zwei Nächte im Gefängnis verbringen.

Ebenfalls in Florida, derselbe Landkreis, einige Monate zuvor: Vernon P. wird im Baumarkt dabei erwischt, wie er Werkzeug im Wert von 86,35 Dollar mitgehen lässt – auf einen ähnlichen Wert wurde auch das von Brisha geklaute Kinderfahrrad taxiert. Vernons kriminelle Vergangenheit jedoch liest sich dramatischer als Brishas. Der 41-Jährige ist mehrfach vorbestraft, saß bereits fünf Jahre wegen bewaffneten Raubüberfalls hinter Gittern. Anders als Brisha, die sich in der Vergangenheit lediglich ein paar kleinere Verstöße hat zuschulden kommen lassen, bleibt er zunächst auf freiem Fuß.

In beiden Fällen unterstützte das aus Kapitel 1 bekannte algorithmische System *COMPAS* die Richter bei der Entscheidung über Untersuchungshaft, Kaution oder Freiheit. Die Software berechnet und beziffert Rückfallwahrscheinlichkeiten von Tatverdächtigen und wird in vielen US-Staaten seit etlichen Jahren in Vorverhandlungen eingesetzt. Brishas Risiko, in naher Zukunft erneut straffällig zu werden, schätzte *COMPAS* auf 8. Das ist ziemlich hoch auf einer Skala, die von 1 bis 10 reicht. Vernons Rückfallwahrscheinlichkeit hingegen stufte der Algorithmus nur auf 3 ein.

Zwei ähnliche Bagatelldelikte. Eine junge Frau, zuvor nur durch Ordnungswidrigkeiten aufgefallen. Ein erwachsener Mann, mehrfach verurteilter Räuber. Sie wird als Hochrisikokriminelle eingestuft. Sein Rückfallrisiko gilt als gering. Sie ist schwarz. Er ist weiß. Dabei sollte *COMPAS* eigentlich genau dafür sorgen, dass die Hautfarbe keine Rolle mehr spielt bei der Strafbemessung. Das jedenfalls war eine der Hoffnungen, die die US-Justiz mit der Einführung der Software verband. Wo Richter früher inkonsistent entschieden oder unbewusst diskriminierten, sollte nun ein Algorithmus unbestechlich und neutral jeden Menschen völlig unabhängig von Herkunft oder Hautfarbe beurteilen. Diese Parameter durfte er deswegen nicht für seine Empfehlung nutzen.

Auch wenn beispielsweise New York City es mithilfe von *COMPAS* schaffte, die Zahl der Gefängnisinsassen insgesamt zu reduzieren, weil mehr Angeklagte auf Kaution oder Bewährung entlassen wurden: Die Hoffnung auf ein Ende der Diskriminierung hat sich bislang nicht erfüllt. Während Brisha nach dem Fahrradklau nicht wieder strafrechtlich auffiel, landete Vernon kurze Zeit später wegen erneuten schweren Diebstahls für acht Jahre im Gefängnis. Brisha und Vernon sind keine Einzelfälle. Die Fehler folgen einem klaren Muster. Die Software überschätzt genauso systematisch das Rückfallrisiko von Schwarzen, wie sie jenes von Weißen unterschätzt.

Diesen Nachweis erbrachte das US-Recherchenetzwerk ProPublica.[6] Die gemeinnützige Organisation, die sich investigativem Journalismus im öffentlichen Interesse verschrieben hat und 2010 mit dem Pulitzer-Preis ausgezeichnet wurde, untersuchte in Florida 7000 *COMPAS*-Verfahren. Heraus kam, dass bei der Berechnung der Rückfallwahrscheinlichkeit die Hautfarbe sehr wohl eine entscheidende Rolle spielt (siehe Kapitel 12). Obwohl die Software dieses Merkmal gar nicht erfassen darf und gerade mit dem Ziel eingesetzt wurde, Diskriminierung zu verhindern.

Offensichtlich findet die Herkunft von Tatverdächtigen durch die Hintertür doch wieder Eingang in die algorithmische Prognose. Das liegt zum einen daran, dass viele der Kriterien, die *COMPAS* erfasst und analysiert, in den USA mit der Hautfarbe korrelieren. Das soziale Umfeld etwa oder die Wohnsituation. Zum anderen vergleicht die Software jeden Fall mit einer Normgruppe aus über 7000 inhaftierten Straftätern. Je höher die Ähnlichkeit ist zwischen den persönlichen Umständen eines mutmaßlichen

Delinquenten und denen der verurteilten Kriminellen, desto höher beurteilt *COMPAS* das Rückfallrisiko. Das Problem: Die Normgruppe repräsentiert nicht den Querschnitt der amerikanischen Bevölkerung, sondern den der Gefängnisinsassen. Und dort sind Schwarze überproportional häufig vertreten. Das erhöht für schwarze Tatverdächtige die Wahrscheinlichkeit von Überschneidungen mit den Profilen der Inhaftierten – woraus der Algorithmus ein höheres Risiko für erneute Straffälligkeit ableitet. Im Ergebnis reproduziert das Computerprogramm bestehende Ungleichheit.

Das bemängelte 2016 auch der damalige Justizminister der Obama-Regierung Eric Holder. »Obwohl die Messkriterien in bester Absicht zusammengestellt wurden, fürchte ich, dass sie unbeabsichtigt unsere Anstrengungen untergraben, jeden Menschen vor Gericht gerecht und gleich zu behandeln«, sagte Holder über das Verfahren, das nach seiner Auffassung »die ungerechtfertigten und ungerechten Ungleichheiten verschärfen könnte, die ohnehin in Gesellschaft und Justizsystem viel zu weit verbreitet sind«.[7]

Das ursprüngliche Ziel hinter der *COMPAS*-Software fußt auf breitem gesellschaftlichen Konsens. Der Wunsch, ohne Ansehen der Person zu einem gerechten Urteil zu kommen und Diskriminierung abzubauen, ist ethisch einwandfrei. Er folgt den rechtsstaatlichen Grundsätzen einer freiheitlichen Demokratie. Nur leider erfüllt *COMPAS* diese Ziele nicht. Gut gemeint ist noch lange nicht gut gemacht. Das algorithmische System verkennt sein Scheitern. Es evaluiert sich nicht selbst. Deshalb ist das Aufgabe der für seinen Einsatz Verantwortlichen, in diesem Fall also des amerikanischen Staats und seiner Justiz beziehungsweise des kommerziellen Herstellers der Software. Sie alle haben versäumt, das Programm von sich aus einer Überprüfung zugänglich zu machen. So bedurfte es erst einer gemeinnützigen Organisation, um mit hohem Aufwand und investigativen Methoden die Defizite des Algorithmus aufzudecken.

Einseitiges Lernen: Algorithmen als selbsterfüllende Prophezeiung

Anders als in Florida wird die *COMPAS*-Software im US-Bundesstaat Wisconsin nicht nur in Vorverhandlungen eingesetzt. Im Norden Amerikas ziehen Richter die per Algorithmus berechneten Rückfallwahrscheinlichkeiten auch heran, um zu bemessen, ob eine Haftstrafe zur Bewährung ausgesetzt oder vollzogen wird.[8] Eine Entscheidung von enormer Tragweite für die Betroffenen, aber auch für das Sicherheitsgefühl aller Bürger. Deshalb ist es umso wichtiger, dass *COMPAS* in der Lage ist, aus den Ergebnissen seiner Prognosen zu lernen: Wann lag der Algorithmus richtig und wann irrte er?

Das Problem ist die Einseitigkeit dieses Lernens: Jeder auf Bewährung in Freiheit bleibende Straftäter kann die Prognose des algorithmischen Systems bestätigen oder widerlegen, je nachdem, wie er sich während der Bewährungszeit verhält. Wer hingegen aufgrund der *COMPAS*-Empfehlung ins Gefängnis kommt, hat keine Chance zu beweisen, dass die Software falsch lag. Das ist kein Einzelfall: Auch wer keinen Kredit erhält, kann nie belegen, dass er ihn zurückgezahlt hätte. Und wer von einem Computerprogramm als Bewerber aussortiert wird, kann nicht den Nachweis antreten, dass er den Job hervorragend ausgefüllt hätte.

In solchen Situationen der Selektion hat das algorithmische System eine Lernbehinderung. Denn überprüfen, ob seine Prognose richtig war, kann es hier nur in einer der beiden Gruppen. Für die andere bleibt die Frage hypothetisch. Freiheit oder Gefängnis, kreditwürdig oder nicht, Jobangebot oder Absage: Die Algorithmen in Justiz, Finanzbranche oder Personalwesen werden mit einseitigem Feedback gefüttert und verbessern sich dadurch nicht in dem Maße, wie es notwendig wäre.

Anwender müssen sich dessen bewusst sein und Vergleichsgruppen schaffen, aus denen der Algorithmus trotzdem lernen kann. Ein Kreditinstitut könnte beispielsweise auch einem Teil der eigentlich abgelehnten Antragsteller ein Darlehen gewähren und die mit diesen Personen gemachten Erfahrungen zur Weiterentwicklung seiner Software nutzen. Auch Personalabteilungen und Gerichte könnten Vergleichsgruppen bilden, indem sie einen Teil ihrer Entscheidungen ohne maschinelle Unterstützung treffen und so Feedbackdaten zur Überprüfung ihrer algorithmischen Prognosen generieren: Hatte ein Bewerber Erfolg im Unternehmen, obwohl er von der Software zurückgewiesen worden wäre? Ist jemand straffrei geblieben, obwohl das System wie bei Brisha eine anderslautende Vorhersage abgegeben hatte?

Das Problem des einseitigen Feedbacks auf diese Art zumindest zu mindern, verlangt von den Anwendern grundsätzliche Bereitschaft und hohe Kompetenz. Beides ist dringend notwendig. Denn einseitiges Feedback bedeutet für Prozesse algorithmischer Entscheidungsfindung nicht nur ein Lernproblem, sondern kann Diskriminierungen oder Nachteile in unserer Gesellschaft sogar verfestigen und verschlimmern. Denn ein längerer Gefängnisaufenthalt vergrößert das Risiko einer erneuten Straftat, ein aus Verzweiflung abgeschlossener Kredit zu Wucherzinsen erhöht das Risiko eines Zahlungsverzugs. Dann droht das algorithmische System, zu einer sich selbst erfüllenden Prophezeiung zu werden.

Normative Blindheit: Algorithmen setzen auch falsche Ziele um

Lieber betrunken als arm.[9] So wünschen sich anscheinend die Autoversicherungen ihre Kunden in manchen US-amerikanischen Bundesstaaten. Nichts treibt die Versicherungstarife dort derart in die Höhe wie fehlende Kreditwürdigkeit. In Kansas etwa zahlen Kunden mit niedriger Bonität bis zu 1300 Dollar pro Jahr mehr als solche mit ausgezeichneter Zahlungsfähigkeit. Erwischt hingegen die Polizei einen solchen Kreditwürdigen mit Alkohol im Straßenverkehr, erhöht das seinen Versicherungstarif um lediglich 400 Dollar.

Ähnlich ein Beispiel aus dem Staat New York: Ein selbstverschuldeter Unfall lässt die Prämie um 430 Dollar steigen, Trunkenheit am Steuer immerhin um 1170 Dollar, niedrige Kreditwürdigkeit aber um satte 1760 Dollar. Das Fahrverhalten hat weniger Einfluss auf den Tarif der Autoversicherung als die Bonität. Anders ausgedrückt: Wer in finanziellen Schwierigkeiten steckt, zahlt deutlich mehr als ein betuchter Verkehrsrowdy.

Aufgedeckt hat diese Praxis die gemeinnützige Organisation Consumer Reports. Die Verbraucherschützer haben mehr als zwei Milliarden Angebote von 700 Versicherungsgesellschaften für die gesamten USA ausgewertet und verglichen. Demnach nutzen die meisten Versicherer zur Berechnung ihrer Tarife Algorithmen, die auch die Bonität jedes Kunden prognostizieren. Dazu greifen die Computerprogramme auf die Finanzdaten der Autofahrer zurück, mit denen sonst Banken die Ausfallwahrscheinlichkeit von Krediten berechnen.

Der entscheidende Unterschied zwischen den beiden Branchen ist jedoch: Bei Kreditinstituten erscheint eine solche algorithmische Prognose angemessen, da ein plausibler Zusammenhang zwischen Bonität und Rückzahlungswahrscheinlichkeit eines Darlehens existiert. Für die Autoversicherer ist die Finanzkraft ihrer Kunden aber ein sachfremdes Kriterium. Sie lässt keine Rückschlüsse auf das Fahrverhalten oder die Unfallwahrscheinlichkeit zu; allein davon sollte aber eigentlich die Höhe der Prämie abhängen. Denn die Autoversicherung ist eine Pflichtversicherung, zu der jeder unabhängig von seinem sozialen Status den gleichen Zugang haben sollte – und ihre Tarife sollten einen Anreiz bieten, sich im Straßenverkehr regelkonform und rücksichtsvoll zu verhalten. Davon würden alle Verkehrsteilnehmer und damit die gesamte Gesellschaft profitieren.

Diesen Anreiz blendet die von Consumer Reports angeprangerte Versicherungspraxis zwar nicht gänzlich aus. Nach wie vor wird Fehlverhalten im Straßenverkehr sanktioniert. Das wird allerdings konterkariert, wenn unfallfreies Fahren weniger wert ist als der Kontostand. Leidtragende sind oft ärmere Menschen, die auf ihr Auto angewiesen sind. So werden denjenigen, die ohnehin schon durch geringes Einkommen und niedrige Kreditwürdigkeit benachteiligt sind, auch noch höhere Prämien aufgebürdet.

Wirtschaftlich mag es für eine Versicherung Sinn ergeben, lieber solvente als gesetzestreue Autofahrer als Kunden zu haben. Das ist nicht neu. Jetzt stehen jedoch algorithmische Werkzeuge zur Verfügung, um die Solvenz der Kunden schnell und zuverlässig einzuschätzen und in individuelle Tarife zu übersetzen. Ohne Frage funktioniert das Computerprogramm in diesem Beispiel, es erfüllt seinen Auftrag und handelt im Sinne der Autoversicherer. Was das algorithmische System aufgrund seiner normativen Blindheit jedoch selbstständig nicht zu erkennen vermag: Es arbeitet gegen die Interessen einer Gesellschaft, die allen Bürgern individuelle Mobilität ermöglichen und die Sicherheit im Straßenverkehr erhöhen möchte. Indem die Versicherungsunternehmen diese Software trotzdem anwenden, stellen sie eigene ökonomische Interessen über den gesellschaftlichen Nutzen. Eine ethisch fragwürdige Praxis, auf die der Gesetzgeber in Kalifornien, Hawaii und Massachusetts inzwischen reagiert hat. Diese Bundesstaaten untersagen Autoversicherern, Bonitätsprognosen für die Festlegung ihrer Prämien heranzuziehen.

Mangelnde Vielfalt: Algorithmische Monopole gefährden Teilhabe

Kyle Behm versteht die Welt nicht mehr. [10] Als Student bewirbt er sich in Macon im US-Bundesstaat Georgia bei sieben Supermärkten um einen Aushilfsjob. Er will Ware in Regale einsortieren, mit Preisen auszeichnen, im Lager arbeiten – alles, was man so machen kann in einem Supermarkt, um ein paar Dollar fürs Studium dazuzuverdienen. Die Tätigkeiten sind nicht übermäßig anspruchsvoll, deshalb schaut er halb entsetzt, halb ungläubig in seinen Posteingang, als dort eine Absage nach der anderen eintrifft. Nicht zu einem einzigen Vorstellungsgespräch wird Behm eingeladen.

Sein Vater kann die Absagen ebenfalls nicht nachvollziehen. Er schaut sich die Bewerbungen an, die sein Sohn abgeschickt hat – nichts zu beanstanden. Kyle Behm hat sogar schon Erfahrung im Einzelhandel gesammelt, ein guter Student ist er zudem. Bei seinen Nachforschungen stößt der Vater, ein Jurist, auf den Grund. Alle sieben Supermärkte verwenden ähnliche Online-Persönlichkeitstests. Kyle leidet unter Bipolarität, einer psychischen Störung, was die Computerprogramme, die die Tests auswerten, erkannt und seine Bewerbung daher jedes Mal aussortiert hatten.

Kyle Behms Vater ermutigt ihn, gegen ein Unternehmen gerichtlich vorzugehen. Er möchte geklärt wissen, ob es rechtens sein kann, einem jungen Mann durch die Dominanz eines algorithmischen Prinzips den Weg in den Arbeitsmarkt kategorisch zu blockieren. Zumal Behm wegen seiner Krankheit in Behandlung ist, medikamentös eingestellt und seine Ärzte keine Zweifel haben, dass er den Job, um den er sich beworben hat, problemlos ausfüllen könnte. Doch bevor der Fall verhandelt wird, bietet das verklagte Unternehmen einen außergerichtlichen Vergleich an. Behm hatte offenbar gute Aussichten, den Prozess zu gewinnen.

Gerade größere Unternehmen setzen immer öfter auf Algorithmen, um ungeeignete Bewerber von solchen zu trennen, die für ein Vorstellungsgespräch in Frage kommen. Die Methode ist effektiv und preisgünstig. Selbst wenn mehrere tausend Bewerbungen auf eine Stelle zu sichten sind, ist das für ein algorithmisches System kein Problem. Zum Problem allerdings kann es für bestimmte Gruppen von Menschen werden, wenn alle Unternehmen einer Branche einen ähnlichen Algorithmus verwenden. Wo sich früher eine einzelne Tür geschlossen hat, gehen dann auf einmal alle gleichzeitig zu. Die Wahrscheinlichkeit solcher Monopolbildungen steigt, denn gerade digitale Märkte folgen dem Prinzip *The winner takes it all*: Ein Unternehmen oder Angebot setzt sich durch und verdrängt alle Wettbewerber. Zum Schluss gibt es nur noch eine Software, die Jobsuchende vorsortiert oder Kredite bewilligt.

Viele Unternehmen ficht das nicht an: Sie sparen Zeit und erhöhen die Treffersicherheit bei der Personalauswahl. Und auch für manche Bewerber geht die Rechnung mit der algorithmischen Vorauswahl auf: Sie können sich darüber freuen, dass ihre Fachkompetenz und persönlichen Qualitäten mehr zählen als das Renommee ihrer Hochschule, ihr Name, Herkunft oder was sonst noch alles früher die Entscheidungen von Personalern verzerrte (siehe Kapitel 12). Während sich also für einige Menschen die Chancen auf dem Arbeitsmarkt erhöhen und fairer werden, droht anderen Gruppen etwa mit Erkrankungen wie bei Behm der Totalausschluss. Einen solchen Kollateralschaden kann eine solidarische Gesellschaft nicht akzeptieren. Deswegen bedarf es in teilhaberelevanten Bereichen einer übergeordneten Instanz, die algorithmische Monopolisierung frühzeitig erkennt und für eine Vielfalt der Systeme sorgt (siehe Kapitel 16).

Kein blindes Vertrauen

Unsere sechs Beispiele haben gezeigt: Algorithmen können unausgereift sein und falsche Ergebnisse liefern, Daten können gesellschaftlich nicht erwünschte Diskriminierung abbilden und sogar verstärken, Menschen können ihnen falsche Ziele setzen oder gefährliche Monopole zulassen. Blindes Vertrauen ist also unangebracht. Algorithmen sind nur Werkzeuge für spezifische Aufgaben, aber keine wirklich intelligenten Entscheider. Sie können sogar dann schlechte Schlüsse ziehen, wenn sie ihren Auftrag tadellos erfüllen. Denn sie verstehen nicht aus sich selbst heraus, wann ihre Ziele unangemessen sind, wann ihnen notwendige Korrekturen vorenthalten bleiben oder wann sie ganzen Gruppen die Chancen auf gesellschaftliche Teilhabe nehmen. Sie sind in der Lage, den größten Unfug mit maschineller Präzision umzusetzen. Wenn auch Algorithmen irren, dann dürfen wir – ganz im Sinne von Hieronymus aus dem letzten Kapitel – sie nicht in ihrem Irrtum verharren lassen. Für derlei Fehlsteuerung verantwortlich sind Menschen. Sie bestimmen, welche Ziele Algorithmen verfolgen. Sie bestimmen, welche Kriterien dafür herangezogen werden. Sie bestimmen, ob und wie nachjustiert wird.

Und ebenso wie Carol aus dem Sketch von *Little Britain* verstecken sie sich hinter Algorithmen, wenn sie über deren Sinnhaftigkeit nicht reden wollen oder können. So berichtete die Personalchefin von Xerox Services, dass Algorithmen ihre Abteilung dabei unterstützen, die hohe Fluktuation im Call Center einzudämmen. Die eingesetzte Software prognostiziert in Bewerbungsverfahren die voraussichtliche Verweildauer eines potentiellen Mitarbeiters in der Firma (siehe Kapitel 12). Auf Nachfrage, welche Kriterien das Programm heranziehe, antwortete sie: »Ich weiß nicht, warum es funktioniert. Ich weiß nur, dass es funktioniert.«[11] So erstickt man im Keim jede Debatte darüber, warum welche Bewerber abgelehnt werden und ob es dabei systematische Verzerrungen gibt.

Ein zweites Beispiel liefert das Bundesinnenministerium. Es schrieb in seinem offiziellen Statement zum Pilotprojekt am Berliner Südkreuz, wo mittels Gesichtserkennungssoftware nach Schwerverbrechern und Terroristen gefahndet wird: »Bei 70 Prozent und mehr haben wir eine positive Erkennung der gesuchten Testpersonen – das ist ein sehr guter Wert.«[12] Das heißt, sieben von zehn Gesuchten hat die Software richtig erkannt. Doch das ist nur die halbe Wahrheit. Wie hoch der Anteil unschuldiger Passanten war, bei denen das algorithmische System fälschlicherweise Alarm ausgelöst hat, wurde nicht bekanntgegeben. Den vollständigen Zwischenbericht hielt das Ministerium unter Verschluss.[13]

Beide Anwender, Xerox Services und das Innenministerium, erschweren damit den notwendigen öffentlichen Diskurs über den Einsatz von Algorithmen. Sowohl die Frage möglicher Diskriminierung in der Personalauswahl als auch die Balance zwischen Überwachung und Sicherheit gehören zu den sensiblen Themen in einer freiheitlichen Gesellschaft. Eine solche hat einen Anspruch darauf, dass sich Anwender von Algorithmen ihrer Verantwortung stellen und nicht hinter einer Maschine verstecken. Für eine echte Debatte müssen mehr Fakten und Zahlen auf den

Tisch. Denn nur wer versteht, wie die eigenen Systeme arbeiten, kann Fehler und Verzerrungen entdecken – und abstellen.

Wir brauchen nicht nur gute Algorithmen, umgekehrt brauchen Algorithmen auch uns. Dafür müssen wir kompetent und ethisch verantwortungsvoll handeln. Zur inhaltlich-technischen gesellt sich somit eine moralisch-rechtliche Herausforderung. Wo scheinbar intelligente Maschinen Bürger bewerten und Fehler schnell von hoher Tragweite sind, müssen Menschen deren Ziele diskutieren, definieren und ihre grundlegende Funktionsweise jederzeit verstehen und nachvollziehen können. Wir tragen die gesellschaftliche Verantwortung dafür, dass Software, die unser Leben bestimmt, richtig funktioniert, dass sie andernfalls korrigiert wird und das nötige Feedback erhält, um besser zu werden. Wenn all das nicht möglich ist und zentrale Prinzipien unseres solidarischen Gemeinwesens in Gefahr geraten, dürfen wir im äußersten Fall vor Verboten nicht zurückschrecken. Auch die künstliche Verdummung Künstlicher Intelligenz ist in einer Demokratie ein adäquates Mittel (siehe Kapitel 14 und 15).

Was Algorithmen für UNS tun können

Eine Welt ohne Algorithmen ist heute kaum mehr vorstellbar. Fast unmerklich haben sie sich in unser Leben geschlichen. Nahezu überall dort, wo Informationen elektronisch verfügbar sind, kommen mittlerweile intelligente Maschinen zur Anwendung. Die folgenden neun Kapitel zeigen, in welcher Breite sie eingesetzt werden und welche Auswirkungen sie haben. Anhand konkreter Beispiele erzählt dieser zweite Teil des Buches, wie Algorithmen für jeden Einzelnen von uns und für die ganze Gesellschaft das Leben besser und gerechter machen können. Doch nicht immer ergänzen sich Mensch und Maschine sinnvoll, ihr Zusammenwirken kann – sei es aus bloßem Versehen oder aus böser Absicht – auch negative Folgen für Individuen und Gemeinschaft haben.

Ein Algorithmus für Algorithmen

Genau dieses Spannungsverhältnis interessiert uns. Wir schauen auf jene algorithmischen Systeme, die individuelle Teilhabe am gesellschaftlichen Leben von vielen Menschen verändern. Zum Guten wie zum Schlechten. Mit Konsequenzen, die uns alle angehen, weil sie entweder sozialen Fortschritt bedeuten oder gravierende Nachteile bringen. Nicht alle Algorithmen sind derart relevant für unsere Gesellschaft. Weder die automatische Rechtschreibkorrektur in der Textverarbeitung noch das computerbasierte Flottenmanagement des Mietwagenanbieters werden die Grundfeste unseres Zusammenlebens durchrütteln. Sie brauchen keinen öffentlichen Diskurs – der hingegen ist unverzichtbar, wenn Algorithmen über Asyl oder Haftstrafen mitentscheiden sollen.

Für die Auswahl der Beispiele in den folgenden Kapiteln nutzen wir einen Algorithmus für Algorithmen, den die Wissenschaftler Kilian Vieth und Ben Wagner entwickelt haben (siehe Kapitel 14). Er misst deren gesamtgesellschaftliche Relevanz. Seine wichtigsten Kriterien: Werden Menschen durch das algorithmische System bewertet? Wie abhängig sind die Bewerteten vom Ergebnis? Wie viel politische und ökonomische Macht hat der Betreiber? Wie groß ist die Reichweite des Systems? Die Antworten werden Punktwerten zugeordnet und diese miteinander verrechnet. Je höher das Gesamtergebnis, desto teilhaberelevanter ein System. Und desto mehr Aufmerksamkeit hat es – auch in diesem Buch – verdient.

Ordnung im Dschungel der Algorithmen

Der zweite Teil des Buches taucht ein in die Praxis. Er wird szenisch einfangen, welche Effekte Algorithmen auf individueller und gesellschaftlicher Ebene auslösen können. Anschaulichkeit ist uns dabei wichtiger als technische Detailtiefe: Die Wirkung der Algorithmen steht im Zentrum, nicht ihr Programmiercode. Gleichzeitig versuchen wir, Ordnung in den Dschungel der verschiedenen Anwendungen zu bringen. Die folgenden neun Kapitel unterscheiden dazu vier Effekte für das Individuum, vier für Staat und Gesellschaft sowie einen für das soziale Miteinander.

Auf individueller Ebene (Kapitel 5 bis 8) können Algorithmen persönliche Bedürfnisse passender erfüllen, faireren Zugang zu wesentlichen Gütern gesellschaftlichen Lebens ermöglichen, unsere menschlichen Fähigkeiten erweitern und Freiräume schaffen für Dinge, die wir besonders gut können oder mögen. Mögliche Kehrseiten dieser Effekte sind gezielte Manipulationen, Ausschluss von Schwächeren, algorithmisches Wettrüsten und rücksichtsloses Ringen um immer höhere Produktivität.

Auf gesellschaftlicher Ebene (Kapitel 9 bis 12) bieten Algorithmen das Potenzial, die Inanspruchnahme staatlicher Leistungen effektiver zu kontrollieren, begrenzt verfügbare Güter effizienter zu verteilen, wirkungsvolle Präventionsmaßnahmen für ein gesünderes oder sichereres Miteinander zu etablieren sowie fairere Entscheidungen zu treffen. Dem stehen Risiken entgegen wie ein überbordender Staat, die Zweckentfremdung von Software, das Aufweichen des Solidarprinzips oder wachsende soziale Ungleichheit und Diskriminierung. Nicht zuletzt beeinflussen Algorithmen auch persönliche Beziehungen sowie unsere Kommunikation und Werte – sie können den Zusammenhalt stärken, aber auch die gesellschaftliche Polarisierung befördern (Kapitel 13).

5

Personalisierung: Passend für jeden

Felix ist einzigartig.[2] Seit sechs Jahren senden die Messgeräte des Zehnjährigen aus Kalifornien kontinuierlich Daten in die Cloud: Puls, Stresslevel, Bewegungsaktivität, Blutzucker. Jeden Tag kommen so zehntausende Datenpunkte zusammen, insgesamt sind es mittlerweile viele Millionen. Felix ist der wohl bestvermessene Diabetespatient der Welt. Vermutlich zählt er auch zu den Kindern, deren Zuckerkrankheit am besten eingestellt ist. Denn ein Computer wertet all die Daten permanent aus, die er von Felix' Smartwatch und seinem Blutzuckermessgerät erhält. Daraus berechnet ein Algorithmus eine auf ihn persönlich zugeschnittene Therapie. Seine Eltern erhalten fortwährend präzise Informationen, wann Felix welche Snacks beziehungsweise welche Dosis Insulin braucht.

Für Felix bedeutet das Lebensqualität. Denn sein Diabetes Typ 1 – eine unheilbare Autoimmunkrankheit, bei der die insulinproduzierenden Zellen zerstört werden – lässt ihn zwischen zwei Zuständen pendeln: Bei Unterzuckerung leidet er unter Unruhe und Konzentrationsstörungen; bei Überzuckerung ist er müde und antriebsschwach, wird völlig apathisch. Damit Felix möglichst selten in diese Zustände verfällt, kommt es darauf an, seinen Blutzuckerspiegel stabil zu halten und dem Körper zum richtigen Zeitpunkt die richtige Dosis Insulin zuzuführen.

Das zu berechnen, ist der Job eines Algorithmus. Und er erledigt ihn hervorragend. Die Phasen, in denen Felix gefährlich überzuckert ist, haben sich dank ihm fast um die Hälfte reduziert. Das bedeutet nicht nur eine Halbierung der Zeiten, in denen Felix erschöpft ist, sondern auch ein deutlich geringeres Risiko, dass er in ein diabetisches Koma fällt. In den sechs Jahren seit seiner Diagnose mussten die Eltern mit ihm kein einziges Mal in die Notaufnahme, kein einziges Mal ist er aufgrund von Überzuckerung bewusstlos geworden oder gar in eine lebensgefährliche Situation gekommen.

Zu verdanken hat Felix diese personalisierte medizinische Versorgung keinem Arzt, sondern seiner Mutter. Vivienne Ming liebt Daten. Die Neurowissenschaftlerin, die an der renommierten Berkeley Universität forschte, ist getrieben von der Idee, das Einzigartige aus der Masse herauszufiltern, das Individuelle und nicht den Durchschnitt zu erkennen. Als Chefwissenschaftlerin des Online-Personalvermittlers Gild entwarf sie im Silicon Valley Algorithmen, die in Lebensläufen und digitalen Spuren von 70 Millionen Menschen nach verborgenen Kompetenzen suchten. Mit ihren Computerprogrammen fand Ming Jobs für Menschen, die von Unternehmen sonst übersehen werden, weil sie nicht den üblichen Kriterien entsprechen.

Auch für ihren Sohn kam eine Standardtherapie nicht in Frage. Genau die hatten die Ärzte aber vorgeschlagen, als die Diabetesdiagnose feststand. Die Eltern sollten eine Woche lang dreimal täglich den Blutzuckerwert ihres Kindes messen und in ein Papierformular eintragen. Daraus wäre eine durchschnittliche Insulindosis ermittelt worden. Vivienne Ming konnte das nicht akzeptieren. Es kam ihr vor wie ein Verrat an dem, was Wissenschaft leisten kann.

Sie begann, ihr Kind zu vermessen. Sie las sich in die Fachliteratur ein, führte akribisch Buch darüber, wann Felix spielte, wann er apathisch war, notierte täglich seine Mahlzeiten und deren Nährwert. Innerhalb von vier Wochen programmierte sie einen Algorithmus, der aus der Masse der gesammelten Puls-, Bewegungs- und Blutzuckerdaten und ihren Beobachtungen therapierelevante Muster und Prognosen ableiten konnte.

Ein Ergebnis verblüffte die Eltern besonders. Nach dem Frühstück stiegen bei Felix Puls und Blutzuckerspiegel. Allerdings nicht immer gleich, sondern insbesondere montags bis freitags, mit einem Ausreißer nach oben an jedem Dienstag. Am Wochenende blieben die Werte niedriger, ohne dass Felix etwas anderes gefrühstückt hätte. Die Erklärung: Wochentags stand Felix unter Stress. Er war damals gerade vom Montessori-Kindergarten in die Vorschule gewechselt und hatte jeden Schulmorgen Angst vor dem Unterricht, ganz besonders vor der Mathematikstunde am Dienstag.

Ihre Erkenntnisse trug Vivienne Ming zu den Ärzten. Der Insulinbedarf ihres Sohnes, das ging aus den Analysen eindeutig hervor, schwankte stark. Er war derart abhängig von Faktoren wie beispielsweise dem Stundenplan, dass es unmöglich eine optimale Therapie für Felix sein konnte, ihm tagein, tagaus dieselbe Menge Insulin zu verabreichen, berechnet aus dem Mittelwert von 21 Messzahlen auf einem Blatt Papier.

Keine Chance. Die Ärzte beharrten auf der herkömmlichen Methode. Sie ignorierten die Tabellen mit hunderttausenden von Daten. Stattdessen reduzierten sie das bis ins Detail vermessene Kind auf einen groben Schattenriss. Vivienne Ming entschied sich ihrerseits, die Ärzte zu ignorieren. Sie lehnte die empfohlene Standardprozedur ab und nutzte lieber ihre eigene Expertise: »Wir haben genug Daten und Algorithmen, dass wir nicht mehr mit dem Durchschnitt vorlieb nehmen müssen.«[3]

Felix bekam eine internetfähige Insulinpumpe, mit der ihm seine Mutter aus der Ferne die richtige Dosis spritzen kann, und zwar bevor er über- oder unterzuckert ist. Dienstagmorgens vor dem Mathe-Unterricht ist sie etwas höher, am Wochenende etwas geringer. Heute ist Felix ein aufgewecktes, fröhliches Kind, das auf nichts verzichten muss, außer auf größere Mengen Süßigkeiten. Doch selbst wenn er mal außerplanmäßig Schokolade stibitzt und damit die programmierte Insulinmenge konterkariert, merkt das der Algorithmus schnell und informiert die Eltern, die dann gegebenenfalls nachjustieren können.

Als Vivienne Ming belegen konnte, wie gut ihrem Sohn die personalisierte Therapie tut und welchen Gewinn an Lebensqualität der selbstentwickelte Algorithmus ihm verschafft, begann sie, ihre Erkenntnisse mit Wissenschaft und Wirtschaft zu teilen. Tatsächlich hat der Pharmariese Eli Lilly inzwischen eine vollautomatische Pumpe angekündigt, die Gesundheitsdaten erfasst, auswertet und die richtige Insulinmenge spritzt. Dafür einen Anstoß gegeben zu haben, macht Vivienne Ming froh, aber zugleich ist sie irritiert, wie behutsam sich die Medizin den algorithmischen Innovationen öffnet: »Es ist erstaunlich, wie langsam der Fortschritt ist. Es hat nur einen Monat gedauert, die Diabetestherapie für Felix zu personalisieren. Aber es braucht zehn Jahre, um sie allen Patienten zugänglich zu machen. Ich will die Ärzte doch nicht ersetzen, ich will sie nur klüger machen.«[4]

Mathe muss kein Horror sein

Homogenität ist eine Illusion, bei der Behandlung von Diabetes wie beim Lernen. Das weiß Elke Stuthmann.[5] Und sie weiß auch, dass ihr Unterrichtsfach schon Schülergenerationen gespalten hat. Einige lieben Mathematik, andere wie Felix aus Berkeley hassen sie. Am Ende sind meist beide Gruppen unzufrieden: In einer klassischen Mathestunde langweilen sich die Cracks, während die weniger Begabten verzweifelt um Anschluss kämpfen oder schon längst abgeschaltet haben. »Lernen im Gleichschritt für alle, so soll es bei mir im Unterricht nicht aussehen«, schwor sich Elke Stuthmann schon als junge Lehrerin.[6] Deshalb hat die heute 58-Jährige nie nur an der Tafel gestanden, den Lehrstoff erklärt und gehofft, dass ihn alle irgendwie verstehen. Für jeden ihrer Schüler einen individuellen Lehrplan zu erstellen, wie es eigentlich ihr Ideal gewesen wäre, hat sie aber überfordert.

Dank algorithmischer Unterstützung kommt sie diesem Anspruch mittlerweile näher. Wenn Elke Stuthmann ihre siebte Klasse in den Computerraum des Hamburger Friedrich-Ebert-Gymnasiums führt, warten auf die 27 Schüler unterschiedliche Aufgabenpakete. Die Mathe-Asse wärmen sich mit zwei Einstiegsfragen auf und springen dann direkt zu den besonders kniffligen Sternchen-Aufgaben. Schwächere Schüler können länger bei den Basisübungen bleiben und haben so mehr Zeit zum Verstehen und Wiederholen. Jeder lernt in seinem eigenen Tempo. Auf ihrem Bildschirm sieht Elke Stuthmann den Fortschritt der einzelnen Kinder. Erkennt sie, dass sich jemand mit einer Aufgabe quält und nicht weiterkommt, geht sie hin und hilft. Den Rest der Klasse hält diese persönliche Betreuung nicht auf; alle sind gut beschäftigt, weil der Computer sie ständig mit neuen, für sie passenden Aufgaben versorgt.

Diese Personalisierung des Unterrichts ermöglicht das Lernprogramm *Bettermarks*.[7] Es funktioniert wie ein interaktives Mathebuch. Die Software erklärt Themen, zeigt Rechenbeispiele und stellt Aufgaben. So weit alles ganz traditionell, wie im gedruckten Lehrbuch. Neu ist: Jeder Schüler wird auf einem persönlichen Lernpfad durch die Aufgaben geführt. Aus mehr als 100 000 Übungen wählt ein Algorithmus diejenige aus, die gerade am besten passt. Löst die Schülerin sie problemlos und schnell, wird es eine Stufe schwieriger. Kommt sie nicht weiter oder zum falschen Ergebnis, analysiert das System die Wissenslücken. »Der Schüler erhält bei jedem Aufgabenschritt eine Rückmeldung und bekommt bei Fehlern genau die Dinge, die er eigentlich vertiefen müsste, als Übungsserie angeboten«, sagt Arndt Kwiatkowski, Gründer und Geschäftsführer von Bettermarks.[8] Nicht mehr die Schülerin muss sich ans Lehrbuch anpassen, sondern das Lernprogramm passt sich an die Schülerin an.

Elke Stuthmann verbringt nicht jede Mathestunde mit ihrer Klasse im Computerraum, sie nutzt *Bettermarks* nur alle zwei Wochen im Unterricht und regelmäßig für die Hausaufgaben. Auch sucht sie die Übungen per Mausklick selbst aus und überlässt das noch nicht vollständig dem Algorithmus. Doch schon diese ersten Schritte zur Personalisierung des Unterrichts wirken: Nach Stuthmanns Beobachtung sind die Überflieger zwei- bis dreimal so schnell wie ihre Mitschüler – und dankbar, nicht auf sie warten zu müssen, sondern anspruchsvollere Aufgaben bearbeiten oder sogar schon in die nächste Lektion springen zu können. Und auch die schwächeren Schüler profitieren: »Sie fühlen sich weniger allein gelassen, gerade bei den Hausaufgaben. Die Software gibt ihnen Tipps und so viel Hilfe, wie sie brauchen.«[9]

Scheitern viele an einer bestimmten Übung, kann Elke Stuthmann reagieren und den Stoff im Unterricht wiederholen. Die digitale Unterstützung hilft ihrer Klasse, davon ist sie überzeugt, mit mehr Motivation zu lernen. Sie nimmt sogar ein bisschen die Angst vor dem Fach Mathematik, weil die Schüler mehr Erfolgserlebnisse haben und sich besser verstanden fühlen. Genau das formuliert das Berliner Start-Up Bettermarks als Anspruch an sein Programm. Es betrachtet Unterschiedlichkeit als normal, nicht als Problem. Seine Software soll gleichermaßen Unter- und Überforderung, Langeweile und Lernstress vermeiden. In Uruguay steht *Bettermarks* inzwischen landesweit in jedem Klassenzimmer zur Verfügung, in Deutschland gerade einmal in wenigen hundert Schulen.

Dabei wäre es für das deutsche Bildungssystem längst überfällig, sich von der Illusion der Homogenität zu verabschieden. So verschieden der Mensch ist, so lernt er auch. Selbst wenn alle das gleiche Ziel erreichen müssten, wären Weg, Stil und Tempo dorthin höchst unterschiedlich. Schule nimmt darauf zu selten Rücksicht und orientiert sich häufig noch am durchschnittlichen Lerner. »Du bist zwölf, es ist Herbst, also ist Bruchrechnen dran«, beschreibt dies der Journalist Jürgen Schaefer.[10]

Tatsächlich beträgt die Leistungsspanne in Mathematik bei 15-Jährigen mehrere Jahre, auch auf Gymnasien. Individuelle Förderung und persönliche Lernpläne sind trotzdem nach wie vor selten. Das Fach wird dadurch für viele zum Horror. Egal ob Bruchrechnen, binomische Formeln oder Integrale – wer einmal den Anschluss verpasst hat, holt selten wieder auf. Der traditionelle Unterricht kann da kaum gegensteuern: Die Aufgaben so lange zu wiederholen, bis jeder sie verstanden hat, würde den Besseren in der Klasse nicht gerecht; einfach weitermachen lässt zu viele zurück. Dieses Dilemma möchten Lehrerinnen wie Elke Stuthmann auflösen und mittels digitaler Unterstützung jeden ihrer Schüler individuell fördern. Auch dann werden nicht alle Mathematik lieben, aber es erspart zumindest viel Frust und teure Nachhilfe.

Jedem sein eigener Unterricht

In New York wird zu Ende gedacht, was im Hamburger Friedrich-Ebert-Gymnasium noch am Anfang steht.[11] Die algorithmische Personalisierung des Lernens verbirgt sich hinter einer Klinkerfassade aus den 30er Jahren des vorigen Jahrhunderts. Die David A. Boody Mittelschule im Stadtteil Sheepshead Bay lässt von außen nicht vermuten, dass in ihrem Inneren der Mathematikunterricht der Zukunft schon Realität ist.

Im Erdgeschoss herrscht noch amerikanischer Durchschnitt, mit seinen fleckigen Böden und den Neonröhren in den Fluren, von denen links und rechts die Türen zu den Klassenzimmern abgehen. Im ersten Stock aber betritt man eine andere Welt. 90 elf- bis 14-jährige Kinder aus drei Jahrgangsstufen sitzen hier in einem riesigen Raum, die alten Klassenzimmer sind verschwunden. Stattdessen ein paar Arbeitsbereiche, durch Trennelemente und Stühle in unterschiedlichen Farben voneinander abgegrenzt. An den Wänden hängen Monitore. Morgens stehen die Schüler davor und suchen ihre Namen, hinter denen ein Code für ihr individuelles Lernprogramm des Tages aufgelistet ist. Das erinnert an Passagiere, die im Flughafen auf der Anzeigentafel schauen, von welchem Gate sie abfliegen.

65

Dabei könnte der Unterschied zur Massenabfertigung größer nicht sein. Alles, was zählt an der David A. Boody Schule, ist der einzelne Schüler mit seinen individuellen Bedürfnissen. Die Schule hat den Mathematikunterricht nicht weniger als revolutioniert. Vor neun Jahren wurden hier das jahrhundertealte Lehrer-Schüler-Modell entstaubt, die Schulbücher eingemottet, der gesamte Lernstoff frisch aufbereitet und digitalisiert. Die Kinder lernen jetzt in Gruppen oder alleine, mal mit einem Lehrer als Tutor, mal mit einem Lernspiel oder einem Erklärvideo an ihrem Rechner. Manche Achtklässler haben noch Lücken im Bruchrechnen, einige Sechstklässler können schon den Stoff der nächsthöheren Jahrgangsstufe bewältigen. Jeder darf so schnell oder so langsam lernen, wie er oder sie kann. Ob das individuelle Ziel am Ende des Unterrichts erreicht ist, checkt täglich ein kurzer Online-Test.

Dessen Auswertung übernehmen Algorithmen in Manhattan. Dort sitzt das Herz von New Classrooms. Die gemeinnützige Organisation hat das neue Unterrichtskonzept für die David A. Boody Schule und mittlerweile knapp 40 weitere Schulen in den USA entwickelt, um mit der riesigen Heterogenität der Schülerschaft erfolgreich umzugehen. *Teach to One* lautet dessen programmatischer Name: jedem sein eigener Unterricht. New Classrooms sammelt täglich die Lern-Daten aller Schüler: Welche Aufgaben haben sie bewältigt, welche nicht? Wie lange haben sie dafür gebraucht? Wie häufig ein Video angeguckt? Bevorzugen sie Lernspiele oder Texte? Diese Daten werden von Zentralrechnern in Manhattan analysiert und mit den Lernerfolgen anderer Schüler verglichen. Am Ende entsteht so für jeden ein persönlicher Lernplan für den nächsten Tag.

Die Erfolge sind beeindruckend. Bevor *Teach to One* im Schuljahr 2010/11 an der David A. Boody Schule Einzug hielt, blieb die Leistung der Sechstklässler knapp unter dem Durchschnitt vergleichbarer Schulen in New York City. Zwei Jahre später lag der Wissensstand derselben Kinder bereits elf Prozent darüber. Inzwischen lernen die Schüler von New Classrooms pro Jahr sogar 50 Prozent mehr als im amerikanischen Mittel. Dabei hat die Boody Schule alles andere als den Vorteil einer privilegierten Klientel. Die Schülerschaft ist ethnisch bunt gemischt, viele sind neu zugezogen. Die Eltern beziehen häufig Sozialhilfe, 80 Prozent der Kinder haben aus finanziellen Gründen Anspruch auf ein kostenloses Mittagessen.

Umso stolzer ist Joel Rose, Mitgründer und Direktor von New Classrooms: »Unser Team hat erreicht, was vorher noch nie jemand geschafft hat: Wir liefern für tausende von Kindern einen individuellen Lehrplan – jeden Tag aufs Neue.«[12] Dank seiner Algorithmen versöhnt New Classrooms das bisher Unversöhnliche, personalisierte Bildung trotz großer Lerngruppen hebt den Gegensatz von Masse und Klasse auf. Algorithmen ersetzen die Lehrer nicht, sondern unterstützen sie: Statt Standardwissen zu vermitteln, können sie sich besser um einzelne Schüler oder kleine Lerngruppen kümmern.

So beeindruckend die Geschichten von Felix, Bettermarks oder New Classrooms sind: Eigentlich geschieht dort nur das, was jeder gute Arzt oder Lehrer macht, wenn er viel Zeit für eine persönliche Betreuung hat. Ein Leibarzt personalisiert die medizinische Behandlung, der Hauslehrer das Lernen. Nur bleibt dieser Luxus heute nicht mehr den Privilegierten vorbehalten. Vivienne Mings Algorithmus kann das täglich für Millionen Diabetespatienten schaffen, die Software von Joel Rose für zehntausende Schüler. Doch auch unlauteren Geschäftemachern ermöglichen Personalisierungsalgorithmen eine erhebliche Reichweite.

Räuberische Werbung

»Find out where their pain is.« So lautete der Satz neben einem Bild, auf dem sich ein Zahnarzt über einen Patienten beugt, der offensichtlich unter großen Schmerzen leidet. Das Bild fand sich allerdings nicht in einer Zahnklinik, sondern in Trainingsmaterialen für Marketing-Mitarbeiter der amerikanischen Hochschule ITT Technical Institute. Dahinter verbarg sich die Aufforderung, vor allem Menschen als Neukunden zu werben, die in einer persönlichen Krise stecken. Sie zu finden, erleichterten den Vertrieblern Algorithmen.

Mit deren Hilfe konnten Hochschulen wie die aus Indiana ihre Werbung gezielt denjenigen zukommen lassen, die im Internet nach bestimmten Begriffen oder Begriffskombinationen gesucht haben. Die Vertriebler des ITT Technical Institute nahmen die Aufforderung aus ihrer Schulung ernst, nach Schwachstellen zu fahnden. Sie identifizierten Nutzer, die ihrer Suchanfrage nach zu schließen offenbar alleinerziehend, frisch geschieden, unzufrieden im Job oder wenig selbstbewusst waren. Am besten alles gleichzeitig.

In diesen Lebenslagen, so spekulierte die Hochschule, sind Menschen ganz besonders ansprechbar für einen Neustart; für ein Studium, das angeblich hervorragende Karriereaussichten und Aufstiegschancen bietet. Genau das versprach die Werbung. Wer verzweifelt genug war, sie anzuklicken und seine Telefonnummer zu hinterlassen, wurde umgehend angerufen. In manchen Fällen bis zu 180-mal in einem Monat. Das Ziel: eine Unterschrift unter einem Vertrag für ein teures Studium – allerdings häufig unpassend und gering in Nutzen und Ansehen.

Diese aggressive Marketingstrategie, die nicht auf die Qualität des eigenen Produkts, sondern auf die Anfälligkeit potentieller Kunden setzt, praktizieren in den USA mehrere kommerzielle Hochschulen. Das scheint sich zu lohnen. So gab die Apollo Group, an deren Einrichtungen wie der University of Phoenix zeitweise rund 600 000 Studierende eingeschrieben waren, im Jahr etwa 2200 Dollar pro Studierendem für Marketing und nur etwa 900 Dollar für die Lehre aus. Im Vergleich dazu: Das staatliche Portland Community College investiert fast 6000 Dollar in die Lehre und nur 185 Dollar in Werbung.

All das beschreibt Cathy O'Neil in ihrem Buch *Angriff der Algorithmen*.[13] O'Neils Lebensweg gleicht der Geschichte von Saulus, der zum Paulus wird. Die in Harvard promovierte Mathematikerin schlug zunächst die wissenschaftliche Laufbahn ein, ehe sie in die Finanzbranche wechselte. Ihr persönlicher Wendepunkt war die Tätigkeit für einen Hedgefonds. Sie erlebte dort mathematische Modelle als Verursacher und zugleich Brandbeschleuniger für die Krisen an den Wohnungs- und Finanzmärkten. Big Data erschien ihr als Steigbügelhalter für eine in diesem Ausmaß zuvor unbekannte, rücksichtslose Profitmaximierung. Desillusioniert kündigte sie ihren Job und begann ihren Kampf gegen bösartige Algorithmen – beispielsweise gegen solche, die unsere Schwächen ausnutzen sollen.

Seitdem sind die Algorithmen nicht dümmer geworden. Im Gegenteil: Sie gewinnen fortwährend an Treffsicherheit, wenn es darum geht, aus Informationen, die im Internet verfügbar sind, ein präzises Profil eines Menschen zu erstellen. Das lässt Werbetreibende ihre Kampagnen immer zielgenauer ausspielen, sprich immer besser personalisieren. Dabei die Grenze zwischen vertretbarer und ethisch fragwürdiger Werbung zu ziehen, ist nicht unbedingt einfach. Für Anzeigen wie die des ITT Technical Institute hat sich in Amerika allerdings ein Begriff durchgesetzt, der an Klarheit nichts zu wünschen übrig lässt: *predatory advertising*, räuberische Werbung.

Neu daran ist nicht, dass Preis und Leistung des beworbenen Produkts in einem ungünstigen Verhältnis stehen. Neu ist die gezielte und per Algorithmus skalierte Suche nach Kunden: Die Computerprogramme durchforsten unzählige Profile nach Menschen, die aufgrund einer persönlichen Notsituation oder Schwäche besonders ansprechbar oder beispielsweise als Einwanderer noch unerfahren sind. Oft nehmen solche Personen mit dem Vertrag für ein Studium auch gleich noch einen Kredit für die Studiengebühren auf – und sitzen später mit einem für sie nahezu wertlosen Examen auf hohen Schulden.

Die enormen »Erfolge« derartiger Marketingstrategien riefen die amerikanischen Ermittlungsbehörden auf den Plan. So hat das ITT Technical Institute inzwischen seine Pforten geschlossen, nachdem jahrelang die Aufsichtsbehörden und die Staatsanwaltschaft unter anderem wegen der Rekrutierungspraxis der Hochschule ermittelt hatten.[14] Nicht mehr ungehindert schalten und walten können auch die Anbieter von Kurzzeitkrediten. Seit 2016 weigert sich Google, Werbung für diese Art von Darlehen auszuspielen. Zu viele Kreditnehmer waren auf die Wucherangebote angesprungen, sodass Google sich gezwungen sah zu reagieren.[15]

Wer bis dahin in den USA in die Suchmaschine »need money fast« oder »can't pay rent« eingab, konnte ziemlich sicher sein, kurz darauf ein Werbebanner für einen Kredit angezeigt zu bekommen, dessen Zinsen häufig jenseits aller Grenzen des Anstands waren, rückzahlbar binnen weniger Wochen. Doch auch von der neuen, schärferen Richtlinie lassen sich die Anbieter von Kurzzeitkrediten nicht ausbremsen. Sie nehmen einfach den Umweg über eine Zweitfirma, die selber keine Darlehen anbietet, deswegen Werbung schalten darf und gewonnene Kontaktadressen von Menschen in Geldnot weiterverkauft. So erreichen diese Firmen sogar Nutzer in Bundesstaaten, in denen Kurzzeitkredite eigentlich gesetzlich verboten sind.[16]

Unmoralische Angebote haben in der Finanzbranche eine gewisse Tradition. Algorithmen jedoch machen Geschäfte, die zwischen unseriös und kriminell pendeln, einträglicher denn je. Die Opfersuche ist einfach und sehr effektiv. Cathy O'Neil bringt die Ambivalenz automatisierter Personalisierung auf den Punkt: »Algorithmen sind überall. Sie sortieren und trennen die Gewinner von den Verlierern. Die Gewinner bekommen den Job oder das gute Kreditkartenangebot. Die Verlierer werden noch nicht einmal zum Bewerbungsgespräch eingeladen oder sie zahlen höhere Versicherungsbeiträge.«[17]

Der Algorithmus als Brennglas

Für jeden das Passende. Algorithmen veredeln durch Personalisierung jene Angebote, die bisher für die meisten lediglich von der Stange verfügbar waren. Nicht nur das Netflix-Programm oder Frühstückscerealien von mymuesli.com lassen sich digital unterstützt einfach und kostengünstig nach individuellen Wünschen gestalten, auch medizinische Therapien und Bildungsmaßnahmen können durch das Sammeln und Auswerten riesiger Datenmengen für jeden Menschen optimiert werden.

Daraus entsteht eine faszinierende Vision: Niemand muss sich mehr mit Durchschnittsware begnügen, die okay ist, aber eben nicht ideal. Jeder fühlt sich in seiner Einzigartigkeit wahrgenommen und wertgeschätzt. Das ist so, als ob Schuhläden für Schuhgröße 52 dieselbe Auswahl bieten wie für Größe 39. Nur dass der individuelle und gesellschaftliche Nutzen bei Gütern wie Gesundheit oder Bildung ungleich höher ist.

Mithilfe von Algorithmen lassen sich jedoch einzelne Menschen auch dann aus der anonymen Masse herausheben, wenn sie nicht besonders gut gefördert oder wirksam therapiert, sondern besonders schamlos ausgenommen werden sollen. Personalisierung macht unlautere Werbung treffsicherer. Menschen in individuellen Notlagen, Einwanderer ohne Verständnis für die Gepflogenheiten ihrer neuen Heimat oder leicht beeinflussbare Personen – sie alle werden für Werbetreibende eher auffindbar. Die Masche, die Schwächen von Menschen auszunutzen, um ihnen überteuerte Produkte zu verkaufen, ist nicht neu. Jede Kaffeefahrt funktioniert nach einem ganz ähnlichem Prinzip. Nur erscheint der Auf-

wand, der dort betrieben wird, um am Ende des Tages ein paar Heizde-
cken oder Kochtöpfe verkauft zu haben, in Zeiten algorithmisch personalisierter Werbung absurd hoch.

Daraus entsteht eine beängstigende Vision: Niemand kann sich und
seine vermeintlichen Schwächen mehr in der Masse verstecken. Jeder ist
gläsern, und wer Probleme hat, wird schnell zum Opfer. Das ist so, als ob
der Wucherer nicht mehr in seinem Hinterzimmer im Bahnhofsviertel auf
Kundschaft wartet, sondern wie von Zauberhand geführt bei jedem an der
Tür klingelt, der gerade in Geldnöten ist.

Faszinierend oder beängstigend – es sind nicht die Algorithmen, die
diese Attribute verdienen. Sie ermöglichen zwar eine Personalisierung,
die positive wie negative Effekte derart befeuert, dass sie die Gesellschaft
verändern kann. Aber Algorithmen machen die Welt nicht per se besser
oder schlechter. Entscheidend sind vielmehr die Menschen, die sie für ihre
Zwecke einsetzen. Was solche Werkzeuge so mächtig macht, ist die Wucht,
mit der diese Ziele verfolgt werden können. Ihre enorme Reichweite wirkt
wie ein Brennglas für all die edlen und niederträchtigen Motive, die wir
aus der analogen Welt kennen.

Nicht immer sind Algorithmen und ihre gesellschaftlichen Auswirkungen so einfach in ein Schwarz-Weiß-Muster einzuordnen wie unlautere Werbung dubioser Hochschulen auf der einen und personalisierte
Mathe-Lernprogramme auf der anderen Seite. Schwieriger zu bewerten
sind beispielsweise individuelle Versicherungstarife. Wer seiner Kranken-
kasse freiwillig Daten seines Fitness-Armbands zur Verfügung stellt, kann
auf einen Rabatt hoffen, wenn er Sport treibt und sich viel bewegt. Wer
etwas für seine Gesundheit tut, erhält so einen Bonus – fraglos ein positiver Anreiz. Wenn aber viele Kunden davon Gebrauch machen und Beiträge sparen, kann aus dem Bonussystem für sportlich Aktive ein Malus-
system für alle anderen werden. Für die weniger Gesundheitsbewussten
und Fitten bleiben dann nur die teureren Angebote. Die algorithmischen
Individualtarife bergen hier die Gefahr, dass das Solidarprinzip der Krankenversicherung schrittweise in Frage gestellt wird: Die Gemeinschaft
sichert nicht mehr jeden gleichermaßen ab, sondern verlagert das kollektive Risiko – und damit die Kosten – zumindest teilweise zurück auf
den Einzelnen.

In einigen Fällen mögen ökonomische und gesellschaftliche Interessen Hand in Hand gehen. Autoversicherungen etwa locken mit Telematik-Tarifen. Das sind datenbasierte Verträge, die die Höhe der Versicherungsprämie an den Fahrstil knüpfen. Der wird elektronisch überwacht und algorithmisch ausgewertet. Wer vorsichtig fährt, kann mehrere hundert Euro im Jahr sparen. Kavalierstarts, Vollbremsungen und Raserei hingegen lassen die Prämie steigen. Versicherungen machen sich so für Autofahrer attraktiv, die eine geringere Unfallwahrscheinlichkeit mitbringen und dadurch ökonomisch lukrative Kunden sind. Von diesen Anreizen zum sicheren Fahren profitieren letztlich alle Verkehrsteilnehmer.

In anderen Fällen sind die Interessen hinter individualisierten Preisen rein ökonomischer Natur. So greift im Internet die Praxis um sich, per Algorithmus herauszufinden, wer ein Produkt wie dringend benötigt. Manche Reise-Websites richten ihre Preise an Postleitzahl, Geburtstag, Ehestand und bisherigem Reiseverhalten aus. Ein Kunde stammt aus einer wohlhabenden Gegend, und der Ehepartner hat bald Geburtstag? Dann werden Flug und Hotel automatisch teurer angeboten als für andere Interessenten.[18] Der Reiseanbieter Orbitz machte 2012 Schlagzeilen, als herauskam, dass er Kunden, die ihre Buchung von einem Apple-Computer abschließen wollten, höhere Preise anzeigte als denen, die ein günstigeres Gerät nutzten.[19]

Das erinnert an die Art, wie man bis Mitte des 19. Jahrhunderts einkaufte. Bevor als erstes europäisches Kaufhaus das Le Bon Marché in Paris 1852 Festpreise einführte, wurde überall gehandelt und taxiert. Wer gut betucht vor den Verkäufer trat, dem wurde etwas mehr berechnet. Während die individuelle Preisbildung damals allerdings offensichtlich war, weil das Preisschild fehlte, ist heute den Online-Kunden kaum bewusst, welche Daten die Anbieter über sie haben und ob das Auswirkungen auf ihr Portemonnaie hat. Man geht davon aus, den üblichen Marktpreis zu zahlen. Und nur wenige Menschen wissen, dass sie für ein Schnäppchen lieber den alten Laptop aus dem Schrank holen sollten. Fast schon amüsant, wie modernste Technik die Uhr um 150 Jahre zurückdrehen kann.

Nicht wehrlos

Algorithmen können riesige Datenmengen rasend schnell analysieren und darin Zusammenhänge erkennen, die uns Menschen verborgen bleiben. Sie sehen den Einzelnen, der zuvor unkenntlich in der Masse verschwand. Diese Fähigkeit zur Personalisierung zum Nutzen der Gesellschaft einzusetzen, daran hat nicht automatisch jeder Anwender Interesse. Deshalb müssen Verbraucherschutz und Behörden wehrhaft gemacht werden, Grundprinzipien unserer solidarischen Gesellschaftsordnung genauso zu verteidigen wie den Einzelnen vor allzu aggressiver Online-Werbung zu schützen. Die Beispiele aus dem US-amerikanischen Bildungssektor mit der erzwungenen Schließung von Hochschulen zeigen, dass die Grundsätze fairen Wettbewerbs durchaus auch in der digitalen Welt durchgesetzt werden können.

Gemeinwohlorientierte Angebote hingegen gilt es besser zu fördern, zumal wenn sich – wie häufig im Gesundheits- oder Bildungssektor – mit ihnen nicht unmittelbar Geld verdienen lässt. Es ist kein Zufall, dass Innovationen wie das Unterrichtskonzept *Teach to One* oder die algorithmenbasierte Insulinversorgung auf die Initiative von gemeinnützigen Institutionen oder Privatpersonen zurückgehen. Sie brauchen einen langen Atem. Denn regulatorische Hindernisse, Lobbyverbände oder auch schlicht lang etablierte Gewohnheiten machen es diesen Entwicklungen oft sehr schwer. Ihre Verbreitung in die Fläche dauert deshalb häufig extrem lange. Dabei liegt der große Charme der algorithmischen Personalisierung genau darin, individuell zugeschnittene Angebote einer breiten Masse schnellstmöglich zugänglich zu machen.

All das wird nur gelingen, wenn Algorithmen nicht paternalistisch über Menschen und ihre Bildungsverläufe und Krankenbehandlung entscheiden, sondern unser freier Wille respektiert und lediglich Unterstützung geboten wird. Der Mensch darf von den intelligenten Maschinen nicht zum bloßen Objekt gemacht werden. Diese Grundeinstellung teilt Vivienne Ming, Neurowissenschaftlerin und Mutter von Felix. Sie möchte die Helferrolle der Algorithmen auch sprachlich hervorheben: »Statt von Künstlicher Intelligenz (Artificial Intelligence) sollten wir lieber von Erweiterter Intelligenz (Augmented Intelligence) sprechen.«[20]

6
Zugang: Offene Türen, versperrte Wege

Schulden machen klingt nicht erstrebenswert. Kreditfinanzierte Zukunfts-
investitionen tätigen, das klingt schon ganz anders. Wenn Staaten Straßen bauen, Unternehmen Maschinen anschaffen oder wohlhabende Pri-
vatleute Immobilien erwerben, ist es völlig normal, dass sie alle sich Geld
leihen. Liquidität, auch wenn sie nur geborgt ist, ist ein Gut, das neue
Möglichkeiten eröffnet. Doch viele derjenigen, für die ein Kredit die Ein-
trittskarte in eine bessere Welt wäre, sind davon ausgeschlossen. Über
zwei Milliarden Menschen haben keinen Zugang zu solchen Finanzdienstleistungen.[2] Das beschneidet ihre Chance auf Teilhabe am gesellschaftlichen Leben: Bildung, medizinische Versorgung oder Existenzgründung
hängen oft an der Kreditwürdigkeit.

Die geringsten Chancen auf ein Darlehen haben diejenigen, die nicht
am bargeldlosen Zahlungsverkehr teilnehmen. 1,7 Milliarden Menschen
weltweit besitzen kein Konto, auf den Philippinen etwa hat die große
Mehrheit der Bevölkerung keine Bankverbindung. Sogar in einem hoch
entwickelten Land wie den USA schließt das traditionelle Darlehens-
system rund 70 Millionen Bürger aus, weil sie über keine Kredithistorie
oder eine schlechte Rückzahlungsprognose verfügen. Das trifft vor allem
Ärmere, Studierende, Einwanderer.[3]

Dabei könnte ein besserer Zugang zu Krediten Innovationen durch die
sozial schwächeren Teile der Bevölkerung fördern, Ungleichheit abbauen
und sich so positiv auf die ganze Volkswirtschaft auswirken.[4] Gerade mit
Blick auf Entwicklungsländer betont der ehemalige Präsident der Welt-
bank Robert B. Zoellick: »Finanzdienstleistungen für jene, denen sie bis-

her verwehrt blieben, können das Wirtschaftswachstum fördern und die Chancen für die Ärmsten unter uns verbessern. Wenn wir das Potenzial nutzen, helfen wir den Menschen, für Schulbildung zu bezahlen, auf ein eigenes Haus zu sparen oder ein kleines Unternehmen zu gründen, das wiederum Arbeitsplätze für andere schaffen kann.«[5]

Kredite für die Nicht-Kreditwürdigen

Kreditech. Der Name ist Programm.[6] Alexander Graubner-Müller erzählt gerne von seiner Vision: Mit moderner Technologie mehr und einfacher Kredite vergeben an Menschen, die von traditionellen Banken vernachlässigt werden. Das von ihm gegründete Unternehmen Kreditech bedient Kunden in Spanien, Polen, Mexiko, Russland und Indien. Unter den 400 Mitarbeitern finden sich auch die typischen Berufe, die man bei Finanzdienstleistern erwartet. Doch das Geschäftsmodell mit Leben füllen nicht Juristen oder Betriebswirte, sondern Software-Ingenieure und Data Scientists. Sie bauen die Algorithmen, die bei Kreditech den klassischen Bankberater ersetzen.

Die Hamburger Firma vergibt Darlehen vollautomatisiert per Computerprogramm. Wenn jemand online ein Antragsformular ausfüllt, errechnen Algorithmen in Sekundenschnelle ein individuelles Angebot. Kredithöhe, Zins, Laufzeit und Rückzahlungsplan gehen dem Kunden postwendend per Mail oder SMS zu. Nach der gesetzlich vorgeschriebenen Identitäts- und Sicherheitsüberprüfung bekommt er spätestens 48 Stunden später das Geld. Seit seiner Gründung 2012 hat der digitale Finanzdienstleister auf diese Weise rund sechs Millionen Anträge geprüft und zwei Millionen Kredite vergeben. Die Mehrzahl der Kunden sind Studierende, Freiberufler und andere Personengruppen, die in traditionellen Darlehenssystemen keine Chance haben. Sie leihen sich bei Kreditech zumeist Beträge von unter tausend Euro mit einer Laufzeit von etwa einem Monat.

Ein wichtiger Unterschied zu traditionellen Banken liegt in der Bonitätsprüfung. »Früher führte ein Bankangestellter ein Gespräch mit dem Kunden und schätzte anhand der Antworten dessen Vertrauenswürdigkeit ein«, erklärt Graubner-Müller. »Unsere Algorithmen führen zwar keine Gespräche, aber auch sie analysieren die Vertrauenswürdigkeit einer

Person, beispielsweise aus der Art, wie ein Kunde einen Antrag ausfüllt.«[7]
Auf bis zu 20 000 Datenpunkte greift das auf Künstlicher Intelligenz basierende System in Echtzeit zu. Wie schnell füllt jemand das Formular aus? Tippt er die Wörter einzeln ein oder tut er dies per *copy and paste*? Wie lange liest er die Allgemeinen Geschäftsbedingungen? All diese Informationen vergleichen die Algorithmen mit früheren Kunden und deren Rückzahlungsverhalten. Plausibilitäten werden geprüft: Gibt jemand schnell ein hohes Gehalt an und braucht dann lange, um seinen Job zu benennen, könnte etwas nicht stimmen. Wenn eine Kundin den Kreditantrag von einem teuren Mobiltelefon stellt und es sich um eine Mittdreißigerin in Festanstellung handelt, so ist das plausibel und die Information wird positiv gewertet. Handelt es sich jedoch um eine 18-Jährige ohne regelmäßiges Einkommen, so schlägt das teure Smartphone eher negativ zu Buche. Selbst die auf dem PC des Antragstellers installierten Schrifttypen entgehen dem Algorithmus nicht. Sie lassen beispielsweise Rückschlüsse auf die Teilnahme an Online-Glücksspielen zu – offenbar nicht gerade ein Beleg für eine gute Zahlungsmoral.

Unumstritten ist das Geschäftsmodell von Kreditech freilich nicht. Die Zinssätze können durchaus auch mal bei 60 Prozent pro Jahr liegen. Graubner-Müller betont naturgemäß eher die Chancen als die Risiken und verweist nicht zuletzt auf seine eigene Biographie. Als er sich während des Studiums an der ETH Zürich mit einem Kommilitonen selbstständig machen wollte, scheiterte dies an der fehlenden Finanzierung. Graubner-Müller merkte am eigenen Leib, dass der Zugang zu Krediten mit viel Bürokratie verbunden ist. Und dass ein verwehrtes Darlehen auch eine entgangene Chance für Selbstständigkeit, Unabhängigkeit und Karriere bedeuten kann. Ähnliches berichtet er von einer spanischen Kundin. Die seit fünf Jahren selbstständige Grafikdesignerin wollte sich einen neuen Computer mit besserer Ausstattung anschaffen und stellte zwei Kreditanträge bei der Bank, die auch ihr Konto führte. Mehrere Wochen zogen sich das Ausfüllen umfänglicher Formulare, Schriftwechsel und persönliche Gespräche hin, doch am Ende lehnte die Bank ab. Erst nach einigen Rückfragen bekam sie eine inoffizielle Begründung: Die instabile Arbeitssituation einer Freiberuflerin habe wohl den Ausschlag für die negative Entscheidung gegeben. Daten, die ein anderes Bild hätten vermitteln können, fragte die Bank nicht ab. Schließlich bewarb die Spanierin sich bei Kreditech für ein Darlehen über 1500 Euro. Vier Stunden später landete das Geld auf ihrem Konto. Graubner-Müller kann sich über solche Erfahrungen nur wundern: »Wir leben in einer Zeit, in der es mehr Daten gibt als je zuvor. Doch die Banken können keinen Zugang zu Finanzprodukten verschaffen, weil ihnen Daten fehlen.«[8]

Lenddo, FICO, JuanCredit, Alipay – die Zahl der Start-ups mit ähnlichen Geschäftsmodellen wie Kreditech wächst. Die jungen, digitalen Unternehmen erschließen sich neue Kundengruppen, indem sie in Echtzeit auf riesige Datenmengen zugreifen, diese anhand algorithmischer Systeme auswerten und die Kreditvergabe ohne menschliches Zutun abwickeln können. Manche der Firmen greifen sogar auf die sozialen Netzwerke zu, um die Freundschaftsbeziehungen der Antragsteller auszuwerten. Getreu dem Motto: Wer verlässliche Freunde hat, der ist auch selbst verlässlich. Und umgekehrt.

Mehr Zugang zu Krediten hat demnach seinen Preis: Zu den teilweise extrem hohen Zinsen kommt die Übermittlung von Daten hinzu, deren Ausmaß wohl kaum einem Kunden bewusst sein dürfte. Wenn die Tippgeschwindigkeit oder der »Freundeskreis« auf Facebook darüber bestimmt, ob man einen Kredit bekommt oder nicht, entsteht mehr als nur ein gewisses Unbehagen. Die Kunden stecken in einem Dilemma. Entweder sie akzeptieren die algorithmische Auswertung von allerlei Daten, die nichts mit ihrer finanziellen Lage zu tun haben, und erlangen dadurch Zugang zu bisher verwehrten Finanzdienstleistungen. Oder diese Transparenz ist ihnen unheimlich, dann aber bleiben sie von einem möglichen Darlehen ausgeschlossen.

Der traditionelle Weg der Kreditvergabe mit Kundengespräch und allen Formalitäten braucht diese Daten nicht. Er ist aber derart aufwendig und teuer, dass sich Kleinkredite für die Banken in der Regel nicht lohnen. Ein Berater wäre zudem niemals in der Lage, all die Informationen jenseits von Einkommensnachweisen so schnell und treffsicher zu verarbeiten wie ein Algorithmus. Stattdessen begnügen sich viele Banken mit einem kurzen Blick in die Kundendatei, um einen Antrag zu bewerten: kein festes Einkommen, noch nie ein Darlehen gehabt, folglich kein Beleg für gute Rückzahlungsmoral – abgelehnt.

Durch diese Geschäftspraxis verfestigen traditionelle Kreditsysteme bestehende Ungleichheit, indem sie bessere Teilhabe von sozial benachteiligten Gruppen verhindern. Häufig sind junge Menschen ohne vorherige eigene Einkünfte oder Einwanderer betroffen.[9] Streng nach dem Prinzip: Wer noch kein Darlehen zurückgezahlt hat, der bekommt auch keines. Nur wie soll man sich als kreditwürdig erweisen, wenn man den ersten Kredit nie erhält? Auch weil so viele Menschen keinen Zugang zu klassischen Banken und ihren Angeboten haben, sind Unternehmen wie Kreditech und ihre Algorithmen aus der Finanzbranche heute nicht mehr wegzudenken.

Vom virtuellen Sushi-Kellner zum Traumjob

Wer Zugang zu einem guten Job hat, hält einen entscheidenden Schlüssel für soziale Teilhabe in der Hand. Was den Arbeitsmarkt allerdings wesentlich komplexer als den Kreditsektor macht: Die Passung ist um ein Vielfaches schwieriger. Es kann nicht zufriedenstellen, bloß irgendeinen Job zu ergattern. Es kommt vielmehr darauf an, dass jeder idealerweise genau die Aufgabe übernimmt, die er am besten kann. Oder umgekehrt, dass jeder Betrieb genau den Mitarbeiter findet, der am besten zur jeweiligen Aufgabe passt.

Die gängige Praxis der Bewerberauswahl wird diesem Anspruch selten gerecht. Ebenso wie den klassischen Banken steht auch den Personalabteilungen ein sehr übersichtliches Set an Unterlagen zur Verfügung, um daraus auf das zukünftige Verhalten einer Person zu schließen. Lebenslauf, Anschreiben, Zeugnisse, das war's. Und selbst diese Informationen werden häufig weiter reduziert. Das ist schlichtweg der Komplexität der Aufgabe geschuldet: Viele Optionen, in diesem Fall Bewerber, die sich durch mehrere Merkmale unterscheiden, überfordern das menschliche Gehirn. Wir neigen dann zu mentalen Abkürzungen und wenden Faustregeln an (siehe Kapitel 3). Personaler filtern deshalb schriftliche Bewerbungen gerne nach wenigen Indikatoren, etwa Abschlussnoten oder Renommee einer Hochschule.

Eine simple Digitalisierung jedoch macht den Auswahlprozess nicht unbedingt zielführender. Manche Unternehmen benutzen Software, mit der sie Bewerbungsunterlagen nach Noten, Abschlüssen und typischen Schlagworten durchforsten. Dieser Filter schließt einen großen Teil der Bewerber von vornherein aus; fairer und effizienter Zugang zum Arbeitsmarkt sieht anders aus. Das ist schlecht für den Einzelnen, der oberflächliche Standardkriterien nicht bedienen kann. Es ist aber auch schlecht für die Betriebe, die geeignete Kandidaten übersehen oder sich für manchen auf dem Papier Hochqualifizierten entscheiden, der sie im Berufsalltag bitter enttäuscht.

»Ich möchte zeigen, was wirklich in mir steckt. Wie kriege ich das nur rüber?« Wer sich um einen Job bewirbt, den er wirklich gerne hätte, den treibt fast immer die Sorge um, er könne verkannt werden. Mit viel Kreativität wird deshalb tagelang am ersten Absatz des Anschreibens gefeilt oder die sechsmonatige Lücke im Lebenslauf gefüllt. Doch wenn der Wunsch-Arbeitgeber zur Personalauswahl die Algorithmen von Knack einsetzt, spielt das alles keine Rolle mehr. Dann zählen 20 Minuten als virtueller Sushi-Kellner oft mehr als die Darstellung von 20 Jahren Ausbildung und Berufserfahrung.

Wasabi Waiter heißt das Computerspiel, das ein Team aus Psychologen, Neurowissenschaftlern und Informatikern bei Knack entwickelt hat.[10] Das Start-up aus dem Silicon Valley hat sich vorgenommen, den passenden Bewerber auf den passenden Job zu bringen. »Wir wollen das menschliche Talent der Welt organisieren, so wie Google die Informationen der Welt«, sagt Knack-Gründer Guy Halfteck.[11] Dafür müssen Job-Bewerber in einer virtuellen Sushi-Bar kellnern. Ihre Kunden sind traurig, zornig, vergnügt. Aus dem Sushi-Sortiment, in dem alle Häppchen mit »Gefühlsschildern« gekennzeichnet sind, muss der Kellner für jeden seiner Gäste das zu dessen Gemütszustand passende Gericht aussuchen. Mit fortlaufender Spieldauer füllt sich das Lokal, die Vielfalt der verschiedenen Emotionen steigt. Schnell wächst der Entscheidungsdruck: Wen lässt man warten, auf wen reagiert man sofort? Das Computerprogramm wertet das Verhalten aus; welche Prioritäten die Spielerin setzt, ob sie aus Fehlern lernt, in welchen Momenten sie zögert oder ihre Strategie ändert. Am Ende wirft der Computer ein Psychogramm aus, das die Persönlichkeit der Bewerberin analysiert.

Dann verrichten die Algorithmen von Knack den spannendsten Teil ihrer Arbeit. All ihre Erkenntnisse über Ausdauer, Kreativität, Auffassungsgabe und Entscheidungsfähigkeit der Kandidaten vergleichen sie damit, was für eine zu besetzende Position genau erforderlich ist. In diesen Abgleich fließen Stellenprofil, gewünschte Fähigkeiten und Erfahrungswerte des Arbeitgebers mit früheren Stelleninhabern ein. *Wasabi Waiter* kennt also nicht immer dieselben Sieger; vielmehr kommt es darauf an, welche Qualitäten in dem vakanten Job gefragt sind. Halftecks Programm ist nicht mehr, aber eben auch nicht weniger als ein neutraler, emotionsloser Beobachter, der auf Basis von Algorithmen beurteilt, ob jemand die wesentlichen Fähigkeiten für eine Aufgabe mitbringt – unabhängig davon, woher man kommt, wie man gelernt hat oder wen man kennt.

Bewerbern, die ungewöhnliche Lebensläufe haben oder aufgrund von Herkunft, Hautfarbe oder Geschlecht unbewusste Diskriminierungen fürchten müssen, kann die Software so Zugang zum Traumjob ermöglichen. Aber hilft Knack auch den Unternehmen bei ihrer Suche nach dem passendsten Kandidaten? Davon überzeugt ist Hans Haringa nach seinem Experiment, über das er im Magazin *The Atlantic* berichtete und damit die Debatte über die Vermessung des Menschen durch Algorithmen befeuerte. Haringa leitete beim Ölgiganten Shell die *GameChanger-Unit*, eine Abteilung, die neue Geschäftsideen finden und fördern soll. 1400 Projektvorschläge haben Haringa und sein zwölfköpfiges Team in 20 Jahren geprüft.

All diese Bewerber um Gründungskapital lud Haringa zum Wasabi-Kellnern und zu einem weiteren Knack-Spiel ein. Dann teilte er sie in zwei Gruppen auf. Nachdem die Mitglieder der ersten Gruppe gespielt hatten, verknüpfte Knack die generierten Daten mit den Projektergebnissen im realen Leben. So konnten die typischen Eigenschaften und Handlungsmuster eines bei Shell erfolgreichen Innovators sichtbar gemacht werden. Von den Mitgliedern der zweiten Gruppe wussten die Knack-Leute nicht, was aus ihren Ideen geworden war. Sie verglichen stattdessen deren Spieldaten mit den Erfolgsmustern der ersten Gruppe und schickten Haringa dann ihre Einschätzung. Das Resultat ließ sein Herz schneller schlagen, so erzählt er es später dem *Atlantic*-Journalisten. Ohne etwas über die Projekte oder deren Umsetzung zu wissen, ohne die Menschen dahinter je erlebt oder gesprochen zu haben, ohne ihren Bildungsstand oder sozialen

Hintergrund zu kennen, hatte die Knack-Software exakt die zehn Prozent als Top-Kandidaten benannt, die es bei Shell tatsächlich am weitesten gebracht hatten.

Beispiele wie dieses haben viele Personalabteilungen zum Umdenken gebracht. Persönlichkeit und Praxiserfahrungen gewinnen zunehmend an Bedeutung gegenüber Zensuren und Zeugnissen.[12] Je nach Arbeitsbereich und Aufgabe sind Pflichtbewusstsein, Teamfähigkeit, Kreativität oder Entscheidungskraft wichtiger als eine gute Note in Mathe oder Deutsch. Das Personalwesen vollzieht einen Wandel von der Erfahrungs- und Erfolgsmessung zur Kompetenz- und Potenzialmessung und von der Suche nach den »Besten« zur Suche nach den »Passendsten«. Immer häufiger werden dafür digitale Lösungen eingesetzt. Siemens etwa unterzieht Bewerber um einen Ausbildungsplatz einem 50-minütigen Online-Test, der Reaktions- und Konzentrationsfähigkeit sowie räumliches Denken prüft.[13] Vor allem im Ausland und bei Großunternehmen kommen mittlerweile auch komplexere Algorithmen zum Einsatz, um Bewerber vorzusortieren.

Big-Data-Analysen haben Firmen wie Google zu dem Schluss kommen lassen, dass weder das Renommee einer Universität noch das Examen entscheidend für den späteren Karriereverlauf sind. »Abschlussnoten sind wertlos bei der Personalauswahl. Wir haben festgestellt, dass sie rein gar nichts vorhersagen«, so Laszlo Bock schon 2013 als damaliger Personalchef von Google.[14] Über Jahre hatten die Verantwortlichen des Internet-Giganten die Lebensläufe der Bewerber nach den üblichen Kriterien bewertet. Seitdem stellt Google mehr und mehr Mitarbeiter ohne akademischen Abschluss ein.[15] Es sind Algorithmen wie die von Knack und seiner wachsenden Zahl an Mitbewerbern, die Türen öffnen auch für Menschen, die bislang aussortiert wurden. Jene, die einen begehrten Job aufgrund ihres Könnens verdient, aber wegen ihres Lebenslaufs nie bekommen hätten.

Algorithmische Systeme wie die hier beschriebenen tragen ein Versprechen in sich: Die automatisierte Entscheidung soll gerechteren Zugang zu gesellschaftlich knappen Gütern ermöglichen. Dies gilt nicht nur für Kredite und Jobs, sondern erst recht für die öffentliche Daseinsvorsorge in Bildung oder Gesundheit. Damit das Zugangsversprechen eingelöst wird, müssen wir Diskriminierung, Intransparenz und Missbrauch verhindern.

Diskriminierung durch die Hintertür

Indem sie konsistent und von Stereotypen unbeeinflusst entscheiden, können Algorithmen Diskriminierung abbauen. So argumentiert auch Kreditech-Gründer Graubner-Müller: »Solange das Modell über die richtigen Daten verfügt, ist es besser als der Mensch, weil es keinem subjektiven Bias unterworfen ist.«[16] Ohne Frage: Menschliche Entscheidungen können unfair sein. Verhaltenswissenschaftliche Experimente und Studien belegen, dass wir uns dabei von Assoziationen und unbewusst aktivierten Vorurteilen leiten lassen (siehe Kapitel 3).

Lauren Rivera, Soziologin an der amerikanischen Northwestern University, untersuchte die Einstellungspraxis von global agierenden Banken, großen Beratungsfirmen und Anwaltskanzleien, die allesamt jährlich mehrere Millionen Dollar in die Mitarbeiterauswahl stecken, um die Besten der Besten unter den Bewerbern herauszufiltern. Die Ergebnisse ihrer Studien stellten den Verfahren ein ziemliches Armutszeugnis aus. Nicht etwa eine besonders hohe Problemlösungskompetenz oder logisches Denkvermögen entschieden darüber, ob jemand eingestellt wurde oder nicht. Als relevantester Faktor entpuppten sich vielmehr Gemeinsamkeiten in der Freizeitgestaltung: Golfer stellten Golfer ein, und Segler stellten Segler ein.[17]

Weil gute Softwarelösungen potentiell diskriminierende Daten wie Geschlecht oder Religion gar nicht erst abfragen und irrelevante Faktoren wie sportliche Hobbys ausblenden, müssten sie eigentlich zu faireren Entscheidungen beitragen. So weit die Theorie. Doch ganz so einfach ist es leider nicht. In der Praxis sollte man sich nicht von der Scheinobjektivität algorithmischer Systeme täuschen lassen. Sie können nämlich durchaus auch neue Diskriminierung produzieren oder vermeintlich ausgeschlossenen Stereotypen durch die Hintertür wieder Eingang gewähren.

Menschen mit Rechtschreibschwäche etwa werden bei algorithmenbasierten Kreditanträgen systematisch benachteiligt, weil Orthographiefehler dort als Signal für ein erhöhtes Ausfallrisiko gelten.[18] Und selbst wenn der ethnische Hintergrund nicht abgefragt wird, kann dieser in Ländern mit stark segregierten Städten, wie es sie in den USA überall gibt, letztlich doch über die Adresse in die Datenbasis eingehen. Geschlechterneutralität wiederum wird bei der Suche nach einer Führungskraft ausgehebelt, sobald Führungserfahrung ein wichtiges Eignungskriterium ist. Dann sind Männer aufgrund der bisherigen Diskriminierung von Frauen auf dem Arbeitsmarkt erneut im Vorteil; analoge Chancenungerechtigkeit wird maschinell fortgeschrieben.

Dass Merkmale wie Geschlecht oder Herkunft grundsätzlich von Algorithmen ignoriert werden sollten, ist unumstritten. Über die Details, welche Daten und Korrelationen genutzt werden dürfen, müssen Bürger und Politik hingegen zumindest in gesellschaftlich relevanten Bereichen immer wieder streiten – und unabhängige Gerichte im Zweifel entscheiden. Einfach ist das nicht, auch weil unauflösbare Konflikte entstehen können. Wenn etwa bei der Kreditvergabe bestimmte Kriterien unberücksichtigt bleiben müssen, verschlechtert dies die Genauigkeit der Prognosen. Ein derartig reguliertes algorithmisches System ist dann zwar fairer und rechtlich unbedenklich, verursacht aber mindestens bei einigen Kreditnehmern höhere Kosten. Hätten beispielsweise Männer ein größeres Ausfallrisiko als Frauen, trügen Letztere die Last für Erstere mit, wenn alle die gleichen Zinsen zahlten.

Bei Versicherungen hat ein Urteil des Europäischen Gerichtshofs dafür gesorgt, dass beide Geschlechter trotz unterschiedlicher Risiken seit Ende 2012 die gleichen Tarife bekommen.[19] Über Jahrzehnte hinweg war es üblich, dass Männer bei Autoversicherungen mehr zahlten, weil sie häufiger Unfälle bauen. Frauen hingegen mussten sich aufgrund ihrer höheren Lebenserwartung bei Renten- und Krankenpolicen auf höhere Prämien einstellen. Die höchstrichterliche Entscheidung führte dazu, dass beispielsweise in der privaten Krankenversicherung die Kosten für Männer teilweise deutlich stiegen, während sie für Frauen sanken. Gleichheit und Gerechtigkeit können also einen individuellen Preis haben. Um ihn fair auszuhandeln, bedarf es einer demokratisch legitimierten Entscheidung, die wir nicht den Softwareherstellern überlassen dürfen. Umso wichtiger sind unabhängige Untersuchungen, die algorithmische Prognosemodelle repräsentativ und systematisch auf Diskriminierungen überprüfen (siehe Kapitel 14 und 15).

Black Box

Grundsätzlich gilt: Ob und mit welcher Entscheidungslogik Algorithmen zum Einsatz kommen, sollte für alle Betroffenen bekannt und verständlich sein. Doch wenn schon die traditionelle Kreditvergabe für Antragsteller nicht nachvollziehbar ist, wie soll dann eine Analyse von 20 000 Datenpunkten erklärbar sein?

Große Komplexität ist allerdings im Verbraucherschutz keine Seltenheit. In der Pharmaindustrie sind Hersteller von Medikamenten verpflichtet, Patienten über Inhaltsstoffe, Anwendung und mögliche Nebenwirkungen in Kenntnis zu setzen – ein Balanceakt zwischen Verständlichkeit und Vollständigkeit der Informationen. Statt jedoch auch für Algorithmen einen Beipackzettel zu entwerfen, ziehen sich Softwarehersteller zu häufig auf die Behauptung zurück, die Materie sei schlicht nicht so einfach zu erklären. Die lapidare Auskunft allein, dass Algorithmen zum Einsatz kommen, reicht aber auf keinen Fall aus, um mögliche systematische Benachteiligungen offenlegen, diskutieren und beheben zu können. Auch komplexe Systeme müssen für Betroffene verständlich werden. Das ist nicht trivial, aber jede Anstrengung wert. Der wahre Grund hinter Transparenzdefiziten ist ohnehin meist nicht überbordende Komplexität, sondern mangelnder Wille aus Sorge um die Geschäftsgeheimnisse oder die öffentliche Sicherheit. Beides sind zwar legitime Interessen, doch es gilt sie mit dem Anspruch größtmöglicher Transparenz zu vereinbaren. Computerprogramme, die tief in gesellschaftlich relevante Bereiche eingreifen, dürfen keine Black Box bleiben (siehe Kapitel 15).

Zum Missbrauch verleitet

Birgt eine Technologie die Möglichkeit, mehr Zugang als zuvor zu gewähren, kann sie häufig auch zum genauen Gegenteil eingesetzt werden. Aus den USA sind Fälle von bewusster Zweckentfremdung bekannt, in denen algorithmische Bonitätsprognosen ähnlich denen von Kreditech genutzt wurden, um bestimmte Gruppen von Menschen zu bevorzugen – und andere dementsprechend zu benachteiligen. So analysierte die Software von Call-Centern anhand der Telefonnummer der Anrufer ihre Zahlungsfähigkeit und schickte ärmere Kunden länger in die Warteschleife, um wohlhabendere vorzuziehen. Ähnlichen Missbrauch betreiben auch Autoversicherungen in vielen US-Bundesstaaten. Dort hat die Kreditwürdigkeit mehr Einfluss auf die Beiträge als das Verhalten im Straßenverkehr (siehe Kapitel 4). Damit das algorithmische Potenzial für eine gerechtere Gesellschaft nicht wie in diesem Beispiel mit Absicht konterkariert werden kann, braucht es eine wirksame öffentliche Kontrolle, aufmerksame zivilgesellschaftliche Wächter und verbindliche professionsethische Standards (siehe Kapitel 15 und 17).

Mögliche Diskriminierung, systemimmanente Intransparenz und bewussten Missbrauch zu verhindern, ist nicht so sehr eine technische, sondern vorrangig eine politische Aufgabe. Wenn die gelöst wird, schaffen Algorithmen leichteren und gerechteren Zugang zu gesellschaftlich zentralen Gütern. Denn sie können mehr Daten genauer und schneller analysieren, sie gehen besser mit Komplexität um und entscheiden konsistenter als wir Menschen. Für die weltweit hunderte Millionen Arbeitslosen oder die Milliarden von Krediten Ausgeschlossenen ist das eine hoffnungsvolle Perspektive. Für Kreditech ist es vor allem eine unternehmerische Herausforderung. Allein in Indien vermutet Gründer Müller-Graubner 600 Millionen potentielle Kunden, die das Unternehmen mit Privatdarlehen versorgen will.[20] Auch Google hat angekündigt, dort über seine App *Google Pay* Kleinkredite anzubieten. Und die Algorithmen von Knack kommen inzwischen in über 120 Ländern zum Einsatz. Das alles geschieht aus vornehmlich wirtschaftlichem Interesse. Es liegt an uns, die Regeln für diese algorithmischen Geschäftsmodelle so zu gestalten, dass daraus auch mehr individuelle Chancen für die bisher Benachteiligten entstehen.

»Wenn Sie alle Informationen der Welt an Ihr Gehirn
angeschlossen hätten, wären Sie besser dran.«[1]
SERGEY BRIN, GOOGLE-GRÜNDER

7

Befähigung: Das optimierte Ich

»I CAN SEE!!!« – in Großbuchstaben und mit drei Ausrufezeichen verkündet Joy Ross ihre frohe Botschaft in einem Youtube-Video, das inzwischen hunderttausendfach angesehen wurde.[2] Der Clip zeigt eine enthu-
siastische Frau beim Einkauf im Supermarkt. In der Obstabteilung hält
sie begeistert verschiedene Apfelsorten in die Kamera: Braeburn, Golden
Delicious, Granny Smith, Gala. Anschließend streift sie durch die Regale
mit den Elektroartikeln, danach sucht sie Geschirr aus, das farblich in ihr
Esszimmer passt. Joy Ross ist kein C-Promi, der auf Youtube Banales teilt
und fragwürdige Einkaufstipps gibt. Was ihr so gute Laune bereitet, und
offensichtlich auch ihren Zuschauern: Ross ist blind, aber im Supermarkt
kann sie neuerdings fast alles erkennen, was ihr wichtig ist.

Im Alter von drei Jahren wurde bei Ross eine seltene Krankheit dia-
gnostiziert, durch die ihr Augenlicht rapide schwand. Heute ist sie Mutter zweier Kinder, berufstätig – und vollständig erblindet. Auf ihrem You-
tube-Kanal dokumentiert sie die Schwierigkeiten, aber auch die Freuden
des Alltags. Einkaufen etwa ist eine große Herausforderung: Wie soll sie
erkennen, welche Sorte Apfel sie in der Hand hält? Oder wo diese ganz
bestimmte Erdbeer-Marmelade steht, die ihre kleine Tochter so mag? Bisher musste sich Ross dazu entweder auf ihren Stamm-Supermarkt und
dessen vertraute Sortierung verlassen oder einen anderen Menschen um
Hilfe bitten.

Es sind die Algorithmen der App *Aipoly Vision*, die den Einkauf für Joy
Ross zu einem Glücksmoment werden lassen. In ihrem Video testet sie
erstmals die App, die Produkte im Supermarkt durch die Handykamera

erkennt und anschließend verkündet, um was es sich handelt. Wie gut die App für Ross funktioniert, darüber lässt der Titel des Clips keinen Zweifel: ICH KANN SEHEN!!! Endlich ist sie nicht mehr auf andere angewiesen, um den Wocheneinkauf für die Familie zu erledigen. Eine Freundin steht im Video hinter ihr und überprüft, ob die Software das vorliegende Objekt richtig identifiziert hat. Die App hält Apfelsorten auseinander, sie unterscheidet beim Geschirr verschiedene Grüntöne und liest Beschriftungen vor.

Alpoly Vision nutzt zur Bilderkennung einen hoch entwickelten Algorithmus. Sobald Ross die Handy-Kamera auf einen Gegenstand richtet, vergleicht das Programm das Bild mit Millionen von gespeicherten Fotos und sucht nach Ähnlichkeiten. Rot, rund, mit Stiel, leicht glänzend – könnte ein Apfel sein. Unter den Äpfeln wiederum vermutlich ein Braeburn, denn die Oberfläche wechselt vom Roten ins Grüne. Die Software ist noch nicht in allen Produktkategorien verlässlich. Von den Haushaltsobjekten erkennt sie inzwischen immerhin rund 85 Prozent. Bei Lebensmitteln liegt sie erst bei 60 Prozent, bei Pflanzen noch niedriger. Die App ist kein fehlerfreier Alltagshelfer, aber die Fortschritte sind beeindruckend: Rund eine halbe Million Nutzer weltweit profitieren schon von dieser neuartigen Technologie, die mittlerweile in 24 Sprachen angeboten wird.[3] Die Software wird auf Basis immer neuer Bilddaten weiter trainiert. Sind Fotos von Personen hinterlegt, erkennt sie auch Gesichter, nennt den dazugehörigen Namen und ermöglicht so eine persönliche Ansprache. *Alpoly*-Gründer Alberto Rizzoli hat drei Jahre nach Unternehmensgründung mit seinen sechs Mitarbeitern bereits rund zwei Milliarden Bilder eingespeist, um Menschen mit Sehbehinderungen mehr Selbstständigkeit zu ermöglichen. Langfristig will Rizzoli damit eine Alternative zum Blindenhund ermöglichen – »vielleicht nicht in zwei Jahren, nicht in fünf – aber in zehn«, hofft er.[4]

Auch in Deutschland nutzen Blinde und Sehbehinderte bereits ähnliche Apps. Heiko Kunert, Geschäftsführer des Hamburger Blinden- und Sehbehindertenvereins, sieht deren Potenzial vor allem in einem Plus an Unabhängigkeit: »Es ist eine Befreiung, nicht immer um Hilfe bitten zu müssen.«[5] Er selbst verwendet *Seeing AI* auf seinem Smartphone, um beispielsweise seine Post zu sortieren. Das Microsoft-Produkt liest ihm dank automatischer Schrifterkennung den Absender des jeweiligen Briefs vor. Mit diesem Feature kostet Kunert die Durchsicht seiner Post nur noch ungefähr so viel Zeit wie jemanden, der vorher seine Brille suchen muss. Vor allem bei solchen konkreten Aufgaben können ihm intelligente Maschinen helfen. Bis sie ihn jedoch sicher durch den Alltag bringen, müssen sie noch kräftig an Präzision zulegen: »Ob ich auf dem Zebrastreifen stehe oder drei Meter daneben, ist für mich als blinden Menschen alles andere als egal.«[6]

Zudem hofft Kunert auf die Integration der Software in digitale Brillen, um nicht ständig sein Handy auf Menschen und Dinge richten zu müssen. Auch Rizzoli sieht das als nächsten logischen Schritt. Noch aber ist die Hardware zu teuer. Derzeit konzentriert sich sein Team lieber darauf, dass die App mehr Objekte erkennt und zuverlässiger wird. Um sie zu trainieren, ist er immer auf der Suche nach zusätzlichen Datensets.

Diese sind der Erfolgsfaktor jeder Bilderkennungssoftware – und zugleich eine ihrer größten Fehlerquellen. In den Datensätzen von *Alpoly Vision* zu Freizeitaktivitäten kamen beispielsweise die Bilder zum Thema Karaoke hauptsächlich aus Asien, während die zur klassischen Musik vor allem westliche Künstler abbildeten. Der Algorithmus schlussfolgerte konsequenterweise: Asiaten mit Mikrofon in der Hand singen Karaoke, Europäer hingegen Opern und Operetten. Eine regelmäßige Überprüfung der Trainingsdaten ist daher unerlässlich, um solche falschen Schlüsse und Stereotype auszumerzen. Auch dass nicht jedes Reisgericht aus der chinesischen Küche stammt, mussten Rizzoli und sein Team händisch korrigieren.

Rizzolis innerer Antrieb ist die Vision, dass Künstliche Intelligenz Menschen über ihre natürlichen Möglichkeiten hinauswachsen lässt. Für diese Überzeugung wirbt der Italiener auch auf internationalen Konferenzen zur Ethik der Algorithmen. Die offene Kultur der Forscher rund um KI bestätige ihn in seiner Haltung, sagt Rizzoli. »Derzeit noch«, schiebt er nach.[7] Ihm gefällt die Zusammenarbeit über geografische und institutionelle Grenzen hinweg, der Austausch zwischen Universitäten, Unternehmen und NGOs sei geprägt von dem gemeinsamen Ziel, Gutes zu schaffen. Viele Programme werden gratis online gestellt. Ein bisschen erinnere ihn das an die Anfänge des Internets: große Hoffnungen und Visionen, von begeisterten Autodidakten und Forschern vorangetrieben und von manchem weitsichtigen Entscheider unterstützt. Dieses Momentum zu erhalten, sei nicht nur Aufgabe der Experten, sondern auch unserer Gesellschaft insgesamt.

Apps wie *Alpoly Vision* oder *Seeing AI* sind zumindest auf gutem Weg, einen Menschheitstraum zu erfüllen, der mindestens so alt ist wie das Neue Testament: Blinde wieder sehen, Taube wieder hören zu lassen. Indem Computerprogramme Bilder vertonen oder Gesprochenes verschriftlichen, gleichen sie auf technischem Wege menschliche Einschränkungen aus. Für weltweit rund 250 Millionen Menschen, die mit Blindheit oder Sehbehinderung leben, und 70 Millionen Gehörlose öffnen sich so neue Türen zu einer selbstständigeren Teilhabe am sozialen Leben.

Prothesen fürs Gehirn

Man muss als Deutscher nicht in Tokio im Supermarkt stehen, um sich verloren zu fühlen. Dafür reicht auch schon eine Autofahrt über Schwedens Straßen, wenn man dem Verkehrsschild »viltstängsel upphör« begegnet. Das Handy ist in beiden Fällen keine Hilfe, solange man den zu übersetzenden Text erst eintippen muss. Denn in Japan überfordern einen die fremden Schriftzeichen und am Steuer sollte man ohnehin nicht mit dem Handy werkeln. Es bleibt die Hoffnung, dass man in Tokio dem Verkäufer mit Händen und Füßen seine Wünsche verständlich machen kann und dass das Auto in Schweden den Elchtest besteht, wenn der Wildzaun unerwartet aufhört.

Nicht immer führen Verständigungsprobleme nur zu harmlosen Urlaubsanekdoten. Ob ein Tumor im Rückenmark oder in der Schilddrüse sitzt, ist eine überlebenswichtige Information. Der Medizinische Dienst der Krankenkassen verzeichnet in Deutschland jedes Jahr tausende Behandlungsfehler. »Ein Teil dieser Fehler ist auf falsch übersetzte Krankenakten und -berichte zurückzuführen«, warnte das Deutsche Ärzteblatt schon 2013 und verwies auf den rasant steigenden Bedarf an Übersetzungen.[8] Fachzeitschriften, Konferenzbeiträge und Medikamentenverordnungen erreichen Ärzte immer öfter in Englisch. Dazu kommt die wachsende Zahl an Patienten, die in unterschiedlichen Ländern behandelt werden und deren Krankenbulletin deshalb ein Sammelsurium verschiedensprachiger

Dokumente darstellt. Was früher nur Tropenmediziner oder weltbekannte Spezialisten betraf, muss heute auch der Hausarzt können: anspruchsvolle Texte fehlerfrei übersetzen.

Ob fremdsprachige Straßenschilder, Lebensmittel oder kurze Fachtexte: Schnelle Übersetzungshilfe bieten Apps wie *Word Lens* oder *Google Translate*. Einfach die Handykamera auf den Text gehalten und das Display zeigt diesen in der Wunschsprache an – sogar in identischem Layout. So sind nicht nur einzelne Begriffe, sondern ganze Briefe oder Artikel zu verstehen, selbst wenn die Originalfassung nur auf Japanisch vorliegt. Die algorithmischen Dolmetscher in der Hosentasche werden immer besser. Inzwischen ist vorstellbar, dass sich jeder von uns jederzeit weltweit mit jedem verständigen kann. Sprachen müssten nicht mehr über Jahre hinweg mühsam erlernt werden.

Dieser Aufwand lohnt sich in den meisten Fällen auch nicht. Nach dem Schweden-Urlaub geht es ein Jahr später vielleicht nach Portugal, auf die Dienstreise nach Japan folgt unter Umständen der Trip nach China. Die Sprachvielfalt in unserer Umgebung wächst kontinuierlich durch digitale Plattformen, Migration und globale Vernetzung in Wirtschaft und Arbeit. Unser Essen, unsere Filme, unsere Musik, unsere Medien – all das wird zunehmend internationaler und mehrsprachiger. Gut ausgebildete und teure Profis mögen sich für die EU lohnen, die tausende von Übersetzern und Dolmetschern beschäftigt, um 24 Amtssprachen abzudecken. Für Urlauber oder Hausärzte scheidet dieses Modell aus Kostengründen ebenso aus wie für den Doktoranden, der die neueste Publikation seiner koreanischen Kollegin lesen will.

Computerlinguisten arbeiten seit Jahrzehnten an Übersetzungsprogrammen. Bis vor kurzem war ihr Erfolg überschaubar, denn Sprache ist kompliziert. Worte können unterschiedlich konnotiert sein, Nuancen im Satzbau schon die Bedeutung verändern. So waren automatische Übersetzungen häufig falsch, manchmal auch lustig. *Google Translate* machte etwa aus der deutschen Kernseife eine »Nuclear Soap«.[9] Erst mit Künstlicher Intelligenz meistern die Programme zunehmend die Komplexität unserer Sprachen. 2016 näherte sich Google durch den Einsatz seiner neu entwickelten *Neural Machine Translation* erstmals der Qualität menschlicher Übersetzungen.[10] Die deutsche Seite deepl.com des Kölner

Übersetzers Andrew Wakeman ist sogar noch ein bisschen treffsicherer.[11] Inzwischen werden intelligente Maschinen immer häufiger bemüht, um Sprachbarrieren zu überwinden. Als Googles CEO Sundar Pichai seine neue Software in Berlin vorstellte, zeigte er, wie die Anfragen für arabischdeutsche Übersetzungen während der Flüchtlingskrise plötzlich um das Fünffache anstiegen.[12]

Sehen, hören, sprechen, verstehen: Algorithmen sind Prothesen fürs Gehirn. Sie erweitern unsere visuellen, auditiven und kognitiven Fähigkeiten. Mal sprengen sie, wie im Fall von Seh- und Hörbehinderten, dauerhaft natürliche Grenzen. Mal machen sie uns, wie im Fall der Übersetzungen, kurzfristig das Leben leichter, indem sie uns zu etwas befähigen, was wir sonst nur mühsam erlernen könnten oder teuer einkaufen müssten. Das Grundprinzip ist hierbei nicht neu. Schließlich haben Menschen schon immer Werkzeuge geschaffen, um über sich hinaus zu wachsen: Rollstühle oder Fahrräder halfen, überhaupt oder schneller voranzukommen; ABS, um sicherer Auto zu fahren; Bildstabilisierung, Rote-Augen-Korrektur und Nachbelichtung, um besser zu fotografieren. Algorithmen und Künstliche Intelligenz ergänzen jetzt die lange Reihe dieser Hilfsmittel, mit denen wir künftig nicht nur unsere praktischen, sondern vor allem unsere geistigen Fähigkeiten ausweiten können.

Algorithmisches Wettrüsten

Vertrauen ist eine harte Währung. Weder verlieh man früher sein Auto an Fremde, noch vermietete man während des Auslandssemesters seine Studentenwohnung an jemand völlig Unbekannten. Sich Dinge zu teilen, blieb auf den Bekanntenkreis beschränkt, mindestens eine persönliche Empfehlung war unverzichtbar. Doch die *Sharing Economy* bricht das gerade auf. Schon mehr als 150 Millionen Menschen nutzen jährlich alleine die Plattform AirBnB, die weltweit private Unterkünfte vermittelt. Jeder kann seine freien Zimmer, Wohnungen oder Häuser anbieten. Das gesamte Konzept basiert vor allem auf Vertrauen – immerhin lassen Menschen teils während ihrer eigenen Abwesenheit Wildfremde in ihr Heim. Die Gäste wiederum müssen sich darauf verlassen, dass die angebotene Unterkunft tatsächlich der Beschreibung entspricht, sauber und brauchbar ist. Kein Hausherr will seine Wohnung verwüstet bekommen, kein Gast heimlich gefilmt werden. Um Reinfälle zu vermeiden, werden Mieter und Vermieter zwar fortlaufend bewertet. Aber ob jemand gegen die Regeln verstößt, erfahren die Betroffenen erst im Nachhinein.

Wer die Wahrscheinlichkeit verringern möchte, dass ausgerechnet er selbst zum ersten Opfer eines unaufrichtigen Mieters oder Vermieters wird, kann *Trooly* um Hilfe bitten. Das Programm verspricht in seinem Slogan *Instant Trust*, Sofortvertrauen. Seit 2014 kann es sämtliche im Internet verfügbare Informationen über einen Menschen analysieren und daraus einen Vertrauenswert ermitteln. Um anhand von Vor- und Nachnamen sowie E-Mail-Adresse einer Person deren Zuverlässigkeit einzuschätzen, durchsucht *Trooly* drei verschiedene Quellen: öffentlich zugängliche Datenbanken im Internet, soziale Medien wie Facebook, Youtube oder gar alte StudiVZ-Einträge sowie das sogenannte *Deep Web* – das sind Seiten, die nicht über Suchmaschinen wie Google gefunden werden können. Für die Auswertung von drei Milliarden solcher Quellen benötigen die Algorithmen weniger als 30 Sekunden. Am Ende steht eine Note zwischen Eins und Fünf.[13] Eine Eins erhalten diejenigen, die *Trooly* als äußerst vertrauenswürdig einstuft. Zu diesen rund 15 Prozent der analysierten Personen gehören beispielsweise Menschen, die laut Karriereprofilen wie LinkedIn seit vielen Jahren denselben Arbeitgeber haben.[14] Bei »Vierern« und »Fünfern« hingegen ist Vorsicht geboten: Diesen ein bis zwei Prozent der Bewerteten sollte man seine Wohnung eher nicht überlassen.

Inzwischen hat AirBnB das Unternehmen gekauft und *Trooly* auf seiner Plattform integriert, um betrügerischen Mietern und Vermietern schneller auf die Spur zu kommen. Aber auch Finanzdienstleister und Personaler nutzen derartige Algorithmen, um Bewerber zu überprüfen – häufig ohne deren Wissen. Eigentlich dient solche Software einem sinnvollen Zweck: den Einzelnen zu befähigen, in einer immer komplexeren Welt Vertrauen zu Fremden zu entwickeln, mit denen man Geschäfte machen möchte. Doch *Trooly* kann auch zu großen Ungerechtigkeiten führen, denn die Bewerteten haben keine Möglichkeit, dem Urteil der Software zu widersprechen oder es zu korrigieren. Im schlimmsten Fall erfahren sie noch nicht einmal, dass diese Informationen über sie existieren und weitergegeben werden. Fehleinschätzungen gab es zwar schon immer, nur haben sie in algorithmischen Zeiten weitaus größere Konsequenzen. Früher bekam man vielleicht eine bestimmte Stelle oder ein bestimmtes WG-Zimmer nicht, weil jemand schlecht über einen redete. Wegen einer negativen Bewertung von *Trooly* erhalten Menschen möglicherweise weltweit kein Zimmer mehr oder haben in allen Bewerbungsverfahren grundsätzlich schlechte Karten.

Doch auch die Bewerteten schlafen nicht. Sie bedienen sich Agenturen, die sich auf digitales Reputationsmanagement spezialisiert haben. Deren Auftrag ist es, Programme wie *Trooly* auszutricksen. Dazu verschaffen sie sich ein Bild davon, was über eine Person oder ein Unternehmen im Internet an Informationen verfügbar ist. Dann versuchen sie mittels Algorithmen, die Daten und damit den Ruf des Klienten möglichst positiv zu beeinflussen. Was bisher ein Service für Hollywood-Stars und Wirtschaftsbosse war, wird zunehmend auch für Otto-Normal-Bürger relevant. Denn je öfter man bewertet wird, desto wichtiger ist ein gutes Image. Es droht ein algorithmisches Wettrüsten um die Deutungshoheit über die eigene Reputation. Die eine Seite sucht nach der vermeintlichen Wahrheit, die andere versucht sich aufzuhübschen, was wiederum bei ersterer zu noch besserer Software führt, die zwischen echten und frisierten Informationen unterscheiden kann. Immer mehr Menschen geben Geld aus für digital verbesserte Suchergebnisse und Twitter-Timelines, die bei der Online-Recherche überzeugen sollen.[15] Wer finanziell oder technisch nicht mithalten kann oder will, muss mit dem Bild leben, das Algorithmen von ihm zeichnen.

Die neue Upgrade-Kultur

Die Kehrseite dieser Entwicklungen ist offensichtlich: Wenn die Optimierung zur Regel wird, entsteht eine gesellschaftliche Dynamik, der sich der Einzelne kaum entziehen kann. Wer seine vermeintlichen Makel nicht technologisch ausgleicht, läuft Gefahr, zurückzubleiben oder gar ausgeschlossen zu werden. Wer sich nicht entsprechend der sozialen Norm aufrüstet, dem erschweren sich Zugang zu Arbeitsplätzen, Partnern und manch anderen Gütern. Eine große Frage wird dabei sein, was unsere Gesellschaft als Makel versteht. Der Trend zur algorithmischen Selbstoptimierung jedenfalls bleibt nicht bei der Imagepflege im Internet stehen. Er geht inzwischen buchstäblich unter die Haut.

An der französischsprachigen Schwester der ETH Zürich in Lausanne wurde bereits 2013 ein Chip entwickelt, der im Menschen implantiert automatisch Blutbilder auswertet.[16] Auf diese Weise können Hormone gemessen werden, die Vorboten von Herzinfarkten sind; der Insulin-Level lässt sich ohne Nadel bestimmen. Der Soziologe Dierk Spreen spricht in diesem Zusammenhang von der *Enhancement-Gesellschaft*: »Enhancement heißt einfach, es geht hier im Kern um die Verbesserung des Körpers, der geistigen Fähigkeiten, der Kompetenzen, der Arbeit an sich selbst. Das ist dann der Gedankengang bei dieser Idee des kybernetischen Organismus, kurz: Cyborg, wie er seit den 6oer-Jahren durch die Theoriewelt geistert.«[17]

Waren künstliche Bauteile wie beispielsweise Herzschrittmacher oder Hüftprothesen früher auf den Ersatz körperlicher Funktionen beschränkt, lassen sich durch Algorithmen heute auch Sinneswahrnehmungen korrigieren. Farbenblinde können dank eines Sensors am Kopf Farben »hören« – was *AIpoly* als App auf dem Smartphone leistet, wird hier gleich in den Körper eingepflanzt.[18] Ein sogenanntes Cochlea-Implantat tragen mittlerweile hunderttausende Hörgeschädigte. Mittels eines Mikrofons verwandelt es Töne in elektrische Signale und speist diese direkt in den noch intakten Hörnerv des Patienten ein.

Spreen betrachtet diese »Upgrade-Kultur« als logische Konsequenz von Individualisierung und Leistungsgesellschaft. Die Bereitschaft, seinen Körper technisch aufzupeppen, wächst kontinuierlich. Was ist schon ein Chip-Implantat in einer Welt, in der gespritztes Nervengift zum guten Ton gehört, um ein paar Falten zu glätten und jünger auszusehen? Menschen lassen immer mehr Technik an sich heran und in ihren Körper herein. Wenn diese an außerkörperliche Analyse- und Kontrollinstitutionen angebunden wird, gewinnen gängige Szenarien aus der Science-Fiction-Literatur wie der von dunklen Mächten gesteuerte Cyborg – ein Maschinenmensch – in der realen Welt an Aktualität.

Besonderes Interesse an der Optimierung menschlicher Fähigkeiten hatte schon immer das Militär. Bereits 2012 kamen erste Helme mit Sensoren zum Einsatz, die die Hirnaktivität von Soldaten messen und bei Bedarf mit elektrischen Impulsen gegensteuern können.[19] So kann der Kampfjet-

Pilot, dessen Konzentrationsfähigkeit im Gefecht ermüdet, schnell wieder wachgeblitzt werden. Eine Reporterin testete die Helme für den *New Scientist*. Während sie ohne die maschinelle Unterstützung unsicher war und häufig daneben schoss, erlebte sie nach Aktivierung der Technologie eine plötzliche innere Ruhe, die ihre Treffsicherheit erheblich verbesserte: »Mein Gehirn ohne Selbstzweifel war eine Offenbarung.«[20]

Die Grenzen der Selbstoptimierung

Die Beispiele zeigen: Technologiebasierte Erweiterungen individueller Fähigkeiten können dem Einzelnen große Vorteile bringen. Sie ermöglichen uns entweder, natürliche Grenzen zu überwinden und damit unseren Handlungsspielraum erheblich zu erweitern. Oder sie erlauben uns, langwierige Lernprozesse abzukürzen und Fähigkeiten abzurufen, dank derer wir uns in Sekundenschnelle besser zurechtfinden. In unserer Informationsgesellschaft wachsen die Erwartungen, mehr zu wissen und zu können. Dieser Druck überfordert viele Menschen und wird sie nach Algorithmen greifen lassen.

Aber verlernen wir nicht zu viel, wenn wir uns dieser Hilfsmittel bedienen? Verlieren wir nicht die Fähigkeit der menschlichen Bindung, wenn wir statt in einer Fremdsprache nur noch über eine automatisierte App kommunizieren? Wer in einem Land lebt, dessen Sprache er nicht spricht, wer in einer interkulturellen Beziehung nicht den Wert einer persönlichen Unterhaltung erkennt, dem kann man diesen Vorwurf machen. Wer sich als Hausarzt die Krankenakte oder als Tourist den Mietvertrag für die Ferienwohnung übersetzen lässt, dem nicht. Auch beim Taschenrechner kam es schon auf das Maß an: Wer ihn bereits fürs kleine Einmaleins nutzte, der lief Gefahr, das Gefühl für Zahlen zu verlieren; wer 435 mal 956 berechnen muss, darf sein Handy fragen. Schließlich würde auch niemand einem Bauern vorwerfen, dass er zu Zeiten des Traktors nicht mehr so muskulös ist wie früher, als er noch hinter Pflug und Ochsen herlief – und trotzdem taugt der Fortschritt nicht als Entschuldigung für Bewegungsmangel und Fettleibigkeit.

Und was ist mit der gesellschaftlichen Aufgabe Inklusion – also der Wertschätzung und Anerkennung von individueller Unterschiedlichkeit?

Wir würden es uns zu einfach machen, wenn wir eine sehbehinderte Person dazu zwängen, sich technisch aufzurüsten und so an die Sehenden anzupassen. Handys können Anzeigetafeln vorlesen, doch muss es auch künftig noch Hinweise in Blindenschrift geben. Manche hörbehinderten Menschen verzichten bewusst auf die Nutzung eines Cochlea-Implantats, da sie ihre Taubheit nicht als Mangel empfinden; hier darf nicht die Mehrheit entscheiden, welches vermeintliche Manko künftig durch eine technische Erweiterung ausgemerzt werden soll. Auch wenn algorithmische Hilfsmittel den Einzelnen unterstützen können, dürfen sie die Gesellschaft nicht von der Pflicht zur Inklusion entbinden.

Oftmals sind die digitalen Helfer ethisch und gesellschaftlich völlig unbedenklich. Niemand wird die Freude von Joy Ross, als sie im Supermarkt erstmals Apfelsorten erkennen kann, bedrohlich finden. Doch Algorithmen, die eigentlich der Befähigung Einzelner dienen sollen, können auch höchst problematische Auswirkungen haben. Programme wie *Trooly* etwa bergen das Risiko, für manche Menschen zum digitalen Pranger zu werden. Deshalb muss garantiert sein, dass jeder, der bewertet wird, davon erfährt und Kenntnis erlangt, welche Daten dort einfließen. Korrekturen müssen möglich sein (siehe Kapitel 15).

So wie die Fortschritte in der Kernphysik binnen weniger Jahre einen völlig neuen Bedarf nach Gesetzen, Verordnungen und internationalen Abkommen entstehen ließen, die seitdem immer wieder debattiert und verändert werden, wird auch die Welt der Algorithmen unsere Gesellschaft immer wieder vor die Frage stellen: Wollen wir das erlauben? Im Kern geht es darum, welche Fähigkeiten der Einzelne als Erweiterte Intelligenz erwerben darf – und welche dem Gemeinwohl zuliebe zumindest eingeschränkt, wenn nicht sogar gänzlich verboten werden müssen. *AIpoly*-Gründer Alberto Rizzoli sieht hier Politik und Gesellschaft in der Pflicht: »Die Frage ist nicht mehr, *ob* wir einen Killerroboter bauen können. Nimm zwei Studenten vom MIT, gib ihnen einen Autoscooter, Waffen und die passende Open-Source-Software und sie bauen dir einen selbstfahrenden Roboter, der jede halbe Stunde einem Menschen präzise ins Gesicht schießt. Technologisch können wir das nicht mehr einschränken – dazu brauchen wir Gesetze, vergleichbar zur UN-Waffenkonvention zur Ächtung bestimmter Kriegsmittel.«[21]

8

Freiraum: Mehr Zeit fürs Wesentliche

Früher Nachmittag, die Schule ist vorbei.[2] Hochbetrieb für einen der flei-
ßigsten Wikipedia-Mitarbeiter: *ClueBot NG* kontrolliert die Neueinträge.
Ein unbekannter Nutzer fügt den Geburtstag seiner 17-jährigen Freundin
der Liste der Weltereignisse des 27. April hinzu. *ClueBot* löscht den Eintrag
wieder und verwarnt den Nutzer. Im selben Moment schreibt ein anderer
Autor mit dem Alias *Cct04* mitten in einen Artikel über ein Regierungs-
programm zur Wohnförderung: »ICH WEISS NICHT, WAS DAS IST!« Auch
diesen Kommentar löscht *ClueBot* umgehend. *Cct04* hat schon mehrfach
gegen die Regeln verstoßen, deshalb bleibt es diesmal nicht bei einer Ver-
warnung. *ClueBot* meldet den Autor als potentiellen Vandalen. Kurz darauf wird er von einem Administrator gesperrt.

Für ein Autoren-Kollektiv wie die Wikipedia-Gemeinde, in deren Lexi-
kon jeder – und damit auch jeder Witzbold oder Störenfried – etwas eintragen kann, ist die Qualitätskontrolle besonders herausfordernd. In Zahlen
ausgedrückt: Allein die englischsprachige Wikipedia umfasst inzwischen
5,5 Millionen Artikel. 30 000 aktive Autoren produzieren jeden Monat
20 000 neue Seiten. Pro Sekunde laufen zwei Änderungen ein. Diese Dynamik stellt die nur rund 1000 Administratoren des größten Online-Lexikons
der Welt vor eine gigantische Aufgabe, wenn sie zu jedem Zeitpunkt Aktualität und Richtigkeit gewährleisten wollen. Gäbe es *ClueBot* nicht, müssten die ehrenamtlichen Wikipedianer unzählige Stunden darauf verwenden, ihre Artikel ständig von irgendwelchem Unrat zu säubern. Es bliebe
kaum noch Zeit für neue, intellektuell anspruchsvolle Einträge.

ClueBot ist nur eines von über 300 Computerprogrammen, die automatisch die englischsprachige Version des Online-Lexikons pflegen. Sie nehmen den Wikipedianern viel lästige Arbeit ab und sind ein Musterbeispiel dafür, wie Algorithmen Menschen aus stupiden Endlosschleifen befreien können. Diese Bots gehen gegen Spam und gezielte Manipulationen vor, stellen mutwillig gelöschte Artikel wieder her, prüfen Quellenangaben oder korrigieren falsch gesetzte Links. Somit entlasten sie die Autoren von zeitaufwendigen, sich ständig wiederholenden Aufgaben. Etwa jede zehnte Änderung der Online-Enzyklopädie geht inzwischen auf einen solchen algorithmischen Helfer zurück. »Im Jahr 2003 war die Community der englischen Wikipedia noch der Meinung, dass man besser ohne Bots auskommen könne. Heute gehören sie jedoch zum Arbeitsalltag«, sagt Professorin Claudia Müller-Birn, die an der Freien Universität Berlin die Zusammenarbeit von Menschen mit Computern beforscht und mehrere Studien zu Algorithmen in der Wikipedia durchgeführt hat.[3]

Bots, abgeleitet vom englischen Wort *robot*, sind selbstständig arbeitende Computerprogramme. Viele von ihnen lernen kontinuierlich hinzu, indem sie ständig mit neuen Daten und Artikeln gefüttert werden. So können die automatisierten Wächter des Weltwissens verdächtige Veränderungen am lexikalischen Bestand immer besser erkennen. Andere Wikipedia-Bots produzieren sogar bereits eigenständig neue Artikel. Sie nutzen als vertrauenswürdig eingestufte Datenbanken, um aus den dortigen Informationen kurze Basis-Artikel über Themen zu generieren, die bislang auf der Plattform fehlten. Wenn ein kleiner Fluss, eine seltene Tierart oder ein fremdsprachiges Buch noch keinen Eintrag haben, lässt sich das heute mit speziell für diesen Zweck programmierten Bots leicht und schnell beheben. So ist die Wikipedia in Cebuano, einer Sprache, die von nur etwa 18 Millionen Filipinos gesprochen wird, die zweitgrößte Ausgabe weltweit geworden. Ihre mehr als fünf Millionen Artikel sind fast ausschließlich von Automaten geschrieben.[4]

Raus aus stupiden Routinen

Die Meinungen über schablonenartig konstruierte Texte wie die in der cebuanosprachigen Wikipedia gehen auseinander. Doch ihre Qualität ist zumindest bei Routine-Vorgängen erheblich gewachsen. Selbst renommierte Nachrichtenagenturen wie Associated Press (AP) nutzen seit etlichen Jahren Programme, die etwa Finanzberichte automatisch verfassen. Immer dann, wenn die Textbausteine im Vorfeld festgelegt werden können und der Algorithmus nur noch die Lücken mit den entsprechenden Informationen füllen muss, schreiben die Roboterjournalisten handwerklich solide, fehlerfreie Texte. Sie liefern keine hintergründigen Analysen, keine Querverweise, keine passenden Zitate mit interpretierenden Einordnungen – aber der nachrichtliche Transport der Fakten funktioniert prompt und einwandfrei. Solche automatisch erzeugten Pressetexte können Leser oft schon nicht mehr von handgemachtem Journalismus unterscheiden.[5] Inzwischen sind die Algorithmen so verlässlich, dass AP die maschinell geschriebenen Meldungen ohne menschliche Gegenprüfung auf den Ticker gibt. Statt sich durch Bilanzen zu quälen, um daraus Kurznachrichten zu produzieren, können sich die Journalisten in dieser Zeit den anspruchsvolleren Seiten ihres Jobs, nämlich der Analyse und Bewertung von Ereignissen, widmen.

Die Charité in Berlin optimiert derzeit per Telemedizin die Überwachung von Herz-Risiko-Patienten. Täglich senden mehr als 500 von ihnen, darunter etliche aus der tiefsten brandenburgischen Provinz, wichtige Vitalwerte über das Internet zu den Herzspezialisten in Berlin-Mitte. Morgens kurz auf die Waage, Blutdruck gemessen, ein Kästchen für ein einfaches EKG auf den Brustkorb gehalten und schnell noch das eigene Wohlbefinden eingeschätzt. Keine zwei Minuten später erscheinen die Daten auf einem Bildschirm in der Klinik. Stimmt mit den Werten etwas nicht, melden sich die Ärzte telefonisch direkt beim Betroffenen.[6] Statt alle paar Wochen weite Wege zum nächsten Hausarzt zurückzulegen und dort ohne konkrete Beschwerden im Wartezimmer zu sitzen, bekommen die Patienten des Zentrums für kardiovaskuläre Telemedizin an der Charité einen täglichen Check-up per Ferndiagnose. Diese digitale Betreuung befindet sich in der Erprobung. Noch nutzen die Ärzte keine Algorithmen für die Überprüfung der Vitaldaten. Für den Regelbetrieb mit 500 000 statt 500 Herzkranken wäre das der nächste logische Schritt. Denn aus den Erfahrungen des Charité-Projekts zeichnet sich ab: Der Patient ist erstklassig versorgt, die Herzspezialisten haben mit geringem Aufwand eine hohe Erfolgsquote bei der Prävention, und der Hausarzt wird zugunsten akuter Krankheitsfälle um eine Routine-Überprüfung entlastet.

Egal ob Vandalismus-Abwehr im Netz, Nachrichtenjournalismus oder Telemedizin – die Beispiele zeigen das Potenzial von Algorithmen, uns zeitaufwendige, oft ungeliebte Aufgaben abzunehmen und Freiräume zu schaffen – für Dinge, die uns wirklich wichtig sind, die uns liegen und motivieren, die unser Können, unsere Leidenschaft voll zur Geltung bringen. Besonders überzeugend ist der Software-Einsatz dann, wenn beide Seiten profitieren: Der Wikipedia-Autor gewinnt Zeit für neue Artikel, der Nutzer freut sich über die Qualitätssicherung des Online-Lexikons. Die Ärztin kann jenen Patienten mehr Aufmerksamkeit schenken, die sie besonders brauchen. Oder um ein Beispiel aus einem der vorangegangenen Kapitel aufzugreifen: Der Lehrer unterrichtet Kinder statt Standardwissen; Letzteres übernehmen passgenaue Lernvideos, er selbst kann sich um jeden Schüler individuell kümmern.

Routinen gibt es in fast jedem Job, nicht nur an Fließbändern in Fabriken. Algorithmen können diese repetitiven Tätigkeiten in immer mehr Berufen besser und schneller erledigen. Manuelle Geschicklichkeit, echte Kreativität oder soziale Kompetenz sind aber auf absehbare Zeit kaum automatisierbar. Nur wir Menschen verfügen über die Koordinationsfähigkeit, das Kontextwissen und die Empathie, die dafür nötig sind. Moderne Technik kann diese menschlichen Stärken wieder in den Mittelpunkt unseres Tuns rücken.

Die Effizienz-Falle

Der Wunsch nach mehr digitaler Unterstützung im Beruf ist tatsächlich groß. Eine aktuelle Umfrage unter 3000 Angestellten in Westeuropa ergab, dass 86 Prozent der Befragten sich insbesondere für Routineaufgaben technische Assistenz wünschen.[7] Längst haben Algorithmen Einzug in die Berufspraxis gehalten: Personalabteilungen verwenden Software, um aus hunderten Lebensläufen die vielversprechendsten herauszufiltern; intelligente Maschinen helfen, die tägliche E-Mail-Flut zu bekämpfen, Termine zu vereinbaren oder Reisen zu buchen.[8]

Was die einen als Erleichterung empfinden, versetzt andere in Sorge.

Denn technologische Effizienzgewinne können ebenso in höhere Produktivitätsanforderungen an die Mitarbeiter umschlagen wie eintönige oder gar sinnentleerte Arbeit befördern. Ein Kassierer im Supermarkt muss heute weder die Produkte noch deren Preis kennen, geschweige denn die Endsumme des Einkaufs ausrechnen. Dank Barcode-Scanner erfolgen diese Schritte automatisch, und am Ende des Tages kann durch die gesammelten Daten bis ins Detail nachvollzogen werden, wer wie schnell gearbeitet hat, wann die Auslastung wie groß war. Für den Kassierer bedeutet dies nicht Zeit für das Wesentliche, sondern einseitigere Arbeit und höherer Leistungsdruck. Muss ein Lehrer mit digitaler Unterstützung künftig deutlich mehr Schüler unterrichten als bislang? Muss eine Ärztin dank automatisierter Diagnose-Tools deutlich mehr Patienten behandeln? Wenn die mit digitaler Hilfe gewonnene Zeit allein in Prozessoptimierung und Produktivitätssteigerung fließt, werden wertvolle Potenziale verschenkt. Die Effizienz-Falle schnappt zu.

Im Extremfall braucht es gar keine Kassierer mehr. Amazons erster Supermarkt in Seattle funktioniert auch ohne Kassen. Kunden checken sich beim Betreten und Verlassen des Ladens über eine App ein und aus. Der Rest geschieht automatisch: Kameras und Sensoren erfassen, welche Waren man eingepackt hat, die entsprechende Rechnung wird über das persönliche Amazon-Konto abgebucht.[9]

Die Debatte ist nicht neu: Maschinen drohen Menschen die Arbeit wegzunehmen. Es mangelt nicht an Studien, die prophezeien, welcher Beruf oder welche Branche als nächste von der Automatisierung betroffen sein und wie viele Jobs dadurch verloren gehen könnten. Über das Ausmaß gehen die Prognosen zwar stark auseinander, doch zweifellos wird die Künstliche Intelligenz enorme Umbrüche für die Arbeitswelt mit sich bringen.

Einige Berufe werden verschwinden, neue werden entstehen. Auf absehbare Zeit werden sich aber vor allem viele Tätigkeiten grundlegend verändern. Ein Paketzusteller bei UPS, einem der größten Arbeitgeber in der Logistikbranche, muss nicht mehr selber seinen Lkw steuern und seine Route austüfteln. Das übernehmen Computersysteme. Selbstfahrende Postautos können aber nicht an Türen klingeln und Pakete abgeben. Dazu braucht es auch weiterhin Menschen. Wo lässt sich die Ware ablegen, wenn niemand zu Hause ist? Wie heißt der Mitarbeiter in der Poststelle des Firmenkunden und welche Argumente könnten ihn überzeugen, UPS und nicht die Konkurrenz mit der nächsten Sendung zu beauftragen? Mit solchen Fragen werden sich die Paketzusteller künftig während der automatischen Fahrt beschäftigen. Sie werden weniger mit dem Lenkrad und mehr mit ihren Kunden zu tun haben.

Jenseits von Profit und Produktivität

Solche Umbrüche sind in der Arbeitswelt kein historischer Einzelfall, sondern Normalität. Egal ob bei Dampfmaschine und industrieller Massenproduktion, bei Elektrizität und Fließbandarbeit oder bei Computer und Digitalisierung – es waren zunächst ökonomische Überlegungen und technische Möglichkeiten, die den Fortschritt getrieben haben. Die Mitarbeiter mussten um ihre Interessen meist hart ringen, oft konnten sie sie erst nach längeren politischen Kämpfen durchsetzen. Dennoch stellt heute kaum jemand die Errungenschaften der industriellen Revolutionen ernsthaft in Frage, die früheren Arbeitsbedingungen wünscht sich jedenfalls niemand zurück. Auch haben derartige Umbrüche bislang nicht zu Massenarbeitslosigkeit geführt. Um 1900 waren noch 60 Prozent der deutschen Bevölkerung in der Landwirtschaft beschäftigt, heute sind es gerade einmal zwei Prozent und die Arbeitslosenquote befindet sich auf einem Tiefstand.

Natürlich sind Analogien zur Vergangenheit keine zuverlässigen Zukunftsprognosen. Aber sie zeigen, dass die Gesellschaft durchaus in der Lage ist, technischen Fortschritt zum sozialen Vorteil zu nutzen. Keine Frage, auch künftig wird gelten: Es wird automatisiert, was sich automatisieren lässt – vor allem dann, wenn dadurch die Produktivität gesteigert und Kosten gesenkt werden können. Doch selbst das ist kein Automatismus, dass der Einsatz intelligenter Maschinen zu Stellenkürzungen und Entlassungen führt. Die Betrachtung von algorithmischer Automatisierung als Bedrohung für Arbeitsplätze verengt den Blick auf die Angst, ersetzt zu werden.

Der Wirtschaftsjournalist Thomas Ramge nimmt in seinem Büchlein *Mensch und Maschine* eine andere Perspektive ein. Er sieht die Chance, dass wir Künstliche Intelligenz als Hebel zur Erweiterung unserer Fähigkeiten nutzen können: »In fast allen Wissensberufen, bei denen Entscheidungen automatisiert werden, lässt sich die Frage nach Massenarbeitslosigkeit von Wissensarbeitern auch umformulieren: Wie stellen [wir] sicher, dass sie mithilfe von KI mehr Menschen günstiger mit besserer Beratungsleistung helfen können? Ginni Rometty, die Vorstandsvorsitzende von IBM, sieht die Dinge so: ›Was einige Leute künstliche Intelligenz nennen, ist in Wirklichkeit eine Technologie, die unsere Fähigkeiten stärkt. Eigentlich geht es nicht um künstliche Intelligenz, sondern um die Erhöhung unserer Intelligenz.‹ Für Wissensarbeiter hieße das im Umkehrschluss, dass nicht Künstliche Intelligenz sie in den kommenden Jahren ersetzen wird. Tech-affine Verkäufer, Anwälte und Ärzte werden jene Kollegen ersetzen, die KI nicht als Entscheidungsassistenten intelligent zu nutzen wissen.«[10]

Die Optimisten beginnen, sich zu organisieren. Joi Ito, Direktor des Media Labs am MIT in Cambridge, hat das *Council on Extended Intelligence* gegründet. Die Initiative engagiert sich für eine Gesellschaft, die Künstliche Intelligenz nicht als Bedrohung, sondern als nützliches Werkzeug für humane Zwecke begreift. Sie setzt sich für ein neues Wohlstandsmaß ein: »economic prosperity prioritizing people and the planet over profit and productivity«.[11] Mithilfe von Algorithmen sollen dem unternehmerischen Streben nach Profit und Produktivität so bewusst andere Ziele entgegengestellt werden, die wesentlich sind für eine lebenswerte Gesellschaft.

Angst vor Arbeitslosigkeit

Dass sich Entwicklungen der Vergangenheit nicht einfach fortschreiben lassen, zeigt eine Prognose von John Maynard Keynes aus dem Jahr 1930. Damals sagte der Ökonom voraus, ein Jahrhundert später würden wir nur noch 15 Stunden pro Woche arbeiten.[12] Während sich in den hundert Jahren zuvor die durchschnittliche Wochenarbeitszeit von 82 auf 42 Stunden nahezu halbiert hatte, blieb diese nach 1930 allerdings mehr oder minder konstant. Keynes hatte sich gründlich verkalkuliert. Die Arbeitszeit sank seitdem nicht nennenswert, die Intensität der Arbeitsbelastung stieg sogar. Stress und Burnouts werden allmählich zur Volkskrankheit.

Arbeit muss sich in Zukunft mehr nach den Bedürfnissen der Menschen richten. Die Forschung sieht sowohl eine gesundheitliche Belastungsgrenze erreicht als auch den zunehmenden Unwillen der jungen Generationen, sich nur nach dem Beruf auszurichten. In den Erwartungen an ein erfülltes Leben spielt bei ihnen zwar ein guter Arbeitsplatz eine ähnlich herausragende Rolle wie eine intakte Familie und Partnerschaft, Gesundheit und Freundschaften. Vor eine Entscheidung gestellt, ob sie ihre Karriere forcieren oder mehr Zeit fürs Privatleben wollen, sprechen sich aber 78 Prozent fürs Private aus.[13] Algorithmen können helfen, diesen individuellen Bedürfnissen nach einer besseren Work-Life-Balance gerecht zu werden – wenn sie jene Aufgaben übernehmen, die uns schwerfallen, langweilen oder unverhältnismäßig viel Zeit kosten. Das Ziel bei der Integration von Künstlicher Intelligenz in den Berufsalltag wäre demnach, künftig weniger *und* erfüllender arbeiten zu können. Algorithmische Automatisierung hieße dann, Mitarbeitern mehr Freiräume zu geben, nicht sie zu entlassen.[14]

Sollte es jedoch tatsächlich dazu kommen, dass ein großer Teil der Bevölkerung in Zukunft »nicht mehr gebraucht wird, dann ist das ein gewaltiges Problem, das mit Geld nicht lösbar wäre«, mahnt Deutschlands Digital-Vordenker Sascha Lobo.[15] So findet der Ansatz des bedingungslosen Grundeinkommens zwar im Silicon Valley und unter den Lenkern der globalen Konzerne immer mehr Befürworter. Sie erhoffen sich von einer finanziellen Grundsicherung einen wirksamen Schutz für jene, deren Jobs am stärksten von Automatisierung betroffen sein werden und die ihre Kompetenzen nicht schnell genug weiter entwickeln können.[16] Das greift für Lobo aber zu kurz. Auch er schätzt das bedingungslose Grundeinkommen als eine Idee, die dem Einzelnen die Freiheit lässt, jenseits wirtschaftlicher Zwänge sein Leben nach eigenem Gusto zu gestalten. Doch wer darin die Lösung für eine möglicherweise entstehende Krise des Arbeitsmarkts sehe, lenke vom eigentlichen Problem ab und rechtfertige damit, »die vom Arbeitsmarkt Ausgeschlossenen in Zukunft ignorieren zu dürfen«.[17]

Politischer Kampf als Korrektiv

Für Menschen, die gerne kreativ, analytisch und in sozialer Interaktion arbeiten, kann die algorithmische Gesellschaft ein echter Segen sein. Ihre Talente kommen künftig noch besser zu Geltung. Psychologen würden sagen: Ihre Selbstwirksamkeit wächst. Doch wie groß ist die Gruppe derjenigen, für die diese Entwicklung Fluch statt Segen bedeutet? Entsteht gerade ein neues Proletariat 4.0, während nur eine digitale Elite mehr Freiräume gewinnt?

Die Wahrheit ist: Niemand kann diese Fragen zuverlässig beantworten. Sicher ist aber, dass die Berufswelt in einer Umbruchphase steckt, die ihre ganze Wucht erst noch entfalten wird. Derzeit lassen sich weder Arbeitsmarkt noch Arbeitsbedingungen auch nur annähernd seriös vorhersagen. Was uns optimistisch in die Zukunft blicken lässt: In der Vergangenheit hat technologischer Fortschritt stets mehr neue Jobs hervorgebracht als alte vernichtet; auch heute entstehen mit der Digitalisierung viele neue Berufsbilder. Falls künftig doch nicht mehr genug Arbeit für alle zur Verfügung stehen sollte, muss das keine Katastrophe sein. Wer finanziell abgesichert ist, kann sein Leben durchaus auch ohne klassische Erwerbstätigkeit sinnhaft gestalten und das so empfinden. Studien belegen, dass Menschen nicht faul auf der Haut liegen, selbst wenn sie es sich leisten könnten. Vielmehr suchen sie sich andere Aufgaben, die ihnen wertvoll sind. Sie verbringen mehr Zeit mit ihren Familien, kümmern sich um kranke Verwandte oder engagieren sich ehrenamtlich in gemeinnützigen Initiativen.[18]

Auch mit finanziellen Sicherheitsnetzen wird aber nicht jeder ohne Arbeit zufrieden sein. Deswegen bleibt die Gesellschaft in der Pflicht, für alle Bürger Sinnstiftung zu ermöglichen. Damit die Bilanz der algorithmischen Revolution tatsächlich positiv ausfällt, genügen weder der Glaube an das Gute im Menschen noch ein Grundeinkommen. Ohne politischen Kampf um die Leitwerte einer solidarischen Gesellschaft droht der Wettlauf um mehr Effizienz gnadenlos zu werden. Wenn Ärzte und Lehrer ihre durch Algorithmen zusätzlich gewonnenen Freiräume für mehr Qualität verwenden sollen, müssen wir die politischen Weichen dafür stellen. Wenn Journalisten und andere Berufsgruppen mehr Zeit für das menschlich Sinnvolle haben sollen, müssen wir den Wert dieser Aufgaben gesellschaftlich würdigen. Weil jeder je nach Überzeugung und individuellen Bedürfnissen ganz unterschiedliche Dinge für wesentlich hält, braucht es ein intensives Ringen um den Stellenwert von Zielen jenseits von Profit und Produktivität. Am Ende muss ein übergeordneter Konsens stehen, was die Gesellschaft für wirklich wichtig hält. Das gilt es zu übersetzen in politische Maßnahmen, etwa indem gemeinnützige Aktivitäten jenseits der klassischen Erwerbsarbeit in den Sozialsystemen belohnt werden. Wenn dies gelingt, muss »Mehr Zeit fürs Wesentliche« kein Privileg für Wikipedia-Autoren und andere Vertreter der digitalen Elite bleiben.

9

Kontrolle: Die geregelte Gesellschaft

Der Mann, der im November 2015 unter dem Namen David Benjamin in Gießen Asyl beantragt, wird die deutschen Behörden länger als ein Jahr lang an der Nase herumführen.[2] Er gibt sich als syrischer Christ aus, der nach einem Angriff des Islamischen Staats aus seiner Heimat geflohen sein will. Wie viele der 900 000 Flüchtlinge, die in jenem Jahr in Deutschland Schutz suchen, kann er weder Pass noch andere Ausweisdokumente vorlegen. Die Anhörung zu seinem Asylantrag verläuft ungewöhnlich, denn sie findet auf seine Bitte hin in französischer Sprache statt. Arabisch spricht der Mann kaum, die deutschen Fragen versteht er auch ohne die Hilfe eines Übersetzers. Trotzdem fallen den zuständigen Mitarbeitern im Bundesamt für Migration und Flüchtlinge (BAMF) keine Ungereimtheiten auf. Deutschland erkennt den Schutzstatus von David Benjamin wegen des Bürgerkriegs in Syrien an.

Erst im Februar 2017 kommt heraus, dass ein David Benjamin aus Aleppo gar nicht existiert. Der angebliche Flüchtling heißt in Wirklichkeit Franco A. und ist Oberleutnant bei der Deutsch-Französischen Brigade. Als Bundeswehrangehöriger erhält er Sold, als Schutzbedürftiger Sozialleistungen. Seine falsche Identität fliegt auf, als er sich in Wien eine Waffe besorgen will und die österreichischen Polizisten feststellen, dass der deutsche Soldat unter anderem Namen als syrischer Kriegsflüchtling registriert ist. 16 Monate lang führte Franco A. ein Doppelleben, stationiert in einer Kaserne im Elsass und gleichzeitig gemeldet in einem Flüchtlingsheim in Bayern. Im weiteren Verlauf ermittelt der Generalbundesanwalt und fördert seine rechtsextremistische Gesinnung und mögliche Anschlagspläne zutage.

Es ist der wohl spektakulärste einer ganzen Reihe von Fällen, die die Überforderung des BAMF zur Hochphase der Flüchtlingsströme dokumentieren. Etwa 1,4 Millionen Asylanträge wurden zwischen 2015 und 2017 in Deutschland gestellt – so viele wie in den vorangegangenen 20 Jahren zusammen. In der zuständigen Nürnberger Behörde herrschte Ausnahmezustand, auf einen derartigen Anstieg an Geflüchteten war man dort nicht vorbereitet. Statt täglich zwei Fälle zu bearbeiten, musste ein Mitarbeiter bis zu fünf Entscheidungen am Tag treffen. Trotzdem entstand ein enormer Rückstau. Zur Soforthilfe wurden 6000 neue Kollegen rekrutiert und im Eilverfahren angelernt, in sechs Wochen statt in sechs Monaten. Einer dieser unerfahrenen Entscheider traf in seinem fünften Fall auf Franco A. Sein Fehler war keine Ausnahme; bei einer stichprobenartigen Überprüfung wurden im Nachhinein in einem Viertel aller Asylbescheide jener Zeit Inkonsistenzen und Verfahrensmängel entdeckt.

Auf der Suche nach der Herkunft

Heute hat das BAMF digital aufgerüstet und kann seiner Kontrollaufgabe besser gerecht werden. Ein Computerprogramm überträgt arabisch geschriebene Namen in lateinische Buchstaben, um doppelte Erfassung aufgrund unterschiedlicher Schreibweisen zu verhindern; Handydaten werden automatisch ausgelesen, um Fluchtrouten nachzuvollziehen. Und einer Sprachanalysesoftware reicht eine zweiminütige Sprechprobe, um einen arabischen Dialekt einer Region zuzuordnen.[3] Algorithmen vergleichen dazu die Tonaufnahme des Asylbewerbers mit verschiedenen hinterlegten Sprachmustern. Die so ermittelte Herkunft ist ein Schlüsselfaktor bei der Entscheidung über Asylanträge: Während in den vergangenen Jahren nahezu alle Geflüchteten aus Syrien in Deutschland Schutz erhielten, wurden Iraker oder Afghanen wesentlich häufiger abgelehnt.

Nach mehrmonatiger Testphase setzt das BAMF die Sprachsoftware mittlerweile zur Erkennung von fünf verschiedenen arabischen Dialekten ein. Die Behörde prüft damit noch vor der Anhörung, wie plausibel die Angaben von Flüchtlingen sind, die keinen Herkunftsnachweis erbringen können. Noch ist die Software nicht frei von Fehlern, auch deshalb hat sie nur beratende und keine entscheidende Funktion.[4] Manche Inkonsistenzen fallen den BAMF-Mitarbeitern nun jedoch frühzeitig auf und können schon in der Anhörung adressiert werden.

In der Vergangenheit konnte der Entscheider erst nach der Anhörung ein linguistisches Gutachten anfordern, falls an der Herkunft eines Geflüchteten Zweifel bestanden. Dann unterhielt sich ein Sprachkundiger mit dem Asylsuchenden über Bräuche und Sitten oder geografische Gegebenheiten seines angegebenen Herkunftslandes. Eine Tonaufnahme dieses mindestens halbstündigen Gesprächs wurde anschließend einem Gutachter zur Auswertung übergeben. Das Verfahren war nicht für den Masseneinsatz geeignet und teuer, die Anzahl an qualifizierten Experten begrenzt. Nur in 1100 von 700 000 Fällen forderte das BAMF 2016 ein solches Gutachten an. Zum Vergleich: Die Sprachsoftware wurde bereits in den ersten 17 Monaten bei 19 000 Antragsprüfungen eingesetzt.

Die gewissenhafte Entscheidung über die Schutzbedürftigkeit jedes einzelnen Asylsuchenden ist eine zentrale Aufgabe des Staats. Dieser konnte das BAMF während der Flüchtlingskrise nicht angemessen nachkommen, auch weil die Herkunftsklärung angesichts der Vielzahl von Asylanträgen die Behörde in jeder Hinsicht überforderte: sprachlich, kapazitiv, zeitlich, budgetär. Das Verfahren hing von der Verfügbarkeit qualifizierter Mitarbeiter ab und war dem Massenbedarf nicht gewachsen.

Die Überforderung hatte Folgen. Schutzberechtigte mussten sehr lange auf Anerkennung warten, was ihre Integration in Ausbildung und Arbeit erschwerte. Nicht-Schutzberechtigte hingegen konnten nicht abgeschoben werden. All diese Personen mussten die Kommunen unterbringen. Auch weil Asylbescheide fehlerhaft waren, verstärkte sich in der Bevölkerung ein Gefühl unkontrollierter Zuwanderung, das Vertrauen in den Staat sank. Algorithmen hätten dem BAMF schon damals helfen können, seine hoheitlichen Aufgaben besser und gerechter zu erfüllen und einen Beitrag zu mehr gesellschaftlicher Stabilität zu leisten.

Auf der Jagd nach Sozialbetrügern

Der moderne Sozialstaat ist ein komplexes Gebilde. Er unterstützt seine Bürger in vielen Lebenslagen, bei Arbeitslosigkeit, Krankheit und Pflegebedürftigkeit, während Kindheit und Jugend, in der Ausbildung und im

Alter. Soziale Sicherheit und Gerechtigkeit sind uns viel wert. Dicke Gesetzeswerke regeln die Ansprüche bis ins kleinste Detail. Das wirkt einerseits beruhigend, weil jeder gegen die gröbsten Risiken abgesichert ist, die das Leben parat hält. Andererseits ist die Frage der Verteilungsgerechtigkeit regelmäßig Gegenstand emotional geführter Debatten, aufgehängt oftmals an besonders dreisten und damit schlagzeilenträchtigen Einzelfällen von Missbrauch.

Das ist am anderen Ende der Welt, in Australien, nicht anders als in Europa.[5] Sozialminister Alan Tudge kann auf den Applaus seiner Wähler hoffen, als er im Juni 2016 ankündigt, dem Betrug den Garaus zu machen. Ein Computersystem soll für sein Ministerium ab sofort nach Fällen fahnden, in denen Bürger den Staat übers Ohr gehauen haben. Wer unberechtigterweise zu viel Geld aus der Staatskasse bezogen hat, muss von nun an damit rechnen, dass ihm Algorithmen auf die Schliche kommen und ein automatisch generierter Mahnbescheid ins Haus flattert. Von den 16 Millionen Transferleistungen, die Australien jährlich an seine Bürger tätigt, konnten die Behörden bis dato gerade einmal 20 000 in mühsamer Einzelrecherche auf Rechtmäßigkeit kontrollieren. Das schafft die neue Software jetzt in nur einer Woche.

Doch die Jagd nach Sozialbetrügern gerät innerhalb weniger Monate zum PR-Desaster. In der Adventszeit – wenn Menschen besonders ansprechbar für die Belange Bedürftiger sind – decken die australischen Medien einen Fall nach dem anderen auf, in dem Leistungsempfänger mit falschen Rückzahlungsforderungen behelligt werden. Jedes fünfte Mahnschreiben, das im ersten halben Jahr nach Einführung des Computersystems herausgeht, ist mutmaßlich nicht korrekt. In 20 000 Fällen sehen sich Australier plötzlich Forderungen ihres Staats ausgesetzt, die entweder viel zu hoch oder sogar komplett haltlos sind. *Robodebt* nennen die Medien das, Roboter-Schulden. Auf der Internetseite notmydebt.com.au sammeln sich massenhaft Schilderungen über zu Unrecht gestellte Mahnbescheide. Minister Tudge ficht das nicht an: »Wir werden Ihnen auf die Schliche kommen, Sie werden diese Schulden zurückzahlen müssen und vielleicht im Gefängnis enden«, droht er Ende 2016 im Fernsehen.[6]

Dabei hat Tudge durchaus Argumente auf seiner Seite. Er möchte sicherstellen, dass das Sozialsystem gleichermaßen fair gegenüber Bedürftigen und Steuerzahlern ist. Wer einen Anspruch hat, soll unkompliziert staatliche Hilfe erhalten. Zugleich sollen die Kontrollen effektiver werden, damit die Sozialleistungen ausschließlich den tatsächlich Bedürftigen zugutekommen und die Steuerzahler nicht über Gebühr belasten. Manuell eine fast unlösbare Aufgabe. Der persönliche Bedarf hängt von vielen Faktoren wie Einkommen, Vermögen, Familiensituation und regionalen Mietkosten ab. Er kann sich kurzfristig ändern, wenn jemand einen Job findet oder verliert, eine Partnerschaft eingeht oder Kinder bekommt. Der Datenabgleich zwischen Sozialkassen und Finanzämtern sowie die Bewertung der individuellen Situation sind derart aufwendig, dass die vielen Transferleistungen sich händisch höchstens stichprobenartig überprüfen lassen. Da erscheint Unterstützung durch Algorithmen vielversprechend. Schließlich können sie im Gegensatz zu menschlichen Kontrolleuren auch große Datenmengen und komplexe Zusammenhänge in kürzester Zeit analysieren.

Die Algorithmen arbeiten jedoch nur so gut, wie sie programmiert und kontrolliert werden. Und die Software im australischen Sozialministerium hat offensichtlich Schwachstellen. Jeder Fehler berührt ein menschliches Schicksal. Die Medien schreiben süffisante Geschichten, in denen behördliche Roboter unbescholtene Bürger drangsalieren. Etwa der Bericht über Charmain Cole aus Sydney, die unmittelbar vor dem Weihnachtsfest den Bescheid erhält, sie schulde dem Staat mehr als 2000 Dollar. Fünf Jahre zuvor war sie wegen einer Depression in stationärer Behandlung, bekam für acht Wochen keinen Lohn und deshalb staatliches Krankengeld. Als der Algorithmus ihren Fall prüft, übersieht er den Wegfall des Gehalts und fordert das Krankengeld zurück. Für Charmain Cole ein Schock, der sich auf ihre psychische Gesundheit auswirkt. Oder die Geschichte von Greg Steen aus der Kleinstadt Peterborough in South Australia, der 4500 Dollar zurückzahlen soll. Kurz bevor er in Pension ging, hatte er einige Monate Sozialhilfe bezogen. Zu Unrecht, meint der Computer. Völlig zu Recht, meint Steen. Er will mit der Behörde reden, versucht es online und per Telefon. Zweimal fährt er persönlich zum Amt, 130 Kilometer ein Weg. Gleichzeitig muss er bereits mit der Abzahlung der angeblichen Schulden beginnen. Erst dann kommt der erlösende Kontakt zu einem engagierten Beamten zustande, der den Fall überprüft. Der ausstehende Betrag wird auf gerade einmal 63 Dollar korrigiert. Wie es zu der neuen Summe kam, konnte Steen bis heute niemand erklären. Er war nur froh, dass er die Rückzahlungsforderung von 4500 Dollar los war.

Eine Aufklärung der Öffentlichkeit über die Ursachen der falschen Berechnungen bleibt aus. Die australische Regierung lässt lediglich verlauten, die Mängel seien zum Teil auf fehlende Steuerdaten zurückzuführen. Interne Dokumente, die publik werden, zeigen: Der Algorithmus schrieb irrtümlicherweise bei längerer Krankheit oder Elternzeit die bisherigen Einkünfte fort. Außerdem konnte ein kleiner Vertipper beim Namen die Software schließen lassen, man habe Arbeitsstellen in verschiedenen Unternehmen. All diese Probleme hätten in einem ausführlichen Probelauf frühzeitig erkannt und verhindert werden können. Eine solche Testphase jedoch gab es nicht. Zudem liegt die Beweislast beim Bürger, nach der Devise: Im Zweifel für den Algorithmus und gegen den Menschen. Die Betroffenen – viele unter ihnen leben am Rande des Existenzminimums – müssen selbst den Nachweis erbringen, dass der Mahnbescheid Fehler enthält, was umso schwieriger ist, je länger die Sozialleistungen zurückliegen.

Mit der öffentlichen Kritik wuchs auch der politische Druck auf Minister Tudge. Im Juni 2017 empfahl ein Senatsausschuss, das System auszusetzen, bis die Schwachstellen behoben sind. Ohne Erfolg. Zwar übernahm Alan Tudge zwischenzeitlich ein anderes Ministerium, sein Nachfolger im Amt hielt aber trotz aller Kritik an dem Computersystem fest. Die Australier bekommen weiterhin automatische Post von *Robodebt*. Viele zu Recht, manche zu Unrecht. So gerät der Glaube an eine faire, fürsorgliche, ordnende Verwaltung ins Wanken; ein Gefühl von Ohnmacht gegenüber staatlicher Willkür kann entstehen.

Auf schmalem Grat

Schutz vor Verfolgung und Absicherung von sozialen Risiken sind Grundrechte in unserer Gesellschaft. Solche Ansprüche an den Staat müssen sorgsam geprüft werden. Das gilt für Geflüchtete, die sich auf das im Grundgesetz verankerte Recht auf Asyl berufen, ebenso wie für Bürger, die eine Transferleistung beantragen. Doch Missbrauch kann den gesellschaftlichen Frieden bedrohen. Die funktionierende Kontrolle durch hoheitliche Bewilligungsbehörden ist deswegen elementar für das Vertrauen in die öffentliche Ordnung sowie für fairen Zugang zu staatlichen Leistungen.

Diese Kontrollfunktion unterstützen Algorithmen höchst effizient. Ihre Ergebnisse hängen nicht von Kompetenz, Tagesform und Werturteilen einzelner Beamter ab. Und sind sie einmal entwickelt, können sie unbegrenzt oft und flexibel eingesetzt werden. Der Bezug von Sozialleistungen ist dann jenseits einzelner Verdachtsfälle und Stichproben fortlaufend kontrollierbar. Die Herkunftsprüfung kann leichter den in der Praxis schwankenden Bedarf erfüllen.

Das alles sind große Vorteile, die Algorithmen bieten, und Behörden werden künftig zunehmend in Erklärungsnot geraten, wenn sie darauf verzichten. Andererseits geraten sie in noch größere Erklärungsnot, wenn ihnen dabei schwerwiegende Fehler unterlaufen. Zum Zweck staatlicher Kontrolle eingesetzte Computerprogramme müssen schon vor ihrem Einsatz hinreichend getestet werden, ihre Ergebnisse nachvollziehbar und gerade im Falle von Sanktionen Widerspruch auf einfache Weise möglich sein.

Der Glaube an die alleinigen Optimierungskräfte der Algorithmen ist ein gefährlicher Trugschluss. Das BAMF setzt Software als Assistenz für seine Mitarbeiter ein; zudem findet vor einer Entscheidung immer eine mündliche Anhörung – durch Menschen – statt. Das australische Sozialministerium hingegen lässt einen Algorithmus die Fälle alleine überprüfen und Sanktionen verhängen; gleichzeitig schafft es hohe Barrieren für die Betroffenen, etwaige Fehler einfach und zeitnah zu klären. Dem BAMF gelingt die Balance zwischen akzeptabler algorithmischer Hilfe und inakzeptabler Automatisierung bei der Kontrolle deutlich besser als der Behörde von Alan Tudge.

Das australische Beispiel illustriert zudem den schmalen Grat, auf dem sich staatliche Behörden beim Einsatz von Algorithmen bewegen. Die Frage, wie viele schwarze Schafe durch Lücken in der Kontrolle toleriert werden, steht hier gegen die Frage, wie viele falsche Beschuldigungen in einem breit angelegten Prüfsystem akzeptabel sind. Die Antworten offenbaren, wie ein Staat auf seine Bevölkerung blickt: Vertrauend auf prinzipiell gewissenhafte Bürger, die ihre Rechte nicht überdehnen und ihre Pflichten meist erfüllen? Oder voller Misstrauen auf Egoisten und potentielle Betrüger, die sich auf Kosten der Gemeinschaft persönliche Vorteile verschaffen wollen? Je nach Perspektive begnügt er sich mit gelegentlichen Stichproben, um die Wenigen zu überführen, die gegen Gesetze verstoßen, oder installiert permanente Kontrollen für alle.

Das Gleichgewicht zwischen Sicherheit und Freiheit, zwischen Überwachung und Eigenverantwortung zu finden, war schon immer eine große Herausforderung für den liberal-demokratischen Rechtsstaat. Diese wird mit dem Einzug der Algorithmen in die Behörden noch größer. Denn die Technik ist inzwischen in der Lage, deutlich mehr zu kontrollieren, als die Gesellschaften der westlichen Welt zu tolerieren bereit wären. Doch die Grenzlinien, welche Befugnisse wir staatlichen Kontroll-Algorithmen gewähren, sind alles andere als einfach zu ziehen. Ein Beispiel aus dem Straßenverkehr: Permanente digitale Überwachung aller Autos, mit der jede Fahrtroute dokumentiert, jede kleinste Geschwindigkeitsübertretung gemessen und jedes Fehlverhalten bestraft wird, wäre technisch ohne weiteres möglich. Wohl kaum ein Autofahrer dürfte diese totale Überwachung akzeptieren, obwohl sie zweifellos die Sicherheit auf unseren Straßen erhöhen würde. Vor der Schule der eigenen Kinder hingegen möchte man am liebsten jeden noch so geringen Tempoverstoß sanktioniert sehen.

Diese Widersprüchlichkeiten, die in jedem von uns schlummern, werden durch die pure Existenz der Algorithmen verstärkt. Auf der einen Seite stellt sich Unbehagen ein, wenn digitale Unterstützung lückenlose Kontrolle ermöglicht. Auf der anderen Seite ist die Empörung groß, wenn eine Technik nicht zum Einsatz kam, die ein Unglück oder Verbrechen hätte verhindern oder zumindest aufklären können. Genau das aber erlauben Algorithmen in ihrer heutigen Qualität immer öfter. Da Politik nicht selten auf emotionale öffentliche Debatten reagiert, ist die besagte Balance zwischen Sicherheit und Freiheit, zwischen Überwachung und Eigenverantwortung zunehmend einfacher zu verschieben. Es ist schlichtweg zu leicht, einer punktuellen Empörungswelle durch schärfere Kontrollen nachzugeben. Die Technologie ist ja vorhanden, sei es zur Kameraüberwachung öffentlicher Plätze, zur gezielten Auswertung elektronischer Kommunikation oder zur permanenten Erfassung unserer Bewegungsmuster. Doch was technisch zuweilen trivial erscheinen mag, kann gesellschaftlich von enormer Tragweite sein.

Deshalb muss bei jeder behördlichen Anwendung von Kontroll-Algorithmen Verhältnismäßigkeit das oberste Gebot sein. Sie gilt es, in jedem einzelnen Politikfeld zu bestimmen: Die Abwägung konkurrierender Grundrechte kann im Straßenverkehr anders ausfallen als bei der Terrorismusabwehr. Der Einsatz von algorithmischen Kontrollsystemen sollte sich daran orientieren, was eine Gesellschaft will und ihre demokratischen Institutionen als sinnvoll erachten. Entscheidend muss sein, ob überhaupt eine Kontroll-Lücke besteht, die jenseits einer kurz aufflammenden Empörungsdebatte als derart relevant eingestuft wird, dass sie technologisch geschlossen werden sollte. Darüber muss öffentlich diskutiert und politisch entschieden werden, bevor Algorithmen in gesellschaftlich relevanten Feldern implementiert werden dürfen (siehe Kapitel 14).

Kontrolle des Kontrolleurs

Wer die Algorithmen beherrscht, herrscht zunehmend auch über die Gesellschaft. Wenn der Staat in seiner Rolle als Garant der öffentlichen Ordnung vermehrt auf algorithmische Hilfe setzt, verschafft er sich mehr Macht. Er kann Kontrolle so kleinteilig und umfassend ausüben, dass er die Freiheiten der Bürger weitreichend einschränkt – bis hin zu Dystopien, die George Orwell in *1984* beschrieben hat und die in China bereits zu beobachten sind (siehe Ausblick).

Wer Macht hat, hat auch Verantwortung. Und wer sich mehr Macht nimmt, sollte auch mehr Verantwortung übernehmen. Deshalb muss der Staat transparent machen, wo er automatische Kontrollinstrumente nutzt. Gerade wenn er, der sonst die Regeln für einen angemessenen Gebrauch von Algorithmen setzt, seinerseits als ihr Anwender auftritt, verdient diese spannungsreiche Doppelrolle besondere Aufmerksamkeit. Der Kontrolleur braucht selbst Kontrolle. Das australische Sozialministerium ist dafür ein gutes Beispiel: Dort waren es Medien, Zivilgesellschaft und parlamentarische Gremien, die die Probleme im Nachhinein ans Licht brachten. Sinnvoller wären zu diesem Zweck eingerichtete, unabhängige Wächter-

Institutionen, die die Funktionsweise von Algorithmen auch in Behörden vorab prüfen, sie gegebenenfalls genehmigen, ihre Implementierung überwachen und evaluieren. Je stärker maschinelle Überprüfungen das Leben von Menschen beeinflussen, desto stärker sollte auch die dauerhafte Kontrolle des Kontrolleurs ausfallen.

Jeder mag die Grenze zwischen nötiger allgemeiner und inakzeptabler persönlicher Überwachung anders ziehen. Das heißt aber nicht, dass Behörden freie Hand haben dürfen, diese Grenzen selbst zu definieren. Regierung und Verwaltung sind an geltende Gesetze gebunden. Unveräußerliche individuelle Grundrechte, wie sie in Verfassungen oder internationalen Vereinbarungen wie der UN-Menschenrechtscharta garantiert sind, müssen stets gewahrt bleiben, staatliche Entscheidungen jederzeit der Überprüfung durch unabhängige Gerichte zugänglich sein. Dieser Rahmen darf auch und gerade im Zeitalter der Algorithmen unter keinen Umständen geschwächt werden. Er ist es, der die Bürger in einer Demokratie anders als in autokratischen Systemen wirksam vor staatlicher Willkür schützt. Und er bestimmt den Raum, innerhalb dessen in üblichen politischen Verfahren über das richtige Maß zwischen ungerechtfertigter Kontrolle und nötigem Eingriff in individuelle Freiheiten abzuwägen ist. In diesem Rahmen darf und sollte aber einem angemessenen und verhältnismäßigen Einsatz von intelligenten Maschinen nichts im Wege stehen. Denn die Abwesenheit algorithmischer Unterstützung kann wie beim BAMF ebenso zu gesellschaftlich unerwünschten Konsequenzen führen wie der vorschnelle Einsatz fehleranfälliger Software in Australien.

»Die erste Lektion der Ökonomie ist die Knappheit: Es gibt
niemals genug von irgendetwas, um alle befriedigen zu
können, die es haben wollen. Die erste Lektion der Politik
ist die Nichtbeachtung der ersten Lektion der Ökonomie.«[1]

THOMAS SOWELL, US-ÖKONOMIEPROFESSOR

10

Verteilung: Ausreichend knapp

Wenn Bürger auf die Straße gehen, im Rathaus massenweise Protestbriefe
eintreffen oder sich in Internetforen der Zorn auf staatliche Stellen ent-
lädt, dann ist der Grund für die Aufregung oft eine schlechte und unge-
rechte Verteilung knapper, öffentlicher Ressourcen. Auf lokaler Ebene
gerät die Verwaltung in die Kritik, weil viele Eltern für ihre Kinder keinen Platz an ihrer Wunschschule bekommen oder die Schulwege für die
Kleinen länger sind als nötig. In Ballungszentren steht die Feuerwehr
am Pranger, sofern sie mit ihren Brandschutzkontrollen nicht hinterher-
kommt und ausgerechnet sozial schwächere Gegenden vernachlässigt. So
wie 2017 bei der fatalen Brandkatastrophe des Grenfell Towers in London.
Und auf nationaler Ebene wird in jedem Sommer ein Klassiker des öffent-
lich-rechtlichen Verteilungskampfs aufgeführt: Bevor das neue Studien-
jahr beginnt, muss der Staat die Vergabe der Studienplätze organisieren.
Möglichst viele Erstsemester sollen sich an ihrer favorisierten Uni in das
Fach ihrer Wahl einschreiben können, ohne dass anderswo aus Steuer-
geld finanzierte Plätze frei bleiben.

Eine Stellenbeschreibung für derartige Aufgaben sähe wohl folgen-
dermaßen aus:»Gesucht wird ein Superhirn, das knappe, meist sogar zu
knappe Güter pünktlich, effizient, nach nachvollziehbaren Kriterien und
unter Berücksichtigung vielfältiger Kundenwünsche fair und passgenau
verteilt.« Alles andere als trivial. Es ist ein Job, der ganze Abteilungen in
Behörden in Atem hält und ob seiner extremen Komplexität überfordert.
Dabei sind die Ansprüche der Bürger an die Ämter keineswegs überzogen.

Sie haben ein Recht auf möglichst effizienten Umgang mit Steuergeldern und auf gerechte Teilhabe an öffentlich organisierten Gütern wie Bildung und Sicherheit. Könnte das ein Job für Algorithmen sein?

Zumindest in der industriellen Produktion sind Algorithmen bei der effizienten Verteilung von Ressourcen nicht mehr wegzudenken. Der Autobauer Audi hat die Steuerung seiner futuristisch anmutenden Fabrik im ungarischen Győr bereits komplett der Künstlichen Intelligenz überantwortet. Über ein Jahrhundert lang wurden Autos am Fließband Schritt für Schritt zusammengesetzt. Früher von Menschen, mittlerweile mehr und mehr von Robotern. Die sequentielle Produktion im Stile Henry Fords wurde immer weiter optimiert. Doch ihre Zeit scheint abgelaufen. Audi montiert die Motoren in Győr parallel an einer Vielzahl von Arbeitsstationen; die Reihenfolge der Arbeitsschritte ändert sich laufend. Die Zuteilung der Aufgaben und Materialien in der Fabrik ist hyperkomplex: Riesige Datenmengen müssen fortwährend analysiert werden, damit autonome Transportsysteme alle Stationen bestmöglich auslasten und immer mit den benötigten Teilen versorgen. Alles in dieser Fabrik ist vernetzt. Audi erwartet, die Produktivität durch die Neuorganisation der Abläufe um 20 Prozent zu steigern – Abläufe, die kein Mensch auch nur annähernd so effizient und passgenau steuern könnte wie der Rechner.[2]

Fighting Fire with Data

Szenenwechsel. Im New Yorker Stadtteil South Queens steht die Feuerwache Engine 308, ein solides zweistöckiges Backsteingebäude.[3] Das Wort »futuristisch« kommt einem hier kaum in den Sinn. Das Erdgeschoss ist eine einzige große Garage. An der Fassade weht die Nationalflagge, auf dem Tor prangt der US-amerikanische Wappenvogel. In einem Fachmagazin beschreibt der Journalist Jesse Roman die Engine 308 als die Art von Ort, wo den Besucher ein fester Handschlag und eine Tasse starker Kaffee erwarten. Im Chefbüro, einem holzvertäfelten Raum, hängen unzählige Klemmbretter und Karten. Das Regal steht voller Aktenordner, den Schreibtisch dominieren Papierstapel und Notizzettel. Doch auch wenn das Office von Eugene Ditaranto, dem Kommandanten der Feuerwache, in Zeiten papierloser Bürolandschaften wie ein Anachronismus anmutet:

Mithilfe von Algorithmen hat er den Brandschutz im gesamten New York Fire Department so revolutioniert, wie es das Audi-Motorenwerk in Győr mit der Ford'schen Fließband-Produktion getan hat.

Die New Yorker Feuerwehr ist nicht nur für das Löschen von Bränden zuständig. In ihrer Verantwortung liegt es auch, die Einhaltung der Brandschutzvorschriften zu überprüfen, damit möglichst erst gar kein Feuer ausbricht, sich zumindest aber die Schäden in Grenzen halten. Die regelmäßige Inspektion der etwa 330 000 Gebäude in der Stadt ist jedoch kaum zu bewältigen – zu wenige Feuerwehrleute, zu wenig Zeit für Brandschutz. Stattdessen gilt es, diejenigen Gebäude zu identifizieren, bei denen das Brandrisiko am höchsten ist, um die begrenzten Ressourcen der Inspekteure bestmöglich einzusetzen. Bis vor einigen Jahren versuchte man, dieser Herausforderung per Karteikasten beizukommen. Jede lokale Feuerwache führte Buch über Größe, Baumaterial oder Baujahr der Gebäude. Alle zusätzlichen Informationen wie auch neue Brandfälle mussten händisch eingetragen werden. Aus diesen Daten ergab sich eine Gefährdungskategorie, die vorgab, wie häufig ein Gebäude zu prüfen war. Nur: Wegen Personalmangels und menschlicher Flüchtigkeitsfehler gelang es oft nicht, den Überblick zu behalten und aktuelle Daten einzuspeisen.

Doch selbst wenn das Personal aufgestockt worden wäre, hätte es wohl mit dem heute verwendeten Softwareprogramm nicht mithalten können. Das sogenannte *Risk Based Inspection System* verarbeitet eine Datenmenge, die jede Feuerwehr-Mannschaft überfordern würde. Sein von Ditaranto mitentwickeltes Herzstück ist ein Algorithmus namens *FireCast*. Täglich spuckt das Programm ein Top-15-Ranking der Bauten aus, die an jenem Tag zur Inspektion anstehen. Für diese Hitliste der Brandgefahr analysiert und gewichtet es nicht weniger als 7500 verschiedene Risikofaktoren. Die dazu nötigen Daten stammen von 17 Stadtbehörden, darunter die Polizei, das Amt für Umweltschutz oder die Obdachlosenbetreuung. Alle gebäuderelevanten Informationen werden herausgefiltert und in den Algorithmus eingespeist, von der Hausgröße und der Anzahl der Bewohner und Mietparteien über das soziale Umfeld bis hin zu dokumentiert unsachgemäßer Müllentsorgung. Außerdem greift *FireCast* auf die New Yorker Bürger-Hotline zu, bei der jährlich weit mehr als eine Million gebäudebezogene Beschwerden über Ruhestörungen, Ungezieferbefall oder technische Defekte eingehen. Die Software ist sogar für die spezifischen Charakteristika und die Historie einzelner Stadtviertel sensibilisiert. Eine größere Ratten- oder Mäusepopulation könnte in eng bebauten Gebieten mit freiliegenden Hochspannungsleitungen eine erhöhte Brandgefahr bedeuten, anderswo hingegen vernachlässigbar sein – zumindest für die Feuerwehr.

Den Anstoß für die Entwicklung von *FireCast* gab ein tragischer Unfall. Tragisch auch deshalb, weil er vermeidbar war. Im Spätsommer 2007 starben zwei New Yorker Feuerwehrmänner bei einem Löscheinsatz im Deutsche Bank Building. Die anschließende Untersuchung ergab: Obwohl die Feuerschutzbestimmungen vorsahen, das Hochhaus zweimal monatlich zu inspizieren, war es seit fünf Monaten nicht mehr von der Feuerwehr in Augenschein genommen worden. Schuld an dem Versäumnis waren Personalmangel und die fehlende Erinnerungsfunktion des Karteikartensystems. Hätte die Feuerwehr mit der Inspektion nicht geschludert, wäre vor dem Brand aufgefallen, dass bei Bauarbeiten eine wichtige Steigleitung beschädigt worden war. Deshalb konnte während des Einsatzes kein Löschwasser zum Brandherd transportiert werden, wodurch zwei dort gegen die Flammen kämpfende Feuerwehrleute tödliche Rauchvergiftungen erlitten.

Diese Mischung aus Nachlässigkeit und Informationsdefizit sollte sich niemals mehr wiederholen. Deshalb übertrug die New Yorker Feuerwehr einem Algorithmus die Aufgabe, die Brandschutz-Inspektionen zu steuern. Schon nach dem ersten Update war von der Software jedes fünfte New Yorker Gebäude, in dem tatsächlich ein Brand ausbrach, innerhalb der vorangegangenen drei Monate zur Inspektion ausgewählt worden. Ein ähnliches Programm, das in Atlanta zum Einsatz kommt, erkannte 71 Prozent der Bauten, bei denen während des Folgejahres ein Brand gemeldet wurde.[4] Die Prognosequalität des Systems kann sich also durchaus sehen lassen. Zwar beseitigen die Inspektionen nicht jegliches Brandrisiko, es spricht aber einiges dafür, dass sie das Ausmaß und die Schäden eines Feuers begrenzen, etwa weil die Löscharbeiten vor Ort reibungslos funktionieren und die Feuerwehrleute mit dem Gebäude vertraut sind.

»Fighting Fire with Data« geschieht auch in Europa. So regeln in Amsterdam und London Algorithmen die Verteilung von kostenlosen Feuer-

meldern an gefährdete Haushalte oder die Stationierung der Feuerwehr-
fahrzeuge und -wachen in Gefahrenbezirken.[5] Doch es ist Vorsicht geboten.
Software-Systeme brauchen ständige Überprüfung durch menschliche Entscheider. Denn wenn etwas schiefläuft, sind nicht sie, sondern die Menschen verantwortlich, die sich ihrer bedienen. Blindes Vertrauen können
sich weder Automobilbauer noch Feuerwehren leisten. Sofern Algorithmen
dabei versagen, knappe Ressourcen sinnvoll und effizient zu verteilen, gibt
es allerdings einen entscheidenden Unterschied zwischen Industrie und
Staat, und der liegt in den Konsequenzen. Einer Firma drohen meist bloß
finanzielle Einbußen, dem Gemeinwesen drohen soziale Ungerechtigkeit
sowie Vertrauensverlust in Politik und Verwaltung. Der faire und prinzipiell gleiche Zugang zu staatlich organisierten Gütern wie Sicherheit und Bildung darf nicht durch algorithmische Entscheidungen in Gefahr geraten.
Dass genau das geschehen kann, zeigt eine andere folgenschwere Episode
aus der Geschichte der New Yorker Feuerwehr.

Bereits in den 1970er Jahren versuchte die Denkfabrik RAND im Auftrag der Stadtverwaltung, die Verteilung von Feuerwachen in New York
zu optimieren. Zu diesem Zweck sammelte man eine Vielzahl an Daten,
ließ etwa Zugführer per Stoppuhr die Reaktionszeiten ihrer Löschtrupps
messen. Heraus kam eine scheinbar objektive Formel, an welchen Orten
idealerweise Feuerwachen zu platzieren sind. Der Stadtverwaltung versprach man eine bessere Brandbekämpfung zu deutlich geringeren Kosten. Aufgrund der Berechnungen wurden Wachen in einigen der brand-
anfälligsten Bezirke geschlossen, die Folgen waren desaströs. Großbrände
schlugen danach ganze Schneisen der Verwüstung in die ärmsten Viertel
von New York City, tausende Menschen wurden obdachlos oder starben.
Im Nachhinein stellte sich heraus: Viele der Daten des mathematischen
Modells waren offenbar falsch, teilweise von den Zugführern im Nachhinein geschätzt oder aus Sorge vor negativen Konsequenzen manipuliert. Zudem ignorierte der RAND-Algorithmus wichtige externe Einflüsse
wie etwa verkehrsbedingte Zeitverluste.[6]

Hätte die New Yorker Stadtverwaltung damals genauer hingeschaut
und sich nicht vom Sparpotenzial verführen lassen, wäre viel Leid zu vermeiden gewesen. Schuld an diesem Versäumnis sind die Politiker jener
Zeit. Auch heute lässt sich politische Verantwortung nicht an einen Algo-

rithmus delegieren. Selbst wenn die Software mit korrekten Daten gefüttert wird und gesamtgesellschaftlich akzeptierte Ziele verfolgt, sind weiterhin menschliche Entscheider gefragt. Sie müssen regelmäßig die Vorschläge der Algorithmen reflektieren und prüfen, ob zur bestmöglichen Verteilung knapper Ressourcen Korrekturen notwendig sind. Keine noch so intelligente Maschine darf die menschliche Richtlinienkompetenz übernehmen.

Eingeschult per Algorithmus

In Berlin können Eltern die Grundschule für ihr Kind nicht frei wählen. Stattdessen ist die Stadt in Einzugsgebiete eingeteilt, der Wohnort bestimmt über den Bildungsort.[7] Für viele Familien ist das ein hochsensibles Thema, weil sie die Bildungschancen ihrer Kinder gern in der eigenen Hand hätten. Schließlich können sich die Grundschulen in der näheren Umgebung durchaus stark voneinander unterscheiden, weshalb immer wieder Eltern per Anwalt gegen den amtlich zugewiesenen Grundschulplatz vorgehen. Vor allem sozial Bessergestellte versuchen, ihr Kind an der favorisierten Schule einzuklagen. Zum Teil mit Erfolg, wodurch sich auch Gerechtigkeitsfragen stellen, wenn Herkunft schon ganz zu Beginn der Bildungskarriere ein entscheidender Faktor ist.

Da die Zahl schulpflichtiger Kinder pro Straßenzug und Wohnviertel sich ständig verändert, legen die Schulämter die Einzugsgebiete jedes Jahr neu fest. Sollen die Kinder einer bestimmten Hochhaussiedlung weiterhin zur Grundschule A oder zur etwas entfernteren Grundschule B geschickt werden? Ist es vertretbar, die linke Seite einer Straße einem anderen Schulsprengel zuzuweisen als die rechte? Das sind typische Fragen, über die Behördenmitarbeiter regelmäßig entscheiden müssen. Neben der sozialen Durchmischung gilt es, auch die maximale Klassengröße von 26 Kindern sowie Sicherheit und Länge der Schulwege zu berücksichtigen, die das Berliner Verwaltungsgericht vor einigen Jahren auf zwei Kilometer beschränkt hat. Der Versuch, alle diese Kriterien einzuhalten, bindet erhebliche Ressourcen. Trotzdem stößt das Ergebnis bei den Eltern regelmäßig auf Unzufriedenheit. Die Schulverwaltung kommt hier aufgrund der Komplexität der Aufgabe an ihre Grenzen. Denn auch noch so ausgefuchste Zettelwirtschaft und Excel-Listen sind kaum geeignet, eine Verteilung der Grundschulplätze zu gewährleisten, die alle formalen Bedingungen erfüllt und die Wünsche möglichst vieler Familien berücksichtigt. Hinzu kommt, gerade in Zeiten des Lehrermangels: Will eine wachsende Stadt wie Berlin immer knapper werdende Ressourcen bestmöglich auslasten, muss sie alle Effizienz-Reserven ausschöpfen.

Der Bezirk Tempelhof-Schöneberg setzt deshalb seit 2016 auf algorithmische Hilfe. Die Berliner Agentur idalab entwickelte für das dortige Schulamt ein System, das die Mitarbeiter mit relativ simpler Mathematik unterstützt. Der idalab-Algorithmus nutzt Daten wie Wohnadressen, Anzahl der künftigen Schüler, die Dichte an Sozialleistungsempfängern sowie die Standorte und Kapazitäten der Grundschulen. »Unsere Software erlaubt der Behörde, große Teile des Planungsprozesses zu automatisieren. Sie kann jetzt per Knopfdruck die Einzugsgebiete der Grundschulen hinsichtlich Auslastung und Schulweg optimieren und für dieses komplexe Verteilungsproblem sehr einfach die objektiv beste Lösung finden«, erläutert Paul von Bünau, Geschäftsführer von idalab.[8] Vorab müssen die zuständigen Mitarbeiter lediglich Kriterien wie soziale Vielfalt, Länge des Schulwegs und Klassengröße gewichten. Die Software berücksichtigt dann die Restriktionen und Präferenzen beim Zuschnitt der Schulsprengel. Das Ergebnis wird auf einer Karte visualisiert und kann händisch angepasst werden, etwa falls bestimmte Wohnblöcke bestimmten Schulen fest zugeordnet werden sollen. So lassen sich mit der Software auch alternative Szenarien prüfen, und die Beamten können simulieren, wie neue Schulstandorte sich auswirken würden.

Der Berliner Schuleinzugsrechner dient der Gesellschaft. Er berechnet – im Rahmen vorgegebener Ziele und Grenzen – die mathematisch bestmögliche Lösung für die Verteilung eines wichtigen, oft auch knappen Gutes. Die Mitarbeiter im Schulamt entledigen sich einer zeitraubenden, überkomplexen Aufgabe, behalten aber die Entscheidungshoheit, denn sie sind es, die die Kriterien gewichten. Je nachdem, welche Prioritäten sie setzen, zieht der Algorithmus die Grenzen der Schuleinzugsgebiete anders. Sofern Politik und Verwaltung die Eltern über diese Prioritäten transparent informieren, können sie durchaus auf höhere Akzeptanz ihrer mit algorithmischer Hilfe getroffenen Bescheide hoffen.

Wenn das Tischtuch zu kurz ist

Genau diese Transparenz fehlt bei der Studienplatzvergabe in Frankreich. Seit zehn Jahren nutzt die Regierung dort Algorithmen, um den jährlich rund 650 000 Abiturienten im Land einen Studienplatz zuzuweisen.[9] Jeden Sommer kämpft eine Generation von Erstsemestern darum, sich für das Wunschfach an der Wunsch-Uni einschreiben zu dürfen. Das gelingt natürlich nicht allen, denn Angebot und Nachfrage sind niemals deckungsgleich – das Interesse an Medizin oder Psychologie übersteigt nicht nur in Deutschland die tatsächlich vorhandenen Studienplätze um ein Vielfaches. Also gilt es, Zweit-, Dritt- und weitere Alternativwünsche zu berücksichtigen, um am Ende möglichst allen ein passendes Studium anzubieten und zugleich landesweit möglichst alle Studienplätze auszulasten. Eine komplexe Aufgabe, die ab 2009 ein Algorithmus übernahm. Der erste Versuch endete in einem Debakel.

Dabei war die Absicht der Regierung ehrenwert. Denn es galt als offenes Geheimnis, dass die begehrtesten Studienplätze oft über Beziehungen der Eltern vergeben wurden. Gerade in Frankreich ist es für die spätere Karriere von entscheidender Bedeutung, an einer der Grandes Écoles studiert zu haben. Die Software sollte nun die Seilschaften kappen, einzig die Qualifikation der Bewerber entscheidend sein. Obwohl Gewerkschaften, Studierendenverbände, Schülerorganisationen und Eltern dieses Ziel ausdrücklich goutierten, liefen sie trotzdem Sturm gegen die algorithmische Verteilung der Studienplätze. Denn niemand wusste, wie das Verfahren ablief und welche Kriterien den Entscheidungen zugrunde lagen. Das Bildungsministerium weigerte sich vehement, den Algorithmus zu veröffentlichen. Erst nach einem Gerichtsurteil fügte sich die Regierung – und machte es nur noch schlimmer. Sie stellte den erfolgreich klagenden Studierendenvertretern per Briefpost einen unkommentierten 250-Seiten-Ausdruck des Programmiercodes zur Verfügung. Ohne weitere Erläuterungen. Erst aufwendige Untersuchungen förderten zutage, dass der Algorithmus die Nähe des Wohnorts zur gewünschten Hochschule am stärksten gewichtete. Damit verschärfte er tendenziell bestehende soziale Ungleichheiten. Denn wer näher (und damit oft teurer) an den renommierten Hochschulen von Paris wohnte, hatte deutlich bessere Chancen auf einen dortigen Studienplatz. Das Bildungsministerium war angetreten mit dem Ziel, deren Vergabe gerechter zu gestalten, handelte sich durch Intransparenz aber Misstrauen und Verschwörungstheorien ein. Und letztlich triumphierten die Skeptiker auch noch, weil der Algorithmus fragwürdige Kriterien priorisierte und somit in der Tat erhebliche Schwächen aufwies.

Diesen politischen Bankrott wollte Frankreichs Präsident Emmanuel Macron nicht fortführen. Direkt zu Beginn seiner Amtszeit schaffte er das umstrittene System ab und ließ eine neue Software programmieren. Die Hoffnung auf Besserung war groß, wurde jedoch weitgehend enttäuscht. Auch *Parcoursup*, die im Frühjahr 2018 eingeführte Alternativlösung, ist für Außenstehende undurchschaubar. Ob das Problem sozialer Diskriminierung behoben wurde, ist zweifelhaft. Erneut konnte oder wollte das Bildungsministerium anfangs nicht erklären, wie genau die Software funktioniert. Inzwischen wurde zwar der Algorithmus – abermals ohne genauere Erläuterungen – öffentlich zugänglich gemacht, jedoch bleiben viele Fragen zum gesamten Verfahren ungeklärt. Denn bei überlaufenen Fächern entscheiden nun wieder die Fakultäten, wer einen Studienplatz erhält. Es steht zu vermuten, dass jede Hochschule nach eigenen Regeln agiert. So zieht an einer Schlüsselstelle des Vergabesystems erneut der Faktor Mensch ein, was sogar die alte Vetternwirtschaft revitalisieren und dadurch die Sprösslinge der Pariser Elite bevorzugen könnte.

Vielleicht ist es *Parcoursup* aber derzeit auch gar nicht möglich zu reüssieren, unerheblich nach welchen Kriterien die Software entscheidet. Denn in Frankreich fehlen aktuell einige zehntausend Studienplätze. Das Tischtuch ist und bleibt zu kurz, daran kann der Algorithmus noch so virtuos herumzupfen. Der Ressourcenmangel macht die Verteilung zu einem unlösbaren Problem. *Parcoursup* erzielt im besten Fall gewisse Effizienzgewinne. Sein Output wird trotzdem nicht als zufriedenstellend wahrgenommen, weil viele Studienbewerber außen vor bleiben. Wo Ressourcen im System fehlen, ist der effizienteste Algorithmus machtlos. Eine solche politische Herausforderung kann nicht maschinell gelöst werden.

Ob Brandbekämpfung oder Schul- und Studienplatzvergabe: Die Beispiele in diesem Kapitel zeigen, dass mathematische Modelle bei der Verteilung öffentlich organisierter Güter eine große Hilfe sein können. Grundbedingung dafür ist, dass sie samt ihrer Datengrundlage intensiv getestet und transparent gemacht werden. Dann sind intelligente Maschinen in der Lage, knappe Ressourcen effizienter, passgenauer und fairer zu verteilen als Menschen. Doch diese Optimierung findet genau da ihre Grenzen, wo echter Mangel herrscht. Die beste Software zaubert kein fehlendes Personal oder Geld herbei. Algorithmen dürfen keinesfalls als Deckmantel zur Verschleierung menschlicher Verantwortung missbraucht werden. Sonst gehen die Bürger auch deswegen zu Recht auf die Straße oder entladen ihren Zorn im Netz.

11

Prävention: Gewisse Zukunft

Felix Bode im nordrhein-westfälischen Landeskriminalamt (LKA) erschließt sich die kriminelle Großwetterlage auf einen Klick.[2] Eine Computersimulation zeigt das Stadtgebiet von Köln. Linksrheinisch scheint Chorweiler ein heißes Pflaster zu sein, der Stadtteil verbirgt sich unter einer dunkelorangen Wolke. Im benachbarten Merkenich ist die Lage offensichtlich ruhiger, obwohl die schwefelgelbe Einfärbung des Zentrums auch nicht vertrauenerweckend wirkt. Etwas weiter draußen hingegen, über Auweiler, ist der Himmel ungetrübt. Auf Bodes Bildschirm kann man ablesen, wo in den Tagen zuvor das Verbrechen gewütet hat. Einbrüche in Wohnungen und Gewerberäume, Diebstähle von und aus Autos – für alle 16 polizeilichen Großbehörden des Bundeslandes werden diese Delikte ins Computerprogramm *SKALA* eingepflegt. Das Programm erstellt dann sogenannte *Heatmaps*, die sofort erkennen lassen: Das Böse ist eben nicht immer und überall, sondern es konzentriert sich auf Hotspots. Bode wäre allerdings nicht wissenschaftlicher Leiter der Kriminalistisch-Kriminologischen Forschungsstelle im LKA, und das Akronym *SKALA* stünde nicht für »System zur Kriminalitätsanalyse und Lageantizipation«, wenn sein Programm nicht noch mehr leisten könnte. *Heatmaps* zu generieren, ist schließlich keine große Kunst mehr. Die meisten Verkehrsunfälle, die häufigsten Staus, die beliebtesten Joggingstrecken: Eine Vielzahl an Apps kann inzwischen statistische Daten auf einer Landkarte visualisieren.

Was die Kriminologen vom LKA wirklich interessiert, ist weniger die Vorwoche, sondern vielmehr die Folgewoche. Der entscheidende Buchstabe in *SKALA* ist das zweite A, das für Antizipation steht. Felix Bode möchte erfahren, wo in den kommenden Tagen die Wahrscheinlichkeit, dass in Wohnungen eingebrochen wird oder Autos gestohlen werden, höher ist als üblich. Die Einsatzleiter sollen ihre Beamten zu den Tatorten der Zukunft schicken können, damit geplante Gesetzesübertretungen erst gar nicht stattfinden. *Predictive Policing* heißt das im Englischen, vorausschauende Polizeiarbeit. Es ist ein Oberbegriff für verschiedene Modelle und Software-Anwendungen, die per Datenanalyse dafür sorgen sollen, dass Polizisten zur richtigen Zeit am richtigen Ort sind. Für diese Art von Kriminalitätsprognosen ist das Düsseldorfer LKA Vorreiter in Deutschland.

Seit 2015 setzt Nordrhein-Westfalen algorithmische Systeme zur Prävention von Wohnungseinbrüchen ein, inzwischen haben mit Berlin, Hessen, Niedersachsen, Bayern und Baden-Württemberg fünf weitere Bundesländer nachgezogen.[3] Dabei war die Skepsis anfangs auch in Düsseldorf groß. »Ab 2013 hörte man erstaunliche Erfolgsmeldungen aus den USA. Nach dem Motto: Man braucht nur eine bestimmte Software und wartet, bis der Dieb vorbeikommt«, erinnert sich Joachim Eschemann, der das *SKALA*-System im LKA mitentwickelt hat und inzwischen im NRW-Innenministerium das Referat für Kriminalitätsangelegenheiten leitet.[4] Medienberichte entwarfen das Bild einer sicheren Gesellschaft durch moderne Technologie. Eine Gesellschaft, in der die Guten den Bösewichten zumeist einen Schritt voraus sind, in der Verbrechen aufgeklärt werden, bevor sie passieren. Gruselig, schrieben manche Journalisten. Nicht möglich, sagten Eschemann und seine LKA-Kollegen: »So einfach geht das nicht. Schließlich handelt es sich bei Kriminalität um gesellschaftliche Prozesse mit ganz vielen Ursachen. Das kann man nicht einfach vorhersagen.«[5]

Doch die Ermittlungsbehörden standen zu jener Zeit unter Druck. Die Zahl der Wohnungseinbrüche in Nordrhein-Westfalen war erheblich gestiegen, die Aufklärungsquote auf unter 14 Prozent gefallen.[6] Also machte sich das LKA an die Arbeit. Innerhalb von neun Monaten entwickelte das Team um Eschemann die *SKALA*-Software, der wie vielen vergleichbaren Systemen die sogenannte *Near-Repeat*-Theorie zugrunde liegt. Demnach gleicht das Auftreten von Kriminalität dem von Erdbeben: Wo die Erde bebt, folgt wahrscheinlich kurz darauf ein Nachbeben. Genauso konzentrieren sich auch Verbrechen auf bestimmte Stadtteile und Opfergruppen.[7] Der Einbrecher ist eben auch nur ein Gewohnheitstier. Um Risiken zu vermeiden und den Aufwand bei der Suche nach dem nächsten Tatobjekt möglichst gering zu halten, bevorzugt er Gegenden, in denen er sich auskennt.[8] Deshalb können Softwareprogramme anhand von nur drei Datenpunkten – Ort, Zeit und Art des Vergehens – mit verhältnismäßig einfachen statistischen Modellen vorhersagen, wo das Risiko weiterer krimineller Taten besonders hoch ist.

Die Software des nordrhein-westfälischen Landeskriminalamts lässt sogar noch erheblich mehr Daten in ihre Berechnungen einfließen, etwa über Bebauung, demografische Struktur, Wetter oder aktuelle Verkehrslage. Handelt es sich um ein Quartier mit mehr Hochhäusern oder mehr Einfamilienhäusern? Sind sie alarmgesichert? Gibt es viele Gärten? Wie hoch sind das durchschnittliche Alter und der Bildungshintergrund der Bewohner? Ist gerade Ferienzeit? Und wird es in den nächsten Tagen viel regnen? All diese Faktoren beeinflussen die Einbruchswahrscheinlichkeit. *SKALA* verarbeitet die Daten, um seine Prognosen immer weiter zu verfeinern. Natürlich ist das System nicht in der Lage, konkrete Verbrechen vorherzusagen. Aber es kann unter den Wohngebieten, die nicht zu den bekannten Hotspots zählen, solche identifizieren, in denen das Einbruchsrisiko drei- bis viermal höher ist als anderswo. Einmal wöchentlich gibt das LKA die Prognosedaten an die lokalen Polizeibehörden weiter. Klassischerweise werden die Daten genutzt, um Sondereinsätze wie Verkehrskontrollen zu planen oder um Polizeistreifen stärkere Präsenz zeigen zu lassen. Die Prognosen nehmen die Beamten auch zum Anlass, um die Anwohner der gefährdeten Gebiete über Schutzmaßnahmen aufzuklären.

Seit *SKALA* im Einsatz ist, ist die Zahl der Wohnungseinbrüche in Nordrhein-Westfalen stark zurückgegangen. Im ersten Halbjahr 2018 sank sie auf den niedrigsten Stand seit sechs Jahren.[9] Zwar ist der Beitrag von *SKALA* zu diesem Erfolg nicht exakt zu beziffern, doch die Evaluation ergab auch eine ganze Reihe unerwarteter, positiver Nebeneffekte: Verschiedene Polizeieinheiten arbeiten besser zusammen und die visuelle Aufbereitung der Daten ermöglicht den Behörden zudem die Analyse vergangener Kriminalität. Aus dem einstigen Skeptiker Eschemann ist längst ein *Predictive-Policing*-Vordenker geworden. Dabei hält er das Grundprinzip der algorithmischen Prognosesysteme nicht für revolutionär: »Was *SKALA* macht, ist im Grunde nichts Neues«, erklärt Eschemann.

»Gewisse Gebiete wurden auch früher schon besonders gekennzeichnet. Das diente den Beamten als Orientierungshilfe. Der entscheidende Unterschied ist, dass wir uns dabei ausschließlich auf von Hand ausgewertete Daten und auf das kriminalistische Gespür der Kolleginnen und Kollegen verlassen mussten. Heute haben wir zusätzlich Software, die unsere Einschätzungen zu objektivieren hilft. Risikogebiete können so sehr viel präziser eingrenzt werden, als dies allein durch menschliche Prognosen möglich wäre.«[10]

Der alte Traum vom Blick in die Zukunft

Es ist evolutionär bedingt, dass Menschen seit jeher versuchen, zukünftige Ereignisse zu erahnen. Wann sich Tiere an bestimmten Stellen aufhalten, wann es regnet oder wann Angriffe drohen, waren zu Zeiten der Jäger und Sammler überlebenswichtige Fragen. Präventives Handeln sicherte der Gemeinschaft Nahrung, Schutz und eine gestärkte Widerstandskraft im Krisenfall.

Der Traum, die Zukunft vorhersagen zu können, ist so alt wie die Menschheit selbst. Mangels eigener Statistik-Kenntnisse galten solche Fähigkeiten den Menschen lange Zeit als etwas Göttliches oder Magisches. Das Orakel von Delphi, die wichtigste Weissagungsstätte des antiken Griechenlands, war ein Inbegriff solch göttlicher Macht. Auch im weiteren Verlauf der Geschichte lag die Deutungshoheit über die Zukunft oft in den Händen von Geistlichen. Das änderte sich mit der mathematisch geprägten Aufklärung im 18. und 19. Jahrhundert, die ein starkes Interesse daran erwachsen ließ, »das Morgen auszurechnen«.[11] Statistische Modelle wurden entwickelt, um aus Aufzeichnungen über Vergangenes die Wahrscheinlichkeit kommender Ereignisse abzuleiten. Der israelische Historiker Yuval Noah Harari fasst diesen Kompetenzgewinn in seinem Bestseller *Homo Deus* treffend zusammen: »Entsprechend bestand die eigentliche religiöse Revolution der Moderne nicht darin, den Glauben an Gott zu verlieren, sondern den Glauben an die Menschheit zu gewinnen.«[12]

Bis dahin war es allerdings ein langer Weg. Versuche, das Wetter zu erklären und vorherzusagen, sind seit dem Altertum überliefert. Doch über viele Jahrhunderte wurden Sonnenschein, Regen, Sturm, Hagel und

Gewitter landläufig mit göttlicher Fügung oder Hexerei erklärt. Wie sonst sollte man die Ohnmacht aushalten, sich von scheinbar willkürlichen Wetterkapriolen in seiner Existenz bedroht zu sehen? Die Abhängigkeit des Menschen von der Witterung ist auch heutzutage noch hoch, etwa in der Landwirtschaft oder der Schifffahrt. Auch die Vorhersage von Wirbelstürmen kann viele Menschenleben retten. Insofern ist es nicht verwunderlich, dass ausgerechnet die Hoffnung auf genauere Wetterprognosen in den 1950er und 1960er Jahren die treibende Kraft hinter dem Bau der ersten Supercomputer war. Dank mehr und präziserer Daten, immer leistungsfähigerer Rechner, der Vernetzung von Messstationen und besserer Algorithmen ist die Qualität der Vorhersagen seitdem enorm gestiegen. 2008 war eine Prognose für die gesamte nächste Woche bereits treffsicherer als zu Beginn des Computerzeitalters 1968 für die folgenden zwei Tage.[13]

Andere Algorithmen sollen heute die Entwicklung von Aktienkursen, politischen Stimmungen oder sogar Krankheitsverläufen vorhersagen. Immer noch werden solche Prognosen mit Science-Fiction-Narrativen in Verbindung gebracht. Arthur C. Clarke, einer der bekanntesten Schriftsteller dieses Genres, machte daraus ein Erfolgsrezept für seine Literatur: »Jede hinreichend fortschrittliche Technologie ist von Magie nicht zu unterscheiden.«[14] Tatsächlich handelt es sich in all diesen Fällen um eine Kombination aus komplexer Mathematik und angewandten Theorien aus der jeweiligen Fachpraxis. Es sind keine Schamanen, sondern ausgewiesene Experten aus Meteorologie, Finanzwirtschaft, Demoskopie oder Medizin, die zusammen mit Informatikern an mehr oder weniger präzisen Modellen zur Vorhersage der Zukunft tüfteln.

Algorithmische Lebensretter

Nach einem Herzinfarkt ist der Kampf ums Überleben ein Wettrennen gegen die Zeit. Je länger das Herzmuskelgewebe von der Sauerstoffzufuhr abgeschnitten bleibt, desto höher die Todesgefahr. Jede Minute ohne Reanimation verringert die Wahrscheinlichkeit einer erfolgreichen Wiederbelebung um zehn Prozent. Deshalb werden Herzpatienten in Krankenhäusern permanent von Medizintechnik überwacht. Wenn einer der gemessenen Gesundheitswerte auf einen unmittelbar bevorstehenden Infarkt oder ein Kammerflimmern hindeutet, schlagen die Geräte Alarm. Doch häufig kommt diese Warnung zu spät. Obwohl sie sich bereits in einem Krankenhaus befinden, erleiden in den USA jährlich bis zu 400 000 Menschen eine tödliche Herzattacke, weil die Ärzte nicht schnell genug auf den Notfall reagieren können.[15]

Rechnet man die Erfahrungen des St. Joseph Mercy Oakland Hospital auf die gesamten USA hoch, könnten jedes Jahr knapp 140 000 Herzpatienten in amerikanischen Kliniken durch Algorithmen gerettet werden. Denn in dem Krankenhaus nördlich von Detroit hat eine neue Software die Sterberate von Risikopatienten innerhalb von vier Jahren um gut ein Drittel reduziert.[16] *Visensia – the Safety Index* heißt das algorithmische System einer britischen Softwarefirma, das über Sensoren zunächst dieselben Vitalwerte wie herkömmliche Geräte misst: Blutdruck, Herz- und Atemfrequenz, Puls und Temperatur. Neu aber ist, dass ein Algorithmus die Werte in ihrem Zusammenspiel analysiert. Alarm schlägt er nicht erst, wenn ein einzelner Wert erheblich aus der Norm läuft, sondern bereits deutlich früher, wenn mehrere Werte zugleich geringere Auffälligkeiten zeigen.[17] Eine Auswertung der Daten von über 20 000 Herzpatienten hatte ergeben, dass sich meist schon einige Stunden vor einem lebensbedrohlichen Kammerflimmern solche Muster in den Gesundheitswerten abzeichnen – lange bevor herkömmliche Medizintechnik die Ärzte warnt. Das medizinische Personal im St. Joseph Mercy Oakland Hospital gewinnt dadurch oft die entscheidenden Stunden und Minuten, um mit präventiven Maßnahmen Schlimmeres abzuwenden.

Experten sind sich einig, dass Prävention aufgrund algorithmisch erstellter Prognosen künftig eine deutlich größere Rolle in der medizinischen Versorgung spielen wird. Dank Datenanalysen können Forscher Erkrankungen und Alterungsprozesse immer besser verstehen. Dies wird Ärzten ermöglichen, Krankheiten nicht nur erfolgreicher zu heilen, sondern sie auch wirksamer zu verhindern.[18]

Menschen schützen durch Prävention: Dieses Ziel unterstützen Algorithmen auch außerhalb von Polizeibehörden und Krankenhäusern. Sie können in großen Datenmengen leichter Muster erkennen und somit auch statistische Prognosen besser treffen als wir Menschen. In einigen

US-Bundesstaaten setzen Jugendämter Software ein, die das Risiko von Kindesmissbrauch beziffern und die vorsorgende Sozialarbeit unterstützen soll.[19] Facebook kündigte im Herbst 2017 in den USA einen Algorithmus an, der die Stimmung eines Menschen anhand seiner geposteten Fotos und Texte einschätzen kann. Das System soll angeblich auch erkennen, ob jemand suizidgefährdet ist, um in diesem Fall Hilfe anzubieten.[20] In Deutschland begehen jährlich rund 10 000 Menschen Selbstmord, das sind doppelt so viele Tote wie durch Verkehrsunfälle und Drogenmissbrauch zusammen. Wenn intelligente Maschinen dabei helfen können, diese Zahl zu verringern, braucht es gute Argumente, solche Möglichkeiten ungenutzt zu lassen. Doch ein Unbehagen bleibt. Denn die Entwicklung prädiktiver algorithmischer Systeme geht unweigerlich einher mit einer zunehmenden Vermessung und Überwachung unserer selbst. Die so gewonnenen Informationen können uns schützen – oder schaden.

Auf der Liste der Bösen

Diese Ambivalenz verdeutlicht das Beispiel der Datenbank, mit der die Chicagoer Polizei jeden erfasst, der einmal in Gewahrsam genommen oder erkennungsdienstlich behandelt wurde. Das betrifft fast 400 000 Menschen, mehr als ein Siebtel der Einwohnerschaft von Chicago.[21] Für sie berechnet seit 2013 ein algorithmisches System tagtäglich einen Wert zwischen 1 und 500. Die Polizei glaubt: Je höher dieser ausfällt, desto größer das Risiko, dass jemand als Täter oder Opfer in eine Schießerei verwickelt wird.[22] »In Deutschland wäre es mit dem verfassungsgerichtlich garantierten Recht auf informationelle Selbstbestimmung kaum vereinbar, einen solchen Risikowert zu erheben und zu nutzen.«[23] Die Polizei in Chicago hingegen erstellt basierend darauf eine *Strategic Subject List*. Wie diese Liste genutzt werden soll, haben die Ermittlungsbehörden nie öffentlich erklärt. Nur dank der Recherchen des amerikanischen Think Tanks RAND wurde bekannt, dass ursprünglich Personen ab einem Wert von 250 eine sogenannte Gefährderansprache erhalten sollten. Diese Risikogruppe umfasst mindestens 280 000 Menschen. Polizisten und Sozialarbeiter, so der Plan, würden ihnen Beratung anbieten und beim Ausstieg aus Gangs oder gewaltbereiten Kreisen behilflich sein. Genau wie bei den in Deutschland genutzten ortsbezogenen *Predictive-Policing*-Systemen liegt auch dieser personenbezogenen Variante die Hoffnung zugrunde, dass ihr Einsatz künftige Kriminalität verhindern möge. Das eigentliche Ziel der *Strategic Subject List* lautet also Prävention.

Die polizeiliche Praxis jedoch sieht anders aus. Laut RAND dient die Risikoliste der Polizei als Ermittlungswerkzeug.[24] Nicht Verhinderung, sondern Aufklärung von Verbrechen heißt die neue Zweckbestimmung. Nach Schießereien oder Morden befragen die Ermittler nun erstmal jene Menschen, die sich auf der *Strategic Subject List* befinden und in irgendeiner Verbindung zum Tatgeschehen stehen könnten. Dabei wurde zu keinem Zeitpunkt diskutiert oder gar getestet, ob sich die Prognosen des algorithmischen Systems überhaupt für Ermittlungen eignen. Das ist mehr als zweifelhaft, unterscheidet der Algorithmus doch nicht einmal zwischen potentiellen Tätern und Opfern, die somit in großer Zahl ungeprüft Eingang in den Kreis der Verdächtigen finden, ohne darüber überhaupt informiert zu werden.[25] Die Zweckentfremdung jenseits der Prävention konterkariert zudem die Unvoreingenommenheit der ermittelnden Beamten.

Das Problem liegt in Chicago vor allem darin, dass es für den Umgang mit der *Strategic Subject List* keine eindeutigen Regeln gibt. Ihr Zweck wurde gegenüber den Polizeibeamten nie klar benannt, obwohl jeder Polizist auf sie zugreifen darf.[26] Es unterblieb eine unmissverständliche und offensive Kommunikation nach innen. Dabei ist diese auch nach den Erfahrungen von Joachim Eschemann unverzichtbar: »Ein Ergebnis aus dem *SKALA*-Projekt war, dass man gar nicht genug interne Aufklärung betreiben kann. Es ist für eine moderne Polizei auch absolut nötig, dass jeder weiß und versteht, womit er es als Informationsgrundlage zu tun hat.«[27] In Fortbildungen werden die Polizisten deshalb sensibilisiert für das Konzept präventiver Arbeit und deren Abgrenzung zur traditionellen Ermittlungsarbeit. »Das ist ein ganz wesentlicher Erfolgsfaktor. Sonst ist das Risiko groß, dass eine Neuerung entweder abgelehnt oder falsch eingesetzt wird«, erklärt Eschemann.[28]

Dies gilt für *Predictive Policing* genauso wie für Algorithmen, die in Krankenhäusern genutzt werden. Auch Ärzte und Pflegekräfte müssen umfassend zu den Möglichkeiten und Grenzen neuer Software-Anwendungen geschult werden, damit sie verstehen, wo sie ihnen wirklich helfen und wie ihre Ergebnisse zu interpretieren und gegenüber Patienten und Angehörigen zu vermitteln sind. Kompetenz ist der beste Schlüssel zu erfolgreicher Prävention (siehe Kapitel 17).

Die Spirale der schlechten Daten

Algorithmen sind immer nur so gut wie die Datensätze, mit denen sie trainiert werden. Diese sind leider häufig lückenhaft oder verzerrt, beispielsweise weil sie bestimmte Personengruppen nicht ausreichend repräsentieren (siehe Pymetrics in Kapitel 12). Auch die analoge Welt kennt dieses Phänomen. Weil Crashtest-Dummys noch bis vor wenigen Jahren ausschließlich dem durchschnittlichen männlichen Körper nachgebaut waren, hatten Frauen ein um 50 Prozent höheres Risiko, bei einem Autounfall zu sterben. Bei der Simulation von Unfällen im Testlabor beachtete man nicht, dass sie andere Körpermaße haben, folglich wurden die Sicherheitssysteme in den Autos für Männer optimiert.[29] Algorithmische Systeme bergen ähnliche Probleme. Führende Bilderkennungsprogramme von Microsoft, IBM und Face++ funktionieren bei Männern allesamt erfolgreicher als bei Frauen und bei Personen mit heller besser als bei denen mit dunkler Hautfarbe (siehe Kapitel 15).[30] Ungeachtet dessen kommt solche Software heute bereits an vielen Flughäfen bei der automatisierten Passkontrolle zum Einsatz.

Auch die algorithmisch unterstützte Polizeiarbeit ist anfällig für Verzerrungen. Wenn Schwarze überdurchschnittlich oft von den Beamten überprüft werden, sind sie in der Datenbasis überrepräsentiert. Das führt dazu, dass sie noch stärker ins Visier der Polizei geraten – eine sich selbstverstärkende Feedbackschleife entsteht. Denn: Wo mehr kontrolliert wird, lässt sich meist auch mehr finden.

Dieser Spirale der schlechten Daten wollte Tim Birch seine Behörde nicht aussetzen. Birch leitet die Abteilung für Forschung und Planung im Oakland Police Department. Auf den Einsatz von *PredPol*, der international verbreitetsten *Predictive-Policing*-Software, hat er bewusst verzichtet. Seine Begründung: Der Einsatz prädiktiver Systeme führe zu unverhältnismäßig vielen Kontrollen von Afro-Amerikanern, Hispano-Amerikanern und anderen Minderheiten. In einem Testlauf hatte die Software die

Beamten fast ausschließlich in Oaklands einkommensschwächere Viertel mit hohem Migrationsanteil auf Streife geschickt.[31]

Ein radikaler Verzicht auf Algorithmen ließe jedoch Präventionspotenziale ungenutzt. Um Diskriminierung zu verhindern, muss vielmehr das selbstverstärkende Feedback durchbrochen werden. Das US-amerikanische *Predictive-Policing*-Programm *HunchLab* fügt deshalb Zufallsparameter ein, die dafür sorgen, dass Beamte auch in Quartieren anzutreffen sind, in die der Algorithmus sie eigentlich nicht entsenden würde.[32] Auch in Nordrhein-Westfalen führt das LKA regelmäßig »Blindtests« durch und schickt Polizisten in von der Software als unproblematisch eingestufte Gebiete. Dadurch stehen Vergleichsdaten zur Verfügung, die ansonsten fehlen, aber zur Qualitätssicherung benötigt werden. Hilfreich sind auch zivilgesellschaftliche und wissenschaftliche Initiativen, die eigene repräsentative Datensets erstellen oder fremde auf Verzerrungen hin überprüfen (siehe Kapitel 15 und 16).

Symptombekämpfung 4.0

Zur Prävention sind Algorithmen immer nur das Werkzeug. Sie können Probleme vorhersagen, aber nicht lösen. Es braucht Menschen, die ihre Prognosen interpretieren und konkrete Vorsorgemaßnahmen ergreifen. Wenn es nicht genug Sozialarbeiter, nicht genug Ärzte, nicht genug Polizisten gibt, dann hilft auch die beste Vorhersage nur wenig. Doch gerade Projekte, die ihre positive Wirkung erst längerfristig entfalten, sind häufig unterfinanziert. So wie im Fall der *Strategic Subject List* in Chicago, wo die Idee der Gefährderbesuche an fehlendem Personal scheiterte. Der Einsatz von Algorithmen entlastet Präventionsprojekte also keineswegs von der Notwendigkeit einer hinreichenden personellen und finanziellen Ausstattung.[33]

Intelligente Maschinen sind durchaus dazu angetan, die wahren Wurzeln der Probleme zu verkennen. Korrelationen und Kausalitäten zu unterscheiden, ist nicht ihr Metier. Rechnerisch lässt sich ein Zusammenhang zwischen Schokoladenkonsum und Nobelpreisen ebenso herstellen wie zwischen der Population von Störchen und der Geburtenrate.[34] Diese Korrelation ist statistisch zwar einwandfrei nachweisbar, kann aber trotzdem nicht als Beleg für die Vorstellung dienen, dass der Klapperstorch die Babys bringt. Denn der dritte Faktor, dass auf dem Land grundsätzlich mehr Kinder geboren werden als in der Stadt und Störche zugleich selten in urbanem Umfeld nisten, ist für die Korrelation entscheidend. Auch massive Investitionen in die Storchenaufzucht würden demnach kein demografisches Problem beheben.

Die in diesem Kapitel dargestellten Positiv-Beispiele vorsorgender Algorithmen können Leben retten und zu einer sichereren Gesellschaft beitragen. Doch sie bekämpfen letztlich kaum mehr als Symptome. Prävention sollte früher ansetzen als bei Maßnahmen, die einen Einbruch durch größere Polizeipräsenz oder eine Herzattacke durch schnellere ärztliche Intervention verhindern. Noch wichtiger ist es, die strukturellen Ursachen gesellschaftlicher Probleme besser zu verstehen und genau dort aktiv zu werden. Wahre Prävention bedeutet Investitionen in Bildung, in Gesundheitsaufklärung und in den Abbau sozialer Ungleichheit.

Zukünftig schuldig

Bei der Symptombekämpfung stehenzubleiben, kann man Richard Berk nicht vorwerfen. Seine Ursachenforschung allerdings geht vielen zu weit. Sie wirft wichtige moralische Fragen auf: Wie weit darf der automatisierte Blick in die Zukunft reichen? Wo ist die Grenze zwischen wirksamer Prävention und verbotenem Eingriff in das Recht auf menschliche Selbstbestimmung? Der amerikanische Wissenschaftler arbeitet in Norwegen an einem algorithmischen System, das schon bei Geburt eines Kindes vorhersagen soll, ob es vor seinem 18. Geburtstag kriminell wird. Grundlage dafür ist die sogenannte Identifikationsdatei der norwegischen Regierung, die darin riesige Mengen an Informationen über ihre Bürger sammelt. Berk nutzt neben Angaben über die Eltern auch demografische Daten über die Umgebung, in der ein Kind aufwachsen wird.[35] Noch können die Ergebnisse nicht überzeugen, viele halten Berks System nur für theoretische Spielerei. Doch sollten die Prognosen tatsächlich eine hohe Verlässlichkeit erreichen, stellen sich spätestens dann Fragen von hoher ethischer Komplexität im Umgang mit »zukünftig Schuldigen«: Dürfen solche Vorhersagen genutzt werden, um Betroffenen Hilfe anzubieten?

Können präventive Maßnahmen greifen, ohne Kind und Familie vorzu-
verurteilen? Und wie wirkt sich all das auf die Psyche der Eltern und des
Kindes aus? Berks Algorithmus opfert, sofern er funktioniert, das individuelle Persönlichkeitsrecht dem gesellschaftlichen Wunsch nach mehr
Sicherheit. Das stellt unser bisheriges Rechtsempfinden und Grundrech-
tesystem, das auf der Unschuldsvermutung basiert, in Frage. Salil Shetty,
Generalsekretär von Amnesty International, befürchtet:»Wenn Menschen
als Kriminelle behandelt werden, wenn sie nicht einmal die Absicht hatten, Verbrechen zu begehen, werden unsere Vorstellungen von Unschuld
und Schuld völlig untergraben.«[36]

Richard Berk ist nicht der Einzige, der mit algorithmischer Unterstützung das Aufwachsen von Kindern vorhersagen und beeinflussen möchte.
Der Wunsch, der dahintersteht, ist nicht neu. Bildungseinrichtungen
haben seit jeher in jedem staatlichen System den Auftrag, ein bestimmtes Menschen- und Gesellschaftsbild zu vermitteln. Eltern wiederum
sind für kaum etwas anderes bereit, so viel Mühe und Geld aufzuwen-
den wie für das gelingende Aufwachsen ihrer Kinder. Davon zeugen breite
Regale von Erziehungsratgebern in den Buchhandlungen. Kein Wunder,
dass findige Programmierer hier ebenfalls interessante Erkenntnisse und
Geschäftsmöglichkeiten wittern. Vivienne Ming, die ihren Sohn per Algorithmus eigenhändig auf seine Diabeteskrankheit eingestellt hat (siehe
Kapitel 5), ist eine von ihnen. Sie hat *Muse* entwickelt. Diese App zeigt
Eltern, so verspricht es Ming in einem Werbeclip,»was Sie heute machen
können, um das lebenslange Potenzial Ihres Kindes zu maximieren«.[37]
Die auf kognitiver Modellierung und maschinellem Lernen basierende
Anwendung befragt Eltern über ihre Erziehungsmethoden und das Verhalten ihrer Kinder. Anhand dieser Daten prognostiziert *Muse* die zukünftige Zufriedenheit, das spätere Einkommen und die Lebenserwartung
der Kinder – und gibt Tipps, wie Mütter und Väter angeblich dafür sorgen können, dass ihr Kind zu einem glücklicheren, besserverdienenden
und gesünderen Menschen wird.[38] »Hat Ihr Sohn diese Woche ein neues
Essen probiert?«, »Haben Sie mit Ihrer Tochter in den letzten fünf Monaten eine Bibliothek besucht?«, so und ähnlich klingen die Fragen, die die
App stellt. Bald soll das System auch selbstgemalte Bilder und Tonaufnahmen der Kinder analysieren. »We want to change the person you're

going to become«, lautet einer der Werbeslogans von Vivienne Ming.[39] Er offenbart einen rasanten Wertewandel innerhalb nur einer Generation. Ob unter ihren Kunden jemand ist, der als Jugendlicher früher das T-Shirt mit dem Aufdruck »Wir sind die Leute, vor denen uns unsere Eltern stets gewarnt haben« getragen hat?

Mings App steht exemplarisch für das große Spannungsverhältnis zwischen Hoffnung und Gefahr algorithmischer Prävention. Auf der einen Seite existiert der Wunsch, seinem Nachwuchs durch reflektiertes, vorsorgendes Handeln ein besseres Leben zu ermöglichen. Dem entgegen steht die Sorge vor maschineller Manipulation, wenn Empfehlungen eines Algorithmus die individuelle Persönlichkeitsentwicklung beeinflussen. »Mit unseren Daten können wir herausfinden, welche sexuelle Orientierung ein Kind hat, bevor die Eltern oder ein Kind das selbst wissen«, sagt Ming.[40] Und fügt hinzu, sie würde diese Information niemals den Eltern oder gar Dritten mitteilen. Ganz abgesehen davon, ob derartige Beteuerungen ausreichen: Wenn Algorithmen mehr über uns wissen als die Menschen, die uns am nächsten sind, vielleicht sogar mehr als wir selbst, und uns auf dieser Grundlage empfehlen, wie wir uns verhalten sollten, bedeutet das eine deutliche Machtverschiebung mit großem Missbrauchspotenzial. Der freie Wille und die freie Persönlichkeitsentfaltung werden in Teilen einer Fernsteuerung unterworfen. Mathematik macht den perfekten Lebensweg greifbar.

Technische Innovationen heben alte Grundsatzfragen immer wieder neu auf die Tagesordnung. In den USA wird bereits ein algorithmisches System eingesetzt, das das Sterberisiko von Patienten innerhalb eines Zeitfensters von drei bis zwölf Monaten berechnet. Dadurch möchte man unheilbar Kranken frühzeitig eine häusliche Palliativversorgung ermöglichen.[41] Die Prognosequalität der Software ist nachweislich höher als die der Ärzte. Ihr Einsatz verschärft aber moralische Fragen, die eng mit dem Diskurs über den Wert des Lebens verbunden sind und seit jeher die Ethikkommissionen in der Medizin beschäftigen. Wie viel darf die Behandlung eines unheilbar Kranken noch kosten, wenn schon feststeht, dass ihm nicht mehr viel Zeit bleibt? Welche Therapie ist gerechtfertigt, um ein Menschenleben ein Jahr, einen Monat oder vielleicht nur eine Woche zu verlängern? Und wer – Patient, Angehörige, Ärzte oder gar Krankenkassen –

entscheidet letztlich darüber, nach welchen Maßstäben das geschehen oder unterbleiben soll?

Schon heute versucht die Versorgungsforschung, das subjektive Gut Gesundheit messbar zu machen und Teile dieser Fragen zu beantworten. So steht ein *QALY*, kurz für »quality adjusted life year«, für ein Lebensjahr bei voller Gesundheit und ermöglicht eine Kosten-Nutzen-Analyse von medizinischen Maßnahmen. Der Wert einer Therapie wird also sowohl in Lebensdauer als auch in Lebensqualität bemessen. Schenkt ein Medikament für 50 000 Euro einem Patienten zwei zusätzliche gesunde Lebensjahre, kostet es 25 000 Euro pro *QALY*. Bringt es zum gleichen Preis nur sechs zusätzliche Monate, kostet es 100 000 Euro pro *QALY*.[42] In Großbritannien hat man sich beispielsweise vorgenommen, nicht mehr als 30 000 Pfund pro *QALY* auszugeben.[43] Die Konsequenzen solcher Obergrenzen sind mit den heutigen Prognosealgorithmen keine theoretischen Gedankenexperimente mehr, die ethische Abwägung zwischen individuellem Nutzen und kollektiver Wirtschaftlichkeit wird zur praktischen Herausforderung im Versorgungsalltag.

Unser Gemeinwesen steht vor der Entscheidung, wie es mit den immer präziseren Vorhersagen umgehen soll. Das Spektrum möglicher Reaktionen reicht vom Verbot bis zur forcierten Umsetzung in präventive Maßnahmen. Wenn wir als Gesellschaft die Chancen algorithmischer Vorsorge nutzen wollen, zwingt uns das dazu, widerstreitende Werte gegeneinander abzuwägen. Im Zentrum steht die Frage, wie wir den zukünftigen Schutz der Gesellschaft gegenüber den Grundrechten des Individuums im Hier und Jetzt bewerten. Das ist kein gänzlich unbekanntes Problem: Deutschland verpflichtete 1874 mit der Einführung des Reichsimpfgesetzes alle Bürger dazu, ihre Kinder gegen die Pocken immunisieren zu lassen. Die Impfpflicht wurde zwischenzeitlich immer wieder gelockert und wieder verschärft, zuletzt Mitte der 1970er Jahre abgeschafft und in der jüngsten Vergangenheit politisch neu diskutiert.

Das Beispiel zeigt: Die Abwägung zwischen den Gütern »Schutz der Gemeinschaft« versus »Selbstbestimmungsrecht und Unversehrtheit des Individuums« ist eine politische Entscheidung. Dafür gelten bekannte Maßstäbe: Wie schwerwiegend ist der notwendige Eingriff in das einzelne Leben? Wie groß ist das Risiko, dass ein befürchtetes Ereignis eintritt?

Und sollte es eintreten, wie weitreichend wären die Auswirkungen auf die Gesellschaft? Die Abwägung, wo Freiheit und Rechte des Individuums zugunsten kollektiver Interessen eingeschränkt werden dürfen, kennt aber kein eindeutig richtiges oder falsches Ergebnis, erst recht nicht auf Dauer. Denn im Laufe der Zeit ändern sich auch unsere Vorstellungen von dem, was wir für ethisch angemessen halten.

Für die algorithmische Prävention bedeutet das: Wir müssen immer wieder gesellschaftlich darüber debattieren, streiten und letztlich politisch entscheiden, wie viel wir überhaupt über die Zukunft wissen wollen und wo der prognostische Blick nach vorn ausdrücklich begrenzt werden soll. Vieles, was auf den ersten Blick verheißungsvoll klingen mag, entpuppt sich auf den zweiten Blick als ethische Gratwanderung. Denn Menschen haben auch das Recht, die Zukunft nicht zu kennen. Nicht alle Eltern wollen wissen, ob ihr Kind irgendwann kriminell wird. Nicht alle Patienten wollen wissen, woran oder sogar wann sie mit welcher Wahrscheinlichkeit sterben könnten. Doch umgekehrt würde ein generelles Verbot prädiktiver Technologien bedeuten, dass anderen so die Chance auf ein sichereres oder längeres Leben entginge, auch wenn sie dieses gerne in Anspruch nähmen. Menschen wie *SKALA*-Entwickler Joachim Eschemann, die Ärzte im St. Joseph Mercy Oakland Hospital oder *Muse*-Gründerin Vivienne Ming führen uns dieses Spannungsverhältnis mit ihren immer intelligenteren Maschinen jeden Tag aufs Neue vor Augen.

> »Nichts, dem Gerechtigkeit mangelt,
> kann moralisch richtig sein.«[1]
> MARCUS TULLIUS CICERO (106 – 43 v. CHR.)

12
Gerechtigkeit: Fair ist nicht gleich fair

Klassische Musik ist Männersache. Dieser Eindruck entsteht jedenfalls, wenn man sich die Besetzungen vieler Orchester anschaut. Obwohl ihr Frauenanteil inzwischen steigt, sind die besten deutschen Ensembles noch fest in Männerhand. Die Berliner Philharmoniker zählen gerade einmal 20 Musikerinnen auf 128 Planstellen. Alle Gremien wie Orchestervorstand, Medienvorstand, Fünferrat – komplett männlich besetzt. Die einzige Frau, die über ihre musikalische Tätigkeit hinaus eine Funktion wahrnimmt, leitet den Personalrat.

In den USA war die Lage lange ähnlich. 1970 spielten in den fünf besten Orchestern des Landes kaum Frauen, ihr Anteil lag bei unter fünf Prozent. Zwar wurden Musikerinnen bei Neubesetzungen durchaus zum Vorspielen eingeladen, aber die Stelle bekam letztlich fast immer ein Mann. Die Vermutung lag nahe, dass Männer lieber Männer auswählten – auch die Jury für Personalentscheidungen war meist rein maskulin besetzt. Die amerikanischen Orchester beschlossen, auf *blind auditions* umzustellen. Bewerber spielen seither nicht mehr auf offener Bühne vor, sondern ungesehen, etwa hinter einem Vorhang. Die Jury kann nur noch aufgrund der musikalischen Qualität entscheiden, sonst sichtbare Einflussfaktoren wie Geschlecht, Hautfarbe oder Aussehen bleiben verborgen. Das anonymisierte Auswahlverfahren erhöhte die Diversität in den Ensembles. Innerhalb von nur zwei Jahrzehnten verfünffachte sich der Frauenanteil auf dann 25 Prozent.[2] Inzwischen ist das blinde Vorspielen auch in deutschen Orchestern gängige Praxis und führt hierzulande ebenso zu mehr Gleichberechtigung bei der Stellenbesetzung.[3]

Fairness in Bewerbungsverfahren ist nicht nur in der klassischen Musik ein Thema. Personaler lassen sich bei der Beurteilung von Job-Kandidaten erwiesenermaßen auch von Faktoren leiten, die mit dem Stellenprofil nichts zu tun haben. Wenn bei der Personalauswahl nicht individuelle Kompetenz und Begabung entscheiden, sondern Herkunft, Erscheinungsbild oder die Reputation des Abschlusses, dann gibt es eine ganze Reihe von Verlierern. Der siegreiche Bewerber wird auf dem Posten vielleicht gar nicht glücklich, während ein anderer seinen Traumjob verpasst; der Arbeitgeber hat nicht den geeignetsten Mitarbeiter eingestellt. Es herrscht Diskriminierung, gleiche Begabungen führen zu ungleichen Aufstiegschancen. Versuche der analogen Welt, auf Bewerbungsfotos und Angaben zu den Berufen der Eltern zu verzichten und so die Lebensläufe etwas anonymer zu gestalten, greifen zu kurz, solange Aisha und Yusuf verlässlich aussortiert, Linda und Paul bei gleicher Qualifikation hingegen zum Vorstellungsgespräch eingeladen werden (siehe Kapitel 3).

Kampf den Vorurteilen

Frida Polli möchte dieses Gerechtigkeitsproblem für die Gesellschaft lösen – und ein Effizienz- und Qualitätsproblem für die Wirtschaft gleich mit. 2012 hat sie sich mit einer Software zur Vermittlung von Jobs selbstständig gemacht.[4] Mittlerweile gilt Pymetrics als ein Vorreiter der Branche. »Matching talent to opportunity, bias-free« heißt der Werbeslogan der Firma, die zwei Fliegen mit einer Klappe schlagen will. Die Berufswelt soll zum einen ein gerechterer Ort werden, indem menschliche Vorurteile und Sexismus, Rassismus oder Altersdiskriminierung rigoros ausgehebelt werden. Zum anderen verspricht Pymetrics den Bewerberinnen einen Job, der sie erfüllt, und den Unternehmen eine Mitarbeiterin, die zu ihnen passt. Um beides einzulösen, setzt Frida Polli auf Algorithmen statt Personaler und Computerspiele statt Lebensläufe. Letztere hält die Neurowissenschaftlerin für »die verzerrteste Information, die im Einstellungsprozess verwendet wird«.[5] Sie lieferten nur Aussagen über vergangene Leistungen und sagten nichts über vorhandene Fähigkeiten aus, die in bisherigen Jobs noch nicht abverlangt wurden. Zudem seien sie sehr anfällig für subjektive Bewertungen. Schließlich würden, so Pollis Analysen, bei bis zu zwei

Dritteln aller herkömmlich durchgeführten Bewerbungsverfahren Frauen und Minderheiten systematisch benachteiligt.

Pymetrics hingegen möchte für objektive und faire Kompetenzmessung stehen. Das funktioniert ähnlich wie beim Wasabi-Kellnern der Firma Knack (siehe Kapitel 5) mittels Computerspielen, die auf jahrzehntelanger neurowissenschaftlicher Forschung beruhen. Wird Pymetrics mit der Personalauswahl für eine offene Position beauftragt, bittet Frida Polli zunächst vergleichbar tätige Mitarbeiter des Unternehmens an den Rechner. Es warten zwölf verschiedene Spiele, die zusammen über 90 Eigenschaften messen: Risikobereitschaft, Offenheit gegenüber Neuem, Konzentrationsvermögen, Multitasking-Fähigkeit und vieles mehr. Aus den Spielresultaten der Mitarbeiter filtert ein Algorithmus jene Eigenschaften heraus, die man braucht, um auf der ausgeschriebenen Stelle erfolgreich zu arbeiten. Ein Beispiel: Gute Buchhalter beweisen oft Liebe zum Detail und sind eher introvertiert, gute Verkäufer hingegen lassen gerne Fünfe gerade sein und sind eher impulsiv.

Bevor Pymetrics den Auswahl-Algorithmus programmiert, werden die zugrundeliegenden Daten auf Verzerrungen überprüft. Würden etwa in einem Unternehmen kaum Frauen oder Migranten an der Spielrunde der bestehenden Mitarbeiter teilnehmen, wäre der Datensatz nicht hinreichend repräsentativ. Mittels Referenzdaten von zehntausenden Menschen wird der Algorithmus so lange angepasst, bis er keine erkennbaren Vorurteile mehr reproduziert. Erst dann dürfen die Bewerber an dieselben zwölf Computerspiele. Genauso wie die Musiker beim Vorspiel hinter dem Vorhang anonym bleiben, kennt auch Pymetrics von den Job-Kandidaten keine biografischen Daten. »Wir ermitteln den besten Bewerber für die jeweilige Stelle mit einem neutralen Algorithmus, der keinerlei bekannte geschlechtsspezifische oder ethnische Merkmale berücksichtigt«, betont Frida Polli und sieht darin den wesentlichen Vorteil gegenüber herkömmlichen Auswahlverfahren: »Wir sagen gerne, dass wir menschlicher sind als Menschen.«[6]

Das Engagement von Pymetrics wirkt sich auf die Personalstruktur seiner Kunden aus. Die Unternehmen werden vielfältiger. In Beratungsfirmen, die mit Pymetrics zusammenarbeiten, stieg der Anteil von Frauen bei Neueinstellungen um 59 Prozent. Im Bereich Finanzen schafften

Frauen fast 30 Prozent häufiger den Sprung in die erste Auswahlrunde. Bei großen multinationalen Unternehmen erhöhte sich der Anteil von ethnischen Minderheiten über sieben Berufsbilder hinweg um 16 Prozent. Auch Bewerber von Nicht-Eliteunis machen jetzt öfter das Rennen. Dieses Plus an Fairness entsteht nicht allein deshalb, weil statt eines Menschen ein Algorithmus am Werk ist. Selbst eine *blind audition* per Computerspiel schließt Benachteiligungen nicht aus, wenn dessen Algorithmus etwa mit einem nicht-repräsentativen Datensatz trainiert wurde. Die Kompetenzen der Bewerber kommen nur dann zur Geltung, wenn man alle potentiell diskriminierenden Faktoren bewusst herausfiltert. Fairness muss aktiv hergestellt werden. Wie dies möglich ist, hat Frida Polli bewiesen.

Dass mehr Fairness und mehr Effizienz bei der algorithmisch unterstützten Personalauswahl nicht immer Hand in Hand gehen, zeigt der Fall von Xerox Services.[7] Das Unternehmen aus dem US-Bundesstaat Connecticut engagierte die Datenexperten von Evolv Solutions, um herauszufinden, warum in seinen Call-Centern eine so hohe Fluktuation herrschte. Dahinter stand das Ziel, die Kündigungsraten zu senken. Bei der Untersuchung kristallisierten sich hauptsächlich zwei Faktoren heraus, die es besonders wahrscheinlich machten, dass jemand die Firma nach relativ kurzer Zeit wieder verließ: eine hohe Aktivität in sozialen Netzwerken sowie ein Wohnort in großer Entfernung zum Firmensitz. Mitarbeiter hingegen, die nur auf ein oder zwei sozialen Plattformen aktiv waren und täglich nur eine kurze Strecke pendeln mussten, hielten Xerox überdurchschnittlich lange die Treue. Die Firma reagierte und änderte die Einstellungskriterien. Auch auf eine Rekrutierungsaktion bei einer Spielemesse verzichtete das Unternehmen, weil es die dortigen Besucher als besonders internetaffin einschätzte; dafür stellte Xerox vermehrt Mitarbeiter ein, die in der unmittelbaren Umgebung wohnten. Die Maßnahmen erfüllten ihren Zweck. Im Laufe der Zeit sank die Fluktuationsrate in den Call Centern um 20 Prozent.

Doch dieser Erfolg hatte seinen Preis. Die Diversität der Teams ging zurück. Der Algorithmus hatte sich über das Kriterium »Anfahrtsweg zum Arbeitsplatz« eine soziale und ethnische Diskriminierung eingehandelt. Denn offenbar galt: Je weiter von den Standorten der Call Center entfernt, desto billiger der Wohnraum. Folglich waren bestimmte gesellschaftliche

Gruppen bei Xerox innerhalb kürzerer Zeit unterrepräsentiert. Ob aus Sorge vor einem öffentlichen Pranger oder aus innerer Überzeugung: Als das Unternehmen die diskriminierende Wirkung des neuen Algorithmus bemerkte, strich es die räumliche Distanz zum Wohnort aus dem Kriterienkatalog. Man verdummte also den Auswahl-Algorithmus bewusst und nahm in Kauf, dass die Personalfluktuation wieder steigen würde. In der Abwägung entschied sich Xerox für mehr Fairness statt für mehr Effizienz.

Positive Diskriminierung

Pymetrics und Xerox stellen ihre Algorithmen in den Dienst der Fairness, indem sie Diskriminierung auszuschließen versuchen. Noch einen Schritt weiter gehen viele staatliche amerikanische Hochschulen. Bei der Vergabe ihrer begehrten Studienplätze räumen sie schon seit Jahrzehnten bewusst nicht allen dieselben Zugangschancen ein. Vielmehr versuchen sie, aktiv Nachteile auszugleichen, unter denen bestimmte Bewerbergruppen leiden. Weil etwa Schwarze schlechtere Chancen auf gute Schulbildung haben, werden sie bei der Studienplatzvergabe bevorzugt berücksichtigt. Es gilt das Motto: Gleiches wird gleich und Ungleiches wird ungleich behandelt.

Derartige Verfahren der positiven Diskriminierung werden heute mit algorithmischer Hilfe umgesetzt. Sie kämpfen nicht darum, sensible Merkmale wie Geschlecht, Sozialstatus oder Ethnie unter allen Umständen auszublenden. Sie tun das Gegenteil und nutzen diese Eigenschaften ganz bewusst, um Benachteiligten bessere Chancen einzuräumen. In vielen US-Bundesstaaten benötigen Angehörige von Minderheiten einen weniger guten Notendurchschnitt als Weiße, um sich an einer Hochschule einzuschreiben. Andere Bundesstaaten, darunter Texas, garantieren statt den landesweit besten Schülern den jeweils besten Absolventen jeder Schule einen Studienplatz; die Abschlusszeugnisse werden also nicht absolut, sondern relativ verglichen. Das soll auch sehr guten Schülern von weniger gut ausgestatteten Schulen faire Chancen auf einen akademischen Abschluss gewähren.[8]

Die positive Diskriminierung funktioniert, einerseits. Denn diejenigen, die ihren Studienplatz einer solchen Bevorzugung zu verdanken haben, schließen das Studium erfolgreicher ab.[9] Andererseits ist das Verfahren höchst umstritten. Immer wieder beschäftigt es die Gerichte, welche die sogenannte *affirmative action* mal billigen und mal kippen. Die Kläger sind häufig weiße Bewerber, die sich ihrerseits diskriminiert sehen, weil sie trotz besserer Noten den Kürzeren ziehen. Neben mangelnder Gerechtigkeit im Einzelfall monieren sie auch eine gesamtgesellschaftliche Unwucht. Die Förderung ethnischer Minderheiten erscheint ihnen nicht mehr zeitgemäß: Asian-Americans überflügeln mit ihren Bildungserfolgen zunehmend die europäisch-stämmige Mehrheit, während Weiße aus sozial schwachen Familien sich angesichts der hohen Gebühren häufig kein Studium mehr leisten können. In acht US-Staaten wurde die positive Diskriminierung auf Basis der Ethnie bei der Studienplatzvergabe daher bereits abgeschafft, und auch die Regierung Trump verfolgt eine Politik in diese Richtung.

Im Streben nach Fairness und Gerechtigkeit sind Algorithmen gleich in mehrfacher Hinsicht nützlich. Die Analyse großer Datensätze belegt mit harten Zahlen mögliche Diskriminierungen und Verzerrungen, die sonst allenfalls einer gefühlten Wahrheit entsprächen. Das ist eine wichtige Voraussetzung, um die gemeinhin hochemotional geführten Debatten zu versachlichen. Algorithmen erleichtern es aber auch, Gerechtigkeitsziele zu operationalisieren. Sie können mit dem Instrument der *blind audition* wie ein Orchester *Verfahrensgerechtigkeit* anstreben oder wie eine Hochschule über das Prinzip der positiven Diskriminierung (*affirmative action*) auf *Ergebnisgerechtigkeit* abzielen. Sie lassen sich wie bei Pymetrics ganz und gar auf die Bewertung der individuellen Fähigkeiten und Kompetenzen von Job-Bewerbern beschränken oder eben auch wie bei der Studienplatzvergabe nutzen, um nach klar definierten Spielregeln Merkmale wie Ethnie und Geschlecht hinzuziehen. Hier deutet sich bereits die moralphilosophische Tücke nahezu jeglicher Fairness-Debatte an, die keine noch so intelligente Maschine zu lösen vermag: Es existieren unterschiedliche Begriffe von Fairness.

Manche sagen, Frauen besäßen in bisherigen Männerdomänen schon dann gleiche Chancen, wenn das Bewerbungsverfahren gänzlich ohne Informationen über das Geschlecht der Kandidaten auskommt. Andere meinen, Gleichberechtigung sei dort erst dann verwirklicht, wenn Frauen unter den Eingestellten im Ergebnis ebenso stark vertreten sind wie Männer. Für den Algorithmus bedeutet das: Entweder er ist angehalten, die besten zehn Prozent unter *allen* Bewerbern zu identifizieren, oder er bekommt die Aufgabe, die *jeweils* besten zehn Prozent der Frauen und der Männer auszuwählen. Vorstellbar wären viele weitere Fairness-Ideale, die sich alle auch algorithmisch modellieren lassen. Das zeigt: Algorithmen können keine absolute Gerechtigkeit schaffen, wohl aber den jeweiligen Fairness-Begriff ihrer Auftraggeber konsistent anwenden.

Knast oder Freiheit, schwarz oder weiß

Fairness ist eine Frage des Betrachters. Je nach Blickwinkel kann etwas gerecht oder ungerecht erscheinen. Im Sport bedeutet Fairness, sich an die Spielregeln zu halten. In einem Gemeinwesen müssen diese überhaupt erst einmal aufgestellt werden. Fair bedeutet dabei in allen liberalen, rechtsstaatlichen, demokratischen Gesellschaften: Menschen mit ähnlichen Fähigkeiten sollen grundsätzlich auch ähnliche Lebenschancen haben. In der konkreten Praxis prallen dann aber vielfach konkurrierende Perspektiven aufeinander, die oft nicht in Einklang zu bringen sind. Wie subjektiv solche Werteabwägungen sein können, zeigt die Debatte zur positiven Diskriminierung bei der Studienplatzvergabe in den USA. Solche Debatten sind auch deshalb so herausfordernd, weil sie vor allem einen moralischen Anspruch verhandeln. Ein Intendant, der vornehmlich männliche Musiker unter Vertrag nimmt, oder ein Call Center, das kaum Pendler einstellt, löst unabhängig von der Gesetzeslage ein Störgefühl aus.

Die bereits in Kapitel 1 und 4 erwähnte *COMPAS*-Software zeigt besonders deutlich, wie unauflösbar die Abwägung verschiedener Fairness-Perspektiven sein kann.[10] Sie berechnet Rückfallwahrscheinlichkeiten von Tatverdächtigen sowie von Strafgefangenen und dient Richtern als Orientierung, wenn sie über Untersuchungshaft, Kaution oder vorzeitige Haftentlassung entscheiden. In vielen US-Staaten setzt die Justiz die Software seit etlichen Jahren ein, verbunden mit der Hoffnung, ihr vermeintlich neutraler Algorithmus komme zu angemesseneren und weniger diskriminierenden Bewertungen als ein Richter. Darüber, ob es so bei der

Frage »Knast oder Freiheit?« wirklich gerechter zugehe, ist heftiger Streit entbrannt.

Ungerechter, lautet das Urteil der gemeinnützigen Organisation ProPublica. Deren Experten haben sich tausende Prognosen des *COMPAS*-Algorithmus aus dem Landkreis Broward County im US-Bundesstaat Florida vorgeknöpft. Sie kommen zu dem Schluss, dass er die Schwarzen diskriminiere. Begründung: Für 23,5 Prozent der weißen Straftäter, die binnen zwei Jahren nicht rückfällig wurden, hatte *COMPAS* zuvor fälschlicherweise eine hohe Rückfallwahrscheinlichkeit vorhergesagt. Schwarze Delinquenten, die nicht wieder kriminell wurden, widerlegten fast doppelt so häufig (44,9 Prozent) eine ursprünglich negative Prognose. ProPublica schließt aus diesen Zahlen, dass die Software Schwarzen systematisch eine höhere Neigung zu wiederholten Straftaten unterstellt als Weißen. Sie überschätze die Rückfallwahrscheinlichkeit bei fast jedem zweiten Schwarzen, aber nur bei jedem vierten Weißen. Folgte das Gericht also blind der Risikoeinschätzung des Algorithmus, würden Schwarze häufiger fälschlicherweise ins Gefängnis kommen oder dort länger einsitzen als Weiße.

Gerechter, urteilen hingegen die Macher von *COMPAS* über ihr System. Das Unternehmen Equivant[11] hat sich nach der Kritik von ProPublica dieselben Fälle angeschaut. Die Entwickler der Software resümieren, der Algorithmus diskriminiere nicht, sondern behandele Schwarze und Weiße gleich. Denn er sage mit annähernd identischer Treffsicherheit für Schwarze wie für Weiße einen tatsächlich eintretenden Rückfall voraus. Begründung: Aus der Gruppe der als wahrscheinliche Wiederholungstäter Identifizierten haben binnen zwei Jahren 59 Prozent der Weißen und 63 Prozent der Schwarzen tatsächlich erneut Straftaten begangen. Insofern, so Equivant, sei der Algorithmus weder diskriminierend noch unfair.

Beide Seiten argumentieren schlüssig. Sie setzen nur unterschiedliche Prioritäten und folgen jeweils anderen Fairness-Idealen. Equivant möchte in möglichst vielen Fällen die Gefährdungslage für die Bürger korrekt prognostizieren. Fairness ist dann hergestellt, wenn in allen Bevölkerungsgruppen Angeklagte mit einem hohen Rückfallrisiko mit der gleichen Wahrscheinlichkeit zu Recht ins Gefängnis gehen. ProPublica hingegen möchte schwarze gut resozialisierbare Straftäter nicht öfter im Gefängnis sehen als weiße. Fairness ist dann hergestellt, wenn nicht einer Bevölkerungsgruppe die verdiente Chance auf schnelle Resozialisierung deutlich öfter verwehrt wird als einer anderen.[12]

Wünschenswert wäre natürlich, wenn sich beide Fairness-Definitionen gleichzeitig verwirklichen ließen. Doch darauf gibt es wenig Hoffnung, sagen Wissenschaftler. Beide Ansprüche an Fairness zugleich zu erfüllen, sei unmöglich, solange Schwarze eine deutlich höhere Kriminalitätsrate aufwiesen als Weiße. Würde der Algorithmus anders als heute nach den Vorstellungen von ProPublica optimiert, müssten in Broward County insgesamt 14 Prozent mehr Straftäter mit geringem Risikowert (insbesondere Weiße) ins Gefängnis und insgesamt sieben Prozent Straftäter mit hohem Risikowert (insbesondere Schwarze) freigelassen werden. Die Frage, wie sich Diskriminierungen abbauen und Lebenschancen gerecht verteilen lassen, aber auch dem Sicherheitsbedürfnis der Bevölkerung Rechnung getragen werden kann, lässt sich nicht mathematisch, sondern nur politisch beantworten.

Moralphilosophische Dilemmata

Algorithmische Systeme können Fairness verbessern, indem sie *Verfahren* optimieren. Frida Polli hat so mit Pymetrics die Personalauswahl ein Stück gerechter gemacht. Algorithmische Systeme können aber auch dabei helfen, fairere *Ergebnisse* zu erzielen. So versuchen manche Hochschulen, durch *affirmative action* benachteiligten Bevölkerungsgruppen den Zugang zu akademischer Bildung zu erleichtern. Das wiederum ist nicht verfahrensgerecht, denn es bedingt eine bewusst ungleiche Behandlung der Studienbewerber. Fair ist also nicht unbedingt fair.

Zudem können verschiedene Ziele im Konflikt stehen. Während bei Pymetrics mit mehr Fairness auch andere Vorteile einhergehen, etwa weil Arbeitnehmer ihren Traumjob bekommen und Arbeitgeber den bestmöglichen Mitarbeiter, ist zuweilen auch eine Abwägung zwischen konkurrierenden Zielen vonnöten. So muss ein Unternehmen wie Xerox bewusst die Verringerung der Kündigungsrate hintanstellen, um den Bewerbungsprozess gerechter zu machen. Und manchmal sind verschiedene Gerechtigkeitskonzepte miteinander unversöhnlich wie bei ProPublica und Equivant.

Automatische Berechnungen von Algorithmen machen die Welt nicht gerechter. Menschen sind, das zeigen unsere Beispiele, keinesfalls aus der Verantwortung entlassen. Sie müssen vielmehr ihr Konzept von Fairness klar definieren und sich gesellschaftlich auf ein gemeinsames Verständnis einigen. Denn sonst können Algorithmen gar nicht programmiert werden. Welche Fairness-Definition einem algorithmischen System zugrunde liegt, muss für alle Anwender transparent sein. Gerade wenn intelligente Maschinen von der öffentlichen Hand eingesetzt werden und Auswirkungen auf das Leben von Menschen haben, darf nicht ein kommerzieller Anbieter die Gerechtigkeitsziele bestimmen. Vielmehr müssen sie gesellschaftlich diskutiert und demokratisch festgelegt werden.

Zudem sind wir in der Verantwortung, einen Diskurs über die eigentlichen Ursachen zu führen, wenn sich wie im *COMPAS*-Beispiel bestehende Ungleichheiten offenbaren. So hat das Engagement von ProPublica eine Debatte darüber belebt, warum Schwarze in den USA häufiger straffällig werden als Weiße. Auch wenn es hier hilfreich war, dass eine Nonprofit-Organisation und ein Softwareanbieter eine solche Diskussion initiiert haben, hätte man sich frühzeitiger eine klare Positionierung der Justiz und der Regierung gewünscht. Moralphilosophische Dilemmata transparent zu machen, Gerechtigkeitskriterien immer wieder neu zu verhandeln und Diskriminierungen auch mithilfe von Technologie zu beseitigen, sind öffentliche Aufgaben. Staat und Politik müssen sich diesen stellen.

»Ich möchte nicht, dass irgendjemand unsere Werkzeuge benutzt, um die Demokratie zu untergraben. Das ist nicht, wofür wir stehen.«[1]

MARK ZUCKERBERG, FACEBOOK-GRÜNDER

»Nicht einmal Facebook versteht Facebook.«[2]

SASCHA LOBO, DIGITAL-VORDENKER

13
Verbindung: Automatisiertes Miteinander

Als wieder einmal eine ihrer Beziehungen in die Brüche geht, erhält Amy Webb Trost von ihrer Großmutter.[3] Sie müsse aufhören zu suchen, Liebe könne man eben nicht planen. Irgendwann werde ihr der Richtige schon über den Weg laufen. Webb schätzt den Zuspruch, aber sie glaubt ihrer Oma kein Wort. Denn nach einigen gescheiterten Beziehungen hat sie ein klares Bild von ihrem Wunschpartner: ungefähr so alt wie sie selbst, ebenfalls Akademiker, jüdischen Glaubens und auf keinen Fall Golfer. Als Datenforscherin überschlägt Webb aus Spaß, wie viele Männer in der Millionenstadt Philadelphia, in der sie damals lebt, diese Kriterien erfüllen. Es sind 35. Der großmütterliche Rat, dem Zufall eine Chance zu geben, scheint ihr da nicht besonders aussichtsreich.

Webb beschließt, eher den Algorithmen zu trauen und die Suche nach Mister Right systematischer anzugehen. Sie meldet sich bei mehreren Dating-Portalen an. Dort muss sie zunächst die üblichen Fakten angeben – Alter, Wohnort, sexuelle Orientierung – und dann Interessen, Werte und Lebensvorstellungen. Webb gibt ehrlich Auskunft: Sie ist eine preisgekrönte Journalistin, Professorin an einer renommierten Universität, Jahrgang 1974, spricht fließend Japanisch, programmiert gerne in *JavaScript* und schätzt die jüdische Kultur als wichtigen Teil ihres Lebens. Aus ihren

Antworten und denen zigtausend anderer Nutzer errechnet ein Algorithmus, wer besonders gut zu ihr passen könnte und macht entsprechende Vorschläge. Einige Kandidaten sind aus Webbs Sicht durchaus vielversprechend. Gebildete, gleichaltrige und beruflich erfolgreiche Männer mit gemeinsamen Hobbys und Wertvorstellungen. Das Problem: Diese erwidern ihre virtuellen Annäherungsversuche nicht.

Harald Lazardzig kennt dieses Phänomen.[4] Bei der deutschen Partnervermittlung Parship war er als Chief Technical Officer an der Programmierung der Algorithmen beteiligt. Das Klischee besagt: Arzt und Krankenschwester geht, Ärztin und Krankenpfleger geht nicht. Frauen suchen demnach meist nach Partnern, die in Sachen Bildung und beruflichem Status mindestens auf Augenhöhe sind – Männer suchen so seltener. Die Statistik bestätigt dieses Bild. In 76 Prozent der Ehen in Deutschland verfügt der Mann über ein höheres Einkommen als die Frau. Fast ebenso häufig ist er älter als sie. Für Lazardzig und seine Plattform warf das Fragen auf. Sollte der Parship-Algorithmus die gesellschaftliche Realität aufgreifen und damit die Wünsche der Kunden möglichst gut bedienen? Oder sollte er versuchen, die Gesellschaft zu ändern und immer wieder potentielle Partner empfehlen, die nicht den klassischen Rollenmustern entsprechen?

Parship hat einen Kompromiss versucht. Nutzer werden zunächst nach Bildung und Einkommen in Gruppen unterteilt. Frauen empfiehlt die Plattform nicht ausschließlich, aber tendenziell eher bildungs- und einkommensstärkere Männer. Sie erhalten Vorschläge aus ihrer eigenen Gruppe, der Gruppe unter ihnen und den beiden Gruppen über ihnen. Männern macht die Plattform ebenso viele Vorschläge sozioökonomisch gleich- und höhergestellter wie geringergestellter Partnerinnen. Lazardzig räumt ein:»An bestimmten Punkten beugt man sich der gesellschaftlichen Realität. Und schreibt sie damit fort.«[5]

Für Frauen mit hohem Sozialstatus wie Amy Webb ist die Partnersuche somit auch online kompliziert. Wenn man wie sie der bildungs- und einkommensstärksten Gruppe angehört, versagen gesellschaftliche Wirklichkeit und Algorithmus gleichermaßen. Sie hat aufgrund der real existierenden Vorlieben des anderen Geschlechts eine eingeschränkte Auswahl, weil es keine Gruppen über ihr gibt, aus denen geschöpft werden kann.

Und die Algorithmen der Partnerbörsen versuchen in der Regel auch nicht, diese gesellschaftlichen Muster zu durchbrechen. Eine doppelte Herausforderung für Webb. Um an Dates zu kommen, muss sie sowohl das algorithmische System als auch die Männer austricksen. Sie geht die Sache wissenschaftlich an. Zunächst legt sie zehn falsche Profile an, die dem Bild ihres Traummanns nahekommen. Dann beobachtet sie, wer diese vermeintlichen Männer anschreibt: Ihre Konkurrenz sind hauptsächlich jüngere Frauen mit Nutzernamen wie »SmileyGirl1978«, die sich als »offen« und »witzig« beschreiben. Auf ihren Profilfotos, notiert Webb nicht ohne Sarkasmus, sind sie vorzugsweise eher spärlich bekleidet. Die Professorin passt ihr Dating-Profil ein wenig an. Und siehe da: Auf einmal reagieren die Männer, die sie interessant findet, auf die Kontaktanfragen. Einer von ihnen ist heute ihr Ehemann und Vater der gemeinsamen Tochter.

Selbst wenn hochqualifizierte Frauen es beim Online-Dating nicht leicht haben, eröffnen die Algorithmen doch auch ihnen neue Optionen über die eigenen Bekannten hinaus. Auch deshalb finden Portale wie *Tinder*, *Parship* und *ElitePartner* immer mehr Zulauf. Zehn Prozent der Deutschen suchen mithilfe eines solchen Programms schon digital nach einem Partner. 2013 hatte sich in Deutschland bereits jedes sechste Hochzeitspaar übers Internet kennengelernt, in Großbritannien jedes fünfte. Unter den homosexuellen Paaren waren es dort sogar 70 Prozent. Während früher der Suchradius auf den eigenen Freundeskreis, den Arbeitsplatz und den Sportverein beschränkt war, treffen jetzt Algorithmen aus Millionen von Menschen die Vorauswahl. Und formen somit unsere Gesellschaft in ihrem innersten privaten Kern: der Liebesbeziehung und Familiengründung. Wie die Plattformen programmiert sind, entscheidet mit darüber, wen wir kennenlernen und wen nicht, ob althergebrachte Muster und Rollenbilder eher aufgebrochen oder verstärkt werden und welche neuen Stereotype entstehen. Erste Studien dazu geben zumindest für die USA Anlass zu verhaltenem Optimismus. Dort hilft Online-Dating, stellten Wissenschaftler 2017 fest, traditionelle soziale Muster und Grenzen zu überwinden. Über Dating-Portale geschlossene Ehen scheitern nicht nur seltener nach kurzer Zeit und haben zufriedenere Partner, sondern sind auch ethnisch gemischter als ihre analog zustande gekommenen Pendants.[6]

Das Gegenteil von Zufall

Auch unser Freundeskreis wird zunehmend von Algorithmen organisiert. Facebook-Gründer Mark Zuckerberg formuliert die gesellschaftliche Mission seines Netzwerks geradezu euphorisch: Man wolle die »Welt offener machen und besser vernetzt«. Facebooks »journey to connect the world« ziele darauf, dass die Menschen sich besser austauschen und deshalb auch besser verstehen.[7] 2018 hatte Facebook weltweit mehr als zwei Milliarden aktive Nutzer, davon über 30 Millionen in Deutschland. 23 Millionen von ihnen besuchen die Plattform täglich. Ihre »Freunde« finden sie häufig unter der Rubrik »Personen, die du vielleicht kennst«. Auf Basis gemeinsamer Bekanntschaften sowie Angaben über Arbeitsplatz, Schule, Uni, Herkunft, Wohnort, Hobbys oder besuchte Veranstaltungen empfiehlt der Facebook-Algorithmus regelmäßig neue Online-Kontakte. So bringen auch andere soziale Netzwerke nicht nur Menschen zusammen, die sich aus den Augen verloren haben, sondern auch solche, die bestimmte Eigenschaften und Interessen teilen, sich aber sonst womöglich nie kennengelernt hätten. Wie erfolgreich die Plattformen dabei sind, hängt ganz erheblich vom zugrundeliegenden Algorithmus ab. 2008 führte Facebook eine neue Methode der Kontaktempfehlung ein, woraufhin sich in New Orleans einer Studie zufolge innerhalb kürzester Zeit die Zahl der neuen »Freundschaften« verdoppelte.[8]

Facebook und andere soziale Netzwerke wie LinkedIn oder XING bahnen Kontakte zwischen Menschen an, die etwas gemeinsam haben. In einer vielfältigen Gesellschaft ist es aber wichtig, nicht nur auf Gleichgesinnte zu treffen. Erst im Kontakt mit Andersdenkenden können wir unsere eigene Haltung reflektieren, abweichende Einstellungen verstehen, bestenfalls Vorurteile abbauen. In der analogen Welt begegnen sich Menschen im Supermarkt, beim Sport, auf dem Straßenfest. Hier kommt man zumindest ab und zu auch mit Unbekannten ins Gespräch und kann sich mit anderen Werteordnungen auseinandersetzen. Der Kommunikationswissenschaftler Klaus Schönbach spricht von »zuverlässigen Überraschungen«[9] – wir können damit rechnen, hier zufällige Bekanntschaften zu machen. Im Internet passiert das seltener.[10] Kaum ein Netzwerk, das nicht algorithmisch priorisiert, wen wir dort kennenlernen.

Der Algorithmus ist das Gegenteil von Zufall. Wenn er dem gängigen Ziel folgt, die Zufriedenheit und Verweildauer der Nutzer zu maximieren, wird er eher vermeiden, dass wir mit fremden und unbequemen Meinungen, Einstellungen und Werten in Berührung kommen. So laufen die sozialen Plattformen Gefahr, sogenannte Echokammern zu erzeugen, in denen das eigene Weltbild mannigfaltig widerhallt.

Dabei geht es auch umgekehrt. Algorithmen können helfen, über den eigenen Tellerrand zu schauen. Eine bemerkenswerte Initiative, die genau das versucht, heißt »Deutschland spricht«. Ihre Macher möchten Andersdenkende ins persönliche Gespräch bringen. Interessierte müssen sich vorab politisch positionieren: Sollte es eine Steuer auf Fleischkonsum geben? Hat die #MeToo-Debatte etwas Positives bewirkt? Ist Donald Trump gut für die USA? Wer insgesamt sieben solcher Fragen beantwortet und seine Postleitzahl angibt, wird per Algorithmus mit einem Menschen in seiner Nähe zusammengebracht, der die Welt sehr unterschiedlich sieht. 2017 und 2018 trafen sich so deutschlandweit jeweils rund 8000 Menschen, um fremde Meinungen anzuhören und über gesellschaftlich relevante Themen zu diskutieren.[11] Viele Teilnehmerinnen stuften diese Erfahrung als bereichernd und augenöffnend ein. Ihr Resümee entspricht wissenschaftlichen Studien, denen zufolge sich regelmäßige, konstruktive Interaktionen mit andersdenkenden Menschen positiv auf gesellschaftliche Toleranz auswirken.

Soziale Plattformen bestimmen immer mehr, mit wem wir zusammentreffen, -arbeiten und -leben. Algorithmen dienen ihren Betreibern als Werkzeug, um unser soziales Umfeld zu formen – egal ob sie uns Personen vorstellen, die uns besonders ähnlich sind oder solche, die in wichtigen Punkten anders denken. Zwar bemühten sich Menschen zuweilen auch früher, unter ihresgleichen zu bleiben: wer in den einen bestimmten Club geht, der lernt dort auch bestimmte Leute kennen; wer seine Kinder auf die Ferienfreizeit »Adel auf dem Radel« schickt, reduziert das Risiko bürgerlicher Bekanntschaften. Neu sind im Digitalen allerdings Reichweite und Detailtiefe der Filter. Doch festzulegen, was akzeptabel ist und was nicht, fällt nicht leicht. Wann verstärken Algorithmen problematische gesellschaftliche Verhältnisse und tragen zur Polarisierung bei? Müssen etwa Partnerbörsen für alle offen sein, oder dürfen sie sich spezialisieren?

Bei einer Software, die bestimmte Ethnien ausschließt, ist die Antwort eindeutig. Aber bei *ElitePartner* versammeln sich die Besserverdienenden, auf der US-amerikanischen *Christian Dating Site* gläubige Christen, und selbst für Anhänger von Donald Trump gibt es ein eigenes Dating-Portal. Ist das diskriminierend, spalterisch oder völlig legitim? Gesellschaftsprägende Plattformen brauchen eindeutig definierte Ziele und Grenzen. Sonst wird auch Facebooks Mission eines besseren sozialen Miteinanders eine leere Worthülse bleiben.

Desinformationsverstärker

Nachrichten erreichen uns heute in der Regel digital. 57 Prozent der deutschen Internetnutzer beziehen politisch-gesellschaftliche Informationen über Suchmaschinen oder soziale Netzwerke. In der Altersgruppe der 16- bis 24-Jährigen sind 88 Prozent auf solchen Plattformen unterwegs. Sie schaffen Zugang zu vielfältigeren Quellen und Inhalten. Redaktionen verlieren zunehmend das Monopol auf die Erstellung und Verbreitung von Nachrichten und Kommentaren, denn inzwischen kann jeder publizieren, was er weiß und denkt. Zu bestimmten Themen prägen Blogger, Youtuber und Podcaster durchaus den gesellschaftlichen Diskurs. Wir könnten uns breiter, tiefer und vielfältiger informieren als je zuvor.

Tun wir aber nicht. Allein unter all den verfügbaren Informationen und Meinungen das herauszufiltern, was relevant ist, würde uns völlig überfordern. Früher trafen diese Auswahl Journalisten und Redaktionen, heute übernehmen diesen Job vermehrt Algorithmen. Sie bestimmen, was wir in den sozialen Medien wann zu sehen bekommen. Viele der programmierten Codes entscheiden dabei nach anderen Kriterien, als es Redakteure einer Zeitung tun würden. Facebook, das zunehmend als Nachrichten-Plattform dient, berechnet für jeden Nutzer, welche Inhalte für ihn interessant sein könnten. Sie erscheinen dann in dessen individueller Timeline, wobei der Begriff täuscht, weil die Posts mitnichten rein chronologisch angezeigt werden. Vielmehr gewichtet der Facebook-Algorithmus auf Basis des individuellen Surfverhaltens die jeweilige Mischung und Abfolge der angezeigten Informationen. Er entscheidet, ob ich die Urlaubsfotos meiner Schulfreundin zu Gesicht bekomme oder ob ich das

Mittagessen meines Kollegen kommentieren kann. Aber auch, ob ich die Online-Diskussion über Kita-Kosten in meiner Stadt wahrnehme und mich dadurch gegebenenfalls politisch engagiere.

Die journalistischen Beiträge sind für Facebook nur ein Mittel, um Aufmerksamkeit zu generieren und seine Position als Werbeträger zu stärken – das Geschäftsmodell ähnelt eher dem kostenlosen Wochenblatt als einer Qualitätszeitung. Das soziale Netzwerk bemisst die Relevanz von Beiträgen an der Aufmerksamkeitsspanne der Nutzer. Um die zu maximieren, analysieren Algorithmen, welche Beiträge uns wie lange beschäftigen. Sobald wir etwas kommentieren, teilen oder nur länger daran hängen bleiben, schließt Facebook daraus, dass uns der Inhalt interessiert. In Zukunft werden wir dann verstärkt ähnliche Artikel zu sehen bekommen. Maßgeblich sind demnach nicht übliche journalistische Kriterien wie Richtigkeit, Unabhängigkeit und Ausgewogenheit, sondern unser eigenes Verhalten.

Was Emotionen schürt, erzielt Reichweite. Was negative Emotionen schürt, erzielt noch mehr Reichweite.[12] Die Facebook-Tochter Youtube treibt dieses Prinzip auf die Spitze. In Chemnitz wurde im August 2018 ein Asylbewerber für den Tod eines Deutschen verantwortlich gemacht. Wer bei Youtube nach den folgenden fremdenfeindlichen Demonstrationen suchte, den leitete der Empfehlungsalgorithmus der Plattform nach und nach zu immer extremeren Videos der Geschehnisse vor Ort – bis hin zu solchen mit eindeutig rechtsextremen Inhalten. Das geschieht ganz ohne Wissen oder Einverständnis der Nutzer. Für die Sozioinformatikerin Zeynep Tufekci ist Youtube auch deshalb »eines der mächtigsten Radikalisierungsinstrumente des 21. Jahrhunderts«.[13] Guillaume Chaslot, ein ehemaliger Mitarbeiter des Video-Portals, untersuchte dessen Einfluss auf die letzte Präsidentschaftswahl in den USA und kam zu dem Schluss: »Youtube repräsentiert nicht die echte Welt. Es sieht aus wie die Realität, aber es ist eine deformierte Realität, weil sie auf Nutzungsdauer ausgelegt ist.«[14] Die meisten Menschen scheinen Informationen auf sozialen Plattformen weitgehend unreflektiert zu konsumieren. Weniger als der Hälfte der Deutschen ist überhaupt klar, dass ein Algorithmus die Nachrichten auswählt, die ihnen online angezeigt werden.[15]

Weil Klickzahlen die einzige Währung sind, tendiert die algorithmische

Aufmerksamkeitsspirale zu Extrempositionen. Die Betreiber vieler Plattformen nehmen in Kauf, dass sich radikale Meinungen überproportional verbreiten und so den politischen und gesellschaftlichen Diskurs vergiften. Die Algorithmen dahinter funktionieren wie Verstärker unserer Interessen und Überzeugungen: Wer nach »gesunde Ernährung« sucht, bekommt als nächstes Informationen zu Kochrezepten und Biolebensmitteln angeboten. Wer nach »Flüchtlingskrise« sucht, landet schnell bei rechtsextremen Gruppen.[16] Lassen sich Nutzer allein von den sozialen Netzwerken leiten und verzichten auf eigene Recherche, besteht das Risiko, immer tiefer in eine bestehende Haltung getrieben zu werden – wenn nicht sogar in die bewusste Desinformation.

Wie stark vor allem Facebook und Twitter die öffentliche Meinung beeinflussen, ist wissenschaftlich noch nicht geklärt. Die geringe empirische Evidenz zu Echokammer- und Filterblasen-Effekten rührt auch daher, dass insbesondere Facebook sich bislang weigert, seine Daten – geschweige denn seinen Algorithmus – unabhängiger Forschung zugänglich zu machen. Zwar ist unumstritten, dass die gesellschaftliche Polarisierung in den vergangenen Jahren zugenommen hat. In welchem Ausmaß das aber ursächlich mit dem Internet und den sozialen Medien zu tun hat, ist nicht sicher zu sagen. Die gelernten Journalisten Konrad Lischka und Christian Stöcker fassen den etwas unbefriedigenden Stand der Erkenntnisse zusammen: »Letztlich spielt vermutlich die Wechselwirkung individueller Entscheidungen mit [algorithmischen] Systemen eine zentrale Rolle bei der Frage, ob sich das Weltbild eines Facebook-Nutzers durch den Intermediär verengt oder nicht.«[17]

Zumindest die Anziehungskraft bewusster Desinformation lässt sich beziffern. Falschmeldungen werden mit 70 Prozent höherer Wahrscheinlichkeit geteilt als echte Nachrichten.[18] Sie verbreiten sich also wesentlich schneller. Gezielt versuchen sie zu emotionalisieren und finden dort besonders großen Anklang, wo klassische Medien nicht mehr ankommen. Häufig gibt es in solchen digitalen Räumen kaum Gegenrede. Zudem weigern sich die Plattformbetreiber bislang, die Richtigkeit einer Meldung zu überprüfen. Wie dominant Desinformationen werden können, zeigt das Beispiel Angela Merkel. Sieben der zehn erfolgreichsten Facebook-Artikel über die Bundeskanzlerin enthalten eindeutige Fehler.[19] So hatte Merkel in einem Interview gesagt, dass Integration auch mit Gewaltprävention einhergehen müsse, denn »[...] wir müssen akzeptieren, dass die Zahl der Straftaten bei jugendlichen Immigranten besonders hoch ist.« Genau dieser Halbsatz wird in den sozialen Medien aus dem Kontext gerissen und grob verfälscht: Merkel fordere dazu auf, die »Gewalt von Ausländern zu akzeptieren«. Das siebensekündige Video mit diesem reißerischen Titel erreicht mehr Menschen auf Facebook als jeder andere Post über sie.

Verantwortlich für derartige Reichweiten sind Software-Ingenieure und ihre Bosse im Silicon Valley, die den Algorithmen Aufmerksamkeit als oberstes Optimierungsziel vorgeben. In der Konsequenz haben Schlagworte wie Echokammern, Filterblasen und Fake News längst Eingang gefunden in die politische Diskussion über regulatorische Konsequenzen. Dabei könnten Algorithmen sogar vor Desinformationen schützen: Die US-amerikanische Plattform *deepnews.ai* etwa nutzt Künstliche Intelligenz, um Artikel nach deren journalistischer Qualität zu bewerten. Ein selbstlernendes Netzwerk »las« dazu mehrere hunderttausend Beiträge, die Menschen zuvor nach Neutralität, Quellen oder Tiefe beurteilt hatten. Daraus entwickelte der Algorithmus dann rund 25 Millionen Parameter, die jedem Artikel im Netz einen Score zwischen 1 und 5 zuordnen. Dieser Wert dient als Empfehlung für die Leser der alternativen Plattform und bestimmt den Preis der dort geschalteten Werbeanzeigen. Ziel des von einem Wissenschaftler der Stanford University gegründeten und von mehreren Stiftungen geförderten Projekts ist es, das bisherige System journalistischer Wertschöpfung im Netz umzustellen: Statt Emotionalität und Polarisierung sollen Recherche und Ausgewogenheit belohnt werden.[20]

Andere Modelle verzichten ganz auf den Einsatz von Algorithmen und kehren wieder zum Prinzip des menschlichen Redakteurs zurück. Die News-Plattform *Piqd* wirbt mit »handverlesenen« Empfehlungen aus dem Internet. Allein auf der deutschsprachigen Version weisen rund 130 Kuratoren auf ausgewählte Artikel, Reportagen, Interviews und sonstige Fundstücke hin. Leser können entweder einem der Kuratoren folgen oder Themenkanäle abonnieren. Auch *Piqd* versteht sich als Filter, der das Angebot digitaler Informationen sortiert, allerdings nicht nach Prinzipien gängiger algorithmischer Systeme, sondern entlang klassischer journalistischer Leitwerte wie Vielfalt, Integration und Wahrheit.

Die Art, wie wir uns informieren und wie wir kommunizieren, hat sich verändert. Inzwischen würde wohl kein Kanzler formulieren, wie es Gerhard Schröder noch zu Beginn der 2000er Jahre tat, zum erfolgreichen Regieren brauche man nur Bild, BamS und Glotze. Wie auch immer ein Dreiklang der Zukunft lautet, soziale Medien wären wohl dabei. Sie bestimmen immer häufiger, was wir überhaupt wahrnehmen, und zwar nach ihren eigenen Kriterien. Verweildauer ist ihnen wichtiger als Relevanz, Aufmerksamkeit wichtiger als Richtigkeit. Sie treiben unser bestehendes Meinungsspektrum stärker an seine Ränder als in die Mitte. Und so manche Extremisten auch auf die Straße, ob als Pegidisten in Dresden oder als Gelbwesten in Paris. Das erschwert den gesamtgesellschaftlichen Diskurs, denn ohne anerkannte Fakten und abgewogene Meinungen werden Kompromisse zwischen Andersdenkenden schwieriger. Statt als ausgleichende Moderatoren fungieren Algorithmen vielfach als Desinformationsverstärker. Anders als sie von sich selbst behaupten, sind Social-Media-Anbieter eben keine neutralen Plattformen, sondern sollten dafür verantwortlich gemacht werden, was sich über ihre Kanäle in der Gesellschaft verbreitet.

Algorithmische Weltsicht

Algorithmen verändern unsere Weltsicht und definieren zunehmend, was wir für »normal« halten. Fast jeder Deutsche googelt. Auf Smartphones hat die amerikanische Suchmaschine einen Marktanteil von 98 Prozent. Über die Ergebnisse (und die eingeblendete Werbung) entscheiden Algorithmen nicht nur abhängig vom eingegebenen Begriff, sondern auch vom Profil des Nutzers. Es macht einen Unterschied, ob jemand diesseits oder jenseits des Atlantiks nach dem Begriff »Football Results« sucht. Während wir in England Fußball-Ergebnisse aus der Premier League angezeigt bekommen, erhalten wir in den USA die neuesten Resultate vom American Football. Auch unser vergangenes Suchverhalten wird berücksichtigt. Googeln wir beispielsweise »Barcelona« und haben kurz vorher die Anfrage »Barcelona gegen Arsenal« gestartet, schließt der Algorithmus daraus, dass uns vermutlich Fußballberichte interessieren und keine Sightseeing-Tipps.[21]

Google versucht stets, unsere Erwartungen zu erfüllen. Zugleich bestätigt es damit unsere kulturellen Vorurteile und festgesetzten Rollenbilder. Obwohl 27 Prozent aller Führungskräfte in den USA weiblich sind, tauchen laut einer Untersuchung der University of Washington bei der Bildersuche nach CEOs bei den angezeigten Treffern nur elf Prozent Frauen auf.[22] Die Reproduktion gesellschaftlicher Muster – hier der beruflich erfolgreiche Mann als Führungskraft – prägt auch die Jobsuche. Forscher der Carnegie Mellon Universität fanden heraus, dass Google gut dotierte Führungspositionen Männern sechsmal häufiger anzeigt als Frauen.[23]

Schon nach einigen Buchstaben wird bei einer Suchanfrage ein Algorithmus aktiv. Er vervollständigt automatisch unsere Eingabe. Gibt man bei Google »Frauen sollten« ein, wird die Anfrage ergänzt zu Halbsätzen wie »Frauen sollten nicht studieren«, »Frauen sollten keine Hosen tragen« und »Frauen sollten keine Rechte haben«. Google zufolge funktioniert die Autovervollständigung ohne jegliches menschliche Zutun. Der Algorithmus basiere auf etlichen objektiven Faktoren, unter anderem Ort, Zeitpunkt und Häufigkeit, mit der ein Wort gesucht werde.[24] Nur in Einzelfällen nimmt Google händisch Korrekturen vor. Bettina Wulff, die Ehefrau des ehemaligen Bundespräsidenten Christian Wulff, etwa klagte vor einigen Jahren erfolgreich gegen rufschädigende Autovervollständigungen ihres Namens, woraufhin der Konzern 51 entsprechende Ergänzungen entfernte.[25]

Das vermeintlich Erwartbare zur Norm erhebt auch *Google Translate*. Die Informatikerin Aylin Caliskan stellte fest, dass die digitale Übersetzungshilfe die im Türkischen geschlechtsneutralen Begriffe »Doktor« und »Pfleger« im Deutschen zu »der Arzt« und »die Krankenschwester« macht. Der besser bezahlte Job wird dem Mann, der schlechter bezahlte der Frau zugewiesen.[26] Der Algorithmus erkennt das bestehende Ungleichgewicht zwischen Frauen und Männern als gesellschaftliches Muster an und übersetzt entsprechend – womit er den Status Quo mindestens reproduziert, wenn nicht sogar verstärkt. Die Probleme liegen hier ähnlich wie beim eingangs beschriebenen *Parship*-Beispiel und seinen Dating-Vorschlägen: Soll der Algorithmus die Realität widerspiegeln (und damit womöglich zementieren) oder sollte er versuchen, sie zu verbessern? Sofern Letzteres unser Ziel ist, wie weit darf die Maschine gehen, und wer bestimmt, was »besser« ist? Diese Fragen sollten wir die Konzerne aus dem Silicon Valley zumindest nicht alleine beantworten lassen.

Zweischneidige Schwerter

Algorithmen formen unser Miteinander im Wesentlichen durch drei Effekte: Sie beeinflussen maßgeblich unsere sozialen Beziehungen, unsere Kommunikation und unsere Einstellungen und Werte. Wir beginnen zu erkennen, welche Auswirkungen das haben kann: Homogenisierung, Polarisierung und Verzerrungen auf der einen Seite; Diversifizierung, Öffnung und Vernetzungen auf der anderen Seite. Was diese teils gegensätzlichen, teils einander verstärkenden Kräfte künftig mit unserer Gesellschaft machen, ist nicht klar. Noch fahren wir auf Sicht. Um in einer algorithmisch (mit)bestimmten Gesellschaft erfolgreich navigieren zu können, brauchen wir mehr wissenschaftlich fundierte Erkenntnisse darüber, wie intelligente Maschinen uns Menschen verbinden, Kommunikation verändern und Werte beeinflussen. Und wir brauchen versierte Politiker, die die gesellschaftliche Debatte über Lösungsansätze bis hin zur gesetzlichen Regulierung begleiten und prägen.

Viele der Effekte, die wir bereits kennen, gleichen zweischneidigen Schwertern. Algorithmen können uns mit Gleichgesinnten verbinden, dadurch aber soziale Filterblasen befördern. Sie sortieren die immense Fülle an Informationen und Meinungen, führen uns dabei aber häufig in Extreme. Gesellschaft und Politik müssen zwischen oft widersprüchlichen Zielen und Werten abwägen: Soll ein »Doktor« als Frau interpretiert werden, auch wenn das derzeit nicht der Statistik entspricht? Soll der Algorithmus sich an der Realität oder am Ideal von Partnerschaft orientieren? Wie stellen wir sicher, dass Desinformation im Netz zwar bekämpft, Satire aber keinesfalls gelöscht wird?

Ob Algorithmen unsere Gesellschaft einen oder spalten, ist noch nicht entschieden. Um Zusammenhalt statt Fliehkräfte zu fördern, müssen Parlamente die Regeln setzen und die Betreiber der Plattformen Verantwortung übernehmen. Sich hinter ihren angeblich neutralen Algorithmen zu verstecken, ist keine Lösung. Aber auch jeder Einzelne ist gefragt. In ihrem neuen Buch fordert Amy Webb dazu auf, sich bewusst mit den intelligenten Maschinen und ihrem Einfluss auseinanderzusetzen. Immerhin ist es unser eigenes, menschliches Verhalten, das sie digital verstärken. Jeder von uns kann mitbestimmen, was sie über uns lernen: »KI ist ein Teil deines Lebens und du bist ein Teil seiner Entwicklung.«[27]

Was WIR jetzt tun müssen

Wenn jede fortschrittliche Technologie von Magie nicht zu unterscheiden ist, wie es der Science-Fiction-Autor Arthur C. Clarke formuliert hat, dann stellt sich für Algorithmen die Frage, welche Rolle wir Menschen ihnen gegenüber einnehmen. Sind wir das staunende Publikum, das sich der Illusion nicht berauben lassen möchte? Oder verlangen wir vehement nach Aufklärung, kämpfen um das Recht auf Mitsprache? Es ist eine rhetorische Frage. Denn Algorithmen wirken anders auf unser Leben als die Mondlandung.

Magie und Alltag

Als Neil Armstrong als erster Mensch einen Fuß auf den Mond setzte, war das ein magischer Moment. Kaum zu begreifen, wie sich jemand aus Fleisch und Blut per Rakete auf einen anderen Himmelskörper schießen lassen konnte. Die Raumfahrt hatte an jenem Tag im Jahr 1969 ihren Vorhang geöffnet, die Crew der Apollo 11 stand für alle sichtbar auf der Bühne. Weltweit saßen die Menschen in ihren Fernsehsesseln, schauten zu und trauten kaum ihren Augen. Danach machten sie den Fernseher aus, gingen ins Bett, und am nächsten Morgen lief zumindest ihr eigenes Leben weiter wie gewohnt.

Algorithmen lassen sich nicht abschalten wie ein Fernsehprogramm. Sie schaffen keine magischen Bühnenmomente, nach denen sich der Vorhang wieder schließt und das Publikum in den Alltag zurückkehrt. Algorithmen *sind* unser Alltag. Wir kommen täglich – häufig sogar unwissentlich – mit intelligenten Maschinen in Kontakt, die unser Leben direkt und maßgeblich beeinflussen. Algorithmen sind gekommen, um zu bleiben, sie werden aus unserer Gesellschaft nicht mehr verschwinden. Im Gegenteil: Ihre Bedeutung nimmt zu.

Der zweite Teil dieses Buches hat einen Eindruck davon vermittelt, wo überall wir algorithmischen Systemen begegnen und welche Auswirkungen sie auf uns haben. Das Wissen um ihre vielfältigen Einsatzmöglichkeiten, ihre Chancen und ihre Risiken gibt zugleich eine Antwort auf die Frage, welche Rolle den Menschen bleibt. Es ist ganz und gar nicht die des staunenden Publikums. Vielmehr müssen wir mit den Algorithmen umgehen lernen. Nicht nur als Konsument oder Beobachter, sondern als Gestalter. Deshalb gilt es, sich über die eigenen Handlungsspielräume klar zu werden. Was können wir tun, um die Chancen zu nutzen und die Risiken zu minimieren?

Analoge Analogien

Der folgende dritte Teil des Buches will Mut machen, sich aus dem Zuschauersessel zu erheben und diese Gestalterrolle einzunehmen. Wir sind nämlich keineswegs ohnmächtig gegenüber der neuen Technologie, schließlich sind auch die intelligentesten Maschinen menschengemacht. Die Zivilgesellschaft, die Politik und alle an der Entwicklung und dem Einsatz von algorithmischen Systemen Beteiligten stehen gemeinsam in der Verantwortung für: eine offene gesellschaftliche Debatte, hinreichende Kontrolle, die Vermeidung von Monopolen und Kompetenzaufbau auf allen Ebenen. Zu diesen vier Handlungsfeldern empfehlen die kommenden vier Kapitel konkrete Maßnahmen, um die Maschinen in den Dienst der Menschheit zu stellen.

Algorithmen gehen uns alle an. Deshalb ist eine breite gesellschaftliche Diskussion darüber nötig, wie sie gestaltet und wo sie eingesetzt werden sollen. Wenn Maschinen über Menschen entscheiden, bedürfen ihre Ziele und Wirkungen einer politischen Auseinandersetzung. Eine kritische Öffentlichkeit und eine starke Zivilgesellschaft sollten diese Debatte einfordern und führen (Kapitel 14).

Algorithmen brauchen Kontrolle. Dazu müssen sie und ihre Entscheidungen für Betroffene verständlich, nachvollziehbar und anfechtbar sein. Ihre Überprüfungen sollten regelmäßig und nach einheitlichen Standards stattfinden. Das erfordert auch, den Rechtsrahmen an das digitale Zeitalter anzupassen (Kapitel 15).

Monokulturen gilt es zu verhindern. Nur durch eine Vielfalt algorithmischer Systeme können wir gesellschaftliche Pluralität abbilden. Notwendig ist ein Rahmen, in dem verschiedene Anbieter für Softwarelösungen erfolgreich konkurrieren können. Besser zugängliche Daten und ein innovationsfreundlicher Staat sind hierfür essentiell (Kapitel 16).

Algorithmen-Kompetenz ist ein Muss auf allen Ebenen. Von Bürgern, die sich souverän in einer zunehmend algorithmisch geprägten Welt bewegen, über Programmierer, die nicht nur technische, sondern auch ethische Fragen mitdenken, bis hin zu Führungskräften und professionellen Anwendern, die sich ihrer Verantwortung beim Einsatz von Künstlicher Intelligenz bewusst sind. Ein entscheidender Schlüssel ist auch der Kompetenzaufbau beim Staat, der Algorithmen selbst einsetzt und gleichzeitig seiner Aufgabe als Regulierer gerecht werden muss (Kapitel 17).

Weil Risiken, Probleme und die enorme Reichweite von Algorithmen erst langsam in die Wahrnehmung der Öffentlichkeit dringen, steht auch die Diskussion über Lösungen erst am Anfang. Nicht jede aufkommende Frage muss komplett neu beantwortet werden. Vielmehr bietet sich an, bestehende Ansätze und Erfahrungen auf die moderne Technologie zu übertragen. Unsere Vorschläge zeigen, dass die algorithmische Welt aus der prädigitalen Zeit lernen kann. Mithilfe von Autos, Eisenbahnen, Fischen und der schweizerischen Bauordnung haben wir uns um analoge Analogien und Anschaulichkeit bemüht.

> »Was alle angeht, können nur alle lösen.«[1]
> FRIEDRICH DÜRRENMATT, *DIE PHYSIKER*

14

Algorithmen gehen uns alle an: Wie wir eine gesellschaftliche Debatte führen

Es bewegt sich etwas hierzulande in der Algorithmen-Debatte. Gut möglich, dass 2018 rückblickend als das Jahr gelten wird, in dem auch die deutsche Politik sich der Algorithmen angenommen hat. Ende Juni setzte der Bundestag die Enquete-Kommission »Künstliche Intelligenz – Gesellschaftliche Verantwortung und wirtschaftliche, soziale und ökologische Potenziale« ein. Anfang September nahm die Datenethikkommission der Bundesregierung ihre Arbeit auf. Und im November wurde die »Strategie Künstliche Intelligenz der Bundesregierung«[2] verabschiedet.

Im internationalen Vergleich ist Deutschland eher ein Nachzügler – nicht nur Industriestaaten wie Frankreich, Großbritannien, Kanada oder Japan, selbst Länder wie Kenia und Tunesien waren deutlich schneller mit einer nationalen KI-Strategie.[3] Doch immerhin: Wenn es gelingt, aus den Erfahrungen anderer zu lernen statt deren Fehler zu wiederholen, ist es noch nicht zu spät für wirksame politische Maßnahmen, die den künstlich intelligenten Fortschritt in den Dienst der Gesellschaft stellen. Höchste Zeit ist es allemal.

Ausgangspunkt aller Maßnahmen muss die Frage nach Ziel und Zweck eines algorithmischen Systems sein. Sind die dahinterstehenden Absichten gesellschaftlich akzeptabel? Was sind mögliche Konsequenzen und wie sind diese mit unserem Wertekanon vereinbar? Darüber muss gestritten werden, bevor die Systeme zur Anwendung kommen. Dieses Kapitel soll einige Ideen liefern, wie diese gesellschaftliche Willensbildung gelingen kann. Im Kern sind dafür vier Hebel essentiell: politischer Gestaltungsmut, zivilgesellschaftliches Engagement, verpflichtende Folgeabschätzungen und strukturierte Partizipation.

Vorbild Atomwaffensperrvertrag

Nicht alle algorithmischen Entscheidungsprozesse sind gleichermaßen relevant für unsere Gesellschaft. Die automatische Rechtschreibkorrektur im Textbearbeitungsprogramm oder das computerbasierte Flottenmanagement des Mietwagenanbieters sollten im öffentlichen Diskurs nicht die gleiche Aufmerksamkeit bekommen wie Algorithmen, die über ärztliche Behandlungsmethoden oder die Länge von Haftstrafen mitentscheiden. Wo allerdings intelligente Maschinen individuelle Teilhabe am gesellschaftlichen Leben beeinflussen, müssen ihre Ziele, ihr Design und ihre Wirkung der öffentlichen Willensbildung unterliegen.

Kilian Vieth und Ben Wagner haben eine leicht anzuwendende Klassifizierung entwickelt, mit der man die Auswirkungen algorithmischer Systeme auf Menschen einschätzen kann.[4] Sie ist vor allem für politische Akteure ein wichtiges Hilfsmittel zur Priorisierung. Denn letztlich steht der Staat in der Pflicht, ein Verfahren zur Risiko- und Relevanzabschätzung von algorithmischen Systemen zu etablieren, ohne dabei eine innovationshemmende Bürokratie zu errichten.

Wenn Algorithmen über Leben und Tod entscheiden, steht ihre gesellschaftliche Relevanz außer Frage. Der im Frühjahr 2018 verstorbene Physiker Stephen Hawking gehörte zu einer Gruppe prominenter Technologieexperten, die die Welt seit einiger Zeit vor den Gefahren Künstlicher Intelligenz warnen: »KI könnte das Beste oder das Schlimmste werden, das der Menschheit jemals widerfahren ist. Wir wissen nur noch nicht, welches von beidem zutrifft.«[5] Die Entwicklung autonomer Waffensysteme und sogenannter Kampfroboter ist nicht zuletzt durch die Warnungen von Hawking und seinen Kollegen eines der umstrittensten Einsatzfelder von Algorithmen und KI.[6] Ihre Anwendung für militärische Zwecke verdeutlicht besonders drastisch die Verantwortung, aber eben auch die Entscheidungsmacht, die Politik hat. Sie sollte nicht am technisch

Möglichen, sondern am gesellschaftlich Sinnvollen ausrichten, was zulässig ist. Das kann bedeuten, dass wir uns in bestimmten Situationen oder Bereichen für die bewusste Beschränkung künstlich intelligenter Systeme entscheiden. Wenn die globale Sicherheit, Menschenrechte oder grundlegende Prinzipien unserer Solidarsysteme in Gefahr sind, muss die Politik klare Grenzen ziehen – als nationaler Gesetzgeber und im Rahmen internationaler Abkommen.

Ein Beispiel für die weltweite Beschränkung einer Technologie ist der »Vertrag über die Nichtverbreitung von Kernwaffen«. Dieses Abkommen unterzeichneten die USA, Großbritannien und die damalige Sowjetunion 1968, mitten im Kalten Krieg. 191 Nationen haben es mittlerweile ratifiziert und sich damit verpflichtet, keine (neuen) Atomwaffen herzustellen oder zu kaufen. Trotz all seiner Probleme belegt der Atomwaffensperrvertrag, wie wichtig und wirksam der internationale Dialog über die möglichen Folgen und Gefahren bestimmter Technologien ist, an dessen Ende verbindliche Regeln bis hin zu Verboten stehen können.

Auch was erlaubt ist, muss immer wieder abgewogen werden. Denn algorithmische Systeme sind nicht neutral, sondern reflektieren die Wertehaltungen ihrer Entwickler und Anwender, deren Auftraggeber und letztlich einer Gesellschaft. In China werden heute schon viele öffentliche Orte videoüberwacht, um Kriminelle und Verdächtige in der Menschenmenge zu identifizieren. In Deutschland hat man den Einsatz von Gesichtserkennungssoftware am Berliner Bahnhof Südkreuz getestet.[7] Die Software verbessert sich durch mehr Trainingsdaten zwar immer weiter, ganz fehlerfrei aber wird sie vermutlich nie funktionieren. Es gibt dabei zwei Arten von Fehlern: Entweder dem System gehen kriminelle Personen durch die Lappen, oder es pickt Unschuldige heraus. Leider verhalten sich die beiden wie kommunizierende Röhren. Will man den Fahndungserfolg erhöhen, muss man in Kauf nehmen, mehr unschuldige Bürger erkennungsdienstlich zu behandeln. Eine Fehlerquote von nur einem Prozent klingt niedrig, würde aber am Berliner Südkreuz mit 160 000 Passanten täglich bedeuten, dass bei 1600 von ihnen und damit durchschnittlich jede Minute einmal ohne Grund der Alarm anspringt. Eine Gesellschaft, die der Sicherheit sehr hohe, individuellen Freiheitsrechten dagegen weniger Bedeutung schenkt, mag das akzeptieren. In einer Gesellschaft mit liberaleren Wertorientierungen wird man Fehlalarme weniger tolerieren und das häufigere Durchschlüpfen gesuchter Personen in Kauf nehmen oder sogar komplett auf den Einsatz von Gesichtserkennungssoftware verzichten.

Diese Werteabwägung ist kein technisches, sondern ein normatives Problem. Dabei geht es letztlich um politische Prioritäten. Die Gretchenfrage lautet stets: Was ist uns wichtiger? Im algorithmischen Alltag entstehen zumeist Konflikte, in denen eine Vielzahl von Zielen im Widerstreit stehen. In Londoner Krankenhäusern etwa regeln Algorithmen die Verteilung von Patienten auf die Stationen und Betten.[8] Je nach Programmierung kann die Software die Auslastung des Krankenhauses, die Abrechenbarkeit bei den Versicherungen, die Versorgungsqualität für die Patienten oder das Renommee einer Institution optimieren.[9] All diese Ziele können nicht gleichermaßen befriedigt werden. Welchen Interessen warum Vorrang eingeräumt wird, muss nachvollziehbar sein.

Deshalb gilt der Grundsatz: Wenn verschiedene Zielvorstellungen für ein algorithmisches System miteinander konkurrieren, dann müssen diese angemessen breit diskutiert werden.[10] Entscheidungen über den Einsatz von Kampfrobotern und Überwachungssystemen oder über Prioritäten in der Krankenversorgung dürfen nicht Software-Entwicklern alleine überlassen bleiben. Es bedarf eines Dialogs zwischen Experten, verantwortlichen Managern und denjenigen, die die Software einsetzen und nutzen. Bei erheblichen gesellschaftlichen Auswirkungen ist auch ein politischer Diskurs notwendig. Die Macht über die Priorisierung von algorithmischen Zielen gehört in die Hände der Gesellschaft. Das darf nicht am mangelnden politischen Gestaltungswillen scheitern.

Werte sind immer kontextspezifisch und dynamisch, die Abwägung zwischen Freiheit und Sicherheit etwa ermöglicht keine eindeutigen Antworten. Die Debatte darüber muss diese Dynamik widerspiegeln und kann nie als abgeschlossen gelten.

Eine starke Lobby fürs Gemeinwohl

Digitalisierung braucht zivilgesellschaftliches Engagement.[11] In vielen Politikbereichen wie Umwelt, Bildung, Gesundheit und Soziales wird immer wieder deutlich, welch wichtige Rolle Vereine, Stiftungen und andere gemeinnützige Organisationen einnehmen. Als Interessensvertreter verschaffen sie Verbrauchern, Patienten oder sozial benachteiligten Bevölkerungsgruppen das Gehör, das ihnen ansonsten im politischen Raum verwehrt bliebe. Eine solche Lobby fürs Gemeinwohl muss es dringend auch in digitalen Fragen geben. In einer Zeit, in der Zugang zum Internet als unverzichtbarer Teil öffentlicher Daseinsvorsorge gilt und Algorithmen über menschliche Schicksale entscheiden, dürfen Nonprofit-Organisationen die digitalpolitische Debatte nicht länger den Partikularinteressen der Wirtschaft überlassen.

Der Nonprofit-Sektor sollte als starker Verfechter des Gemeinwohls die Zukunft der intelligenten Maschinen mitgestalten. Das Spektrum an Handlungsoptionen ist dabei ebenso divers wie die Zivilgesellschaft selbst. Die Öffentlichkeit sensibilisieren, Räume für Dialog und Austausch schaffen, Lösungsansätze operativ entwickeln oder finanziell fördern – je nach strategischer Ausrichtung bieten sich vielfältige Ansatzpunkte. Rezepte, um eine Debatte auch jenseits von Expertenkreisen anzuregen und dauerhaft am Leben zu halten, haben zivilgesellschaftliche Akteure längst entwickelt. Die Aktionen von Greenpeace oder Foodwatch etwa haben immer wieder das öffentliche Augenmerk auf Probleme gelenkt und dadurch Entscheidungen von Regierungen und Behörden sowie das Geschäftsgebaren von Unternehmen beeinflusst.

Der Wunsch nach Aufklärung und gesellschaftlicher Veränderung treibt auch das gemeinnützige US-amerikanische Recherchebüro ProPublica an: »Wir beschäftigen uns in der Tiefe mit wichtigen Themen und beleuchten Machtmissbrauch und Verrat an öffentlichem Vertrauen – wir bleiben an diesen Themen dran, solange es nötig ist, um die Verantwortlichen zur Rechenschaft zu ziehen«, heißt es kämpferisch auf deren Website.[12] 2016 erlangte ProPublica große Aufmerksamkeit für seine Recherche zum *COMPAS*-Algorithmus, der Schwarze im amerikanischen Justizsystem diskriminierte (siehe Kapitel 1, 3 und 12).

Auch in Deutschland widmen sich erste Organisationen und Initiativen der digitalen Aufklärung. Ende 2015 entstand AlgorithmWatch. Die Gründer – Philosophin Lorena Jaume-Palasí, Softwarehersteller Lorenz Matzat, Journalist Matthias Spielkamp und Informatikprofessorin Katharina Zweig – beobachten und analysieren die Auswirkungen automatisierter Entscheidungsprozesse auf menschliches Verhalten und zeigen ethische Konflikte auf.[13] Zur Bundestagswahl 2017 untersuchte Algorithm-Watch den Google-Algorithmus, um herauszufinden, ob das persönliche Profil des Nutzers die Suchergebnisse beeinflusste, und falls ja, anhand welcher Kriterien. Das in diesem Fall beruhigende Ergebnis: lediglich der Ort, aber nicht die politische Einstellung des Suchenden war relevant.[14] Auch dem Algorithmus der Auskunftei Schufa hat sich die Initiative mit großer öffentlicher Resonanz gewidmet.[15] Mit der Auswahl dieser beiden prominenten Beispiele hat AlgorithmWatch dazu beigetragen, der Bevölkerung die Relevanz von algorithmischen Systemen bewusster zu machen.

Die Zivilgesellschaft sollte jedoch nicht nur gegen den unethischen Einsatz neuer Technologien kämpfen, sondern sich auch für ihre Chancen zum Wohle aller einsetzen. Um der Spannbreite dieser Aufgabe gerecht zu werden, braucht es eine Vielfalt gemeinnützigen Engagements. Häufig fehlt es jedoch bislang an finanziellen Grundlagen und personellen Ressourcen. Kleinere netzpolitische Akteure und etablierte Stiftungen und Vereine sollten daher strategische Allianzen bilden. Die Politik ist aufgefordert, zivilgesellschaftliches Engagement im Bereich Digitalisierung anzuerkennen und stärker zu fördern. Dazu gehört auch ein »digitales Update« der Vorschriften des Gemeinnützigkeitsrechts.[16]

Transparenz über Folgen und Risiken

Das Unsichtbare sichtbar zu machen, lernt man in der Schweiz. Wer dort bauen oder ein Gebäude verändern will, der braucht ein sogenanntes Baugespann, das die geplanten Ecken und Kanten des Hauses aussteckt. Dieses Stangengerüst macht bereits vor Baubeginn sichtbar, wie das neue Vorhaben sein Umfeld beeinflussen wird. Die Anwohner haben dann hinreichend Zeit, die Pläne im Detail einzusehen und Einspruch zu erheben. Das Baugespann bleibt bis zum Ende des offiziellen Bewilligungs- und Beschwerdeverfahrens stehen und erleichtert auch der Prüfbehörde die Arbeit.

Die Schweizer Bauordnung bedient sich eines alten Grundsatzes, den auch Organisationen wie Greenpeace oder Foodwatch nutzen: Um eine Debatte zu befeuern, braucht es starke Bilder. Doch die digitale Welt steht hier vor einer großen, ihr immanenten Herausforderung. Denn Algorithmen sind physisch unsichtbar, sie bewegen sich zumeist sogar jenseits der Vorstellungskraft der Bürger. Auch ihre Auswirkungen sind nicht zu sehen, solange die Software noch nicht im Einsatz ist. Keine spürbare persönliche Betroffenheit plus fehlende Möglichkeiten zur Visualisierung machen es schwierig, eine breite Debatte über algorithmische Systeme zu initiieren. Trotzdem müssen ihre Ziele und möglichen Konsequenzen bereits im Entstehungsprozess dokumentiert und transparent gemacht werden.

Dazu bieten sich verpflichtende Folgeabschätzungen und Verträglichkeitsprüfungen an. Sie können den Diskurs anregen, bereichern und versachlichen. Sechs Bestandteile sollten obligatorisch dargelegt werden: Ziele eines algorithmischen Entscheidungssystems, Art und Umfang der verwendeten Daten, erwartete Ergebnisse, erwartete individuelle und gesellschaftliche Nebenwirkungen, erwartete Qualität der Prognosen (z. B. Fehlerquoten) sowie mögliche Verfahren zur Qualitätssicherung. Allein die Analyse, wer inwieweit vom Einsatz eines algorithmischen Systems betroffen sein könnte, wäre ein wichtiger erster Schritt, um verschiedene gesellschaftliche Gruppen gezielt in einen Diskurs einzubinden. Dazu sollte jeder Auftraggeber eines teilhaberelevanten algorithmischen Systems gesetzlich verpflichtet werden. Das amerikanische AI Now Institute, eine auf die Untersuchung der sozialen Folgen von KI spezialisierte Forschungseinrichtung, hat sich für den öffentlichen Sektor an den ersten Entwurf eines solchen »Algorithmic Impact Assessment« gewagt.[17]

Das Instrument der Folgeabschätzungen samt Risikobewertung hat sich bereits in etlichen Bereichen bewährt. So schreibt die Europäische Union für Industrieanlagen und andere Infrastrukturprojekte seit 1985 eine Umweltverträglichkeitsprüfung vor. Auftraggeber müssen das Vorhaben beschreiben, Alternativen prüfen und ökologische Auswirkungen und mögliche Gegenmaßnahmen aufzeigen.[18] Diese Unterlagen werden öffentlich gemacht. So zwingen Verträglichkeitsprüfungen zur systematischen, strukturierten Analyse von Faktoren, die sonst vielleicht ausgeblendet würden. Ähnliches gibt es im Datenschutzrecht.[19] Immer dann, wenn besonders sensible Daten über die ethnische Herkunft, die Religionszugehörigkeit oder die Sexualität eines Menschen verarbeitet werden, sind Folgeabschätzungen vorgeschrieben. Das gilt auch, wenn die Datenverarbeitung dazu bestimmt ist, die Persönlichkeit des Betroffenen, einschließlich seiner Fähigkeiten, Leistungen oder seines Verhaltens, zu bewerten.[20] Das Pflichtenheft schreibt in diesen Fällen vor, Notwendigkeit und Verhältnismäßigkeit solcher Analysen zu begründen, Risiken für die Rechte und Freiheiten der Betroffenen einzuschätzen und Maßnahmen zu entwerfen, solche Gefahren einzudämmen.

An Partizipation führt kein Weg vorbei

Es ist mehr als die Erfüllung lästiger Pflichten, Betroffene vor Inbetriebnahme eines algorithmischen Systems zu beteiligen. Partizipation ist zum Scheitern verurteilt, wenn sie nur als Feigenblatt dienen soll, um längst feststehende Ergebnisse pro forma auf eine breitere Basis zu stellen, schlechte Presse zu vermeiden oder gesetzliche Auflagen zu erfüllen. Ernst gemeinte Beteiligungsverfahren hingegen können ein Wettbewerbsvorteil sein. Sie helfen, Fehler frühzeitig aufzudecken und die Software durch Feedback der Betroffenen zu verbessern, sodass am Ende alle davon profitieren. Und sie können dazu beitragen, verbreitete Vorbehalte in der Bevölkerung gegenüber intelligenten Maschinen abzubauen sowie Vertrauen und Legitimation zu schaffen.

Egal wie viele Menschen sich über welches Thema austauschen sollen – passgenaue und erprobte Instrumente gibt es für jede Art von Beteiligungsverfahren: von kleineren, grob repräsentativen Bürgerbeiräten über unstrukturierte Open-Space-Ansätze mit tausend und mehr Personen bis hin zu formalisierten Volksentscheiden. Das Land Nordrhein-Westfalen hat einen knapp 200-seitigen Leitfaden mit Instrumenten und Techniken für Dialogverfahren herausgegeben.[21] In vielen Bereichen ist strukturierte Partizipation längst Standard, etwa im Gesundheitswesen, wo mit organisierten Patientenvertretungen über das dort Sinnvolle und Angemessene diskutiert wird. Auch das Baurecht sieht gesellschaftliche Diskurse je nach Dimension eines Vorhabens explizit vor.[22] Insbesondere auf kommunaler Ebene ist es üblich und häufig auch vorgeschrieben, dass Großprojekte umfangreiche Beteiligungsprozesse erfahren, die über reine

Informationen deutlich hinausgehen. Bürger sollen konsultiert und in die Entscheidung einbezogen werden.

Die Absicht dahinter: unterschiedliche Perspektiven und Interessen berücksichtigen, Konflikte frühzeitig erkennen, Kompromisse ergebnisoffen ausloten und somit auch die Legitimation und Akzeptanz der am Ende getroffenen Entscheidung erhöhen.[23] Dort hingegen, wo Großprojekte durchgeboxt werden sollen, ohne dass Betroffene über echte Gestaltungsmöglichkeiten verfügen, sind zuletzt immer wieder massive Widerstände aufgetreten. Erinnert sei an das Bahnhofsprojekt Stuttgart 21, die Nutzung des ehemaligen Berliner Flughafens Tempelhof oder die Bewerbung der Stadt Hamburg für die Olympischen Spiele 2024.

Die analoge Welt lehrt folglich zweierlei: Ja, Beteiligung funktioniert, wenn man will. Und nein, gegen den Willen der Bürger lassen sich nicht einfach klamm und heimlich Fakten schaffen. Bei wichtigen Entscheidungen führt an Partizipation kaum ein Weg vorbei. Selbst wenn am Ende das Ergebnis nicht von allen goutiert wird, sorgt ein systematischer und früher Einbezug der breiten Öffentlichkeit meist für erhöhte Zufriedenheit. Laut einer repräsentativen Untersuchung der Bertelsmann Stiftung steigert Bürgerbeteiligung für zwei Drittel der Befragten die Akzeptanz, auch wenn die eigenen Interessen letztlich nicht durchgesetzt werden können.[24]

Für die digitale Welt bedeutet das: Geheimniskrämerei, Intransparenz und Entscheidungen unter Ausschluss der Öffentlichkeit erzeugen Misstrauen gegenüber intelligenten Maschinen. Mangelhafte Kommunikation zum Einsatz solcher Technologien führt zu Mythen, Skepsis und durchaus auch Widerstand in der Bevölkerung. Besonders fatal ist das, wenn Algorithmen von Staats wegen eingesetzt werden.

Wie beim *Predictive Policing*, das deutsche Behörden eigentlich ausgesprochen umsichtig nutzen (siehe Kapitel 11). Die Polizei bedient sich hierzulande nur ortsbezogener Systeme, beschränkt auf wenige Deliktarten, und testet sie in umfangreichen Piloten häufig auch unter Einbezug der Wissenschaft. Und trotzdem: Reden tun die Behörden über *Predictive Policing* kaum, höchstens auf explizite Nachfrage. Diese passive Kommunikationsstrategie dürfte sich negativ auf die Einstellung der Bevölkerung zur vorausschauenden Polizeiarbeit im engeren Sinne und auch zum Einsatz algorithmischer Systeme generell auswirken.[25]

Auf politischen Gestaltungswillen, zivilgesellschaftliches Engagement, verpflichtende Folgeabschätzungen und strukturierte Partizipation zu verzichten, mag anfangs bequem erscheinen. Das macht zwar zunächst vieles einfacher, kommt aber als Bumerang gleich mehrfach zurück. In Form von Qualitätsmängeln, in Form fehlender Gemeinwohlorientierung und in Form von Widerstand. Algorithmische Systeme brauchen die Akzeptanz der Bevölkerung. Deshalb müssen wir eine ernstgemeinte gesellschaftliche Debatte über sie führen.

>»Auch das Beste stiftet, falsch verwendet, ein Unheil an,
das seine Herkunft schändet.«[1]

WILLIAM SHAKESPEARE, *ROMEO UND JULIA*

15

Gut gemeint ist noch nicht gut gemacht: Wie wir Algorithmen kontrollieren

In den ersten 20 Jahren herrschte grenzenlose Freiheit. Es gab schlichtweg keinerlei Regeln für Autos, als der »Motorwagen Nummer 1« des deutschen Erfinders Carl Benz 1886 zum Patent angemeldet wurde. Auf den Straßen war es bis dato recht beschaulich zugegangen, Fußgänger und Pferdefuhrwerke kamen problemlos miteinander klar. Doch mit den Autos begann das Zeitalter der Mobilität, und schnell war es vorbei mit der Beschaulichkeit. Die neuartigen Fahrzeuge mischten mit ihrer damals ungewohnt hohen Geschwindigkeit den Verkehr auf, bald wurde es recht chaotisch, nicht selten kam es zu Unfällen. Rechtslage: ungeklärt. Es existierte keine tragfähige Ordnung in dem Gewusel, und es etablierte sich auch keine von selbst. Die entstand erst 1909 mit dem Reichsgesetz über den Verkehr mit Kraftfahrzeugen. Vorfahrtsregeln, Straßenschilder und eine verpflichtende Führerscheinprüfung sind seither nicht mehr wegzudenken. Später kamen Ampeln hinzu, im Jahr 1953 eine erste Promille-Grenze, 1976 die Gurtpflicht.

Einen wichtigen Meilenstein für mehr Sicherheit auf deutschen Straßen markiert auch die Einführung der TÜV-Plakette. Mit ihr zertifizieren seit 1961 staatlich zugelassene Prüfer die Funktionsfähigkeit und Umweltverträglichkeit eines Fahrzeugs. All das hat neben wachsenden Sicherheitsstandards maßgeblich dazu beigetragen, dass die Zahl der Verkehrstoten seit den Anfangstagen des Automobils kontinuierlich gesunken ist, von gut 63 pro 10 000 angemeldete Kraftfahrzeuge im Jahr 1912 auf rechnerisch nur noch 0,6 im Jahr 2017.

Kontrolle muss sein

Neue Technologien verlangen neue Regel- und Kontrollsysteme. Das gilt für Autos wie für Algorithmen. Denn auch in der digitalen Welt ziehen Mängel schwerwiegende Konsequenzen nach sich. Teilweise sind es bizarr anmutende Fälle, die die Risiken algorithmischer Entscheidungen offenbaren. Der Wettbewerb *Beauty. AI* wollte das menschliche Schönheitsideal objektivieren und programmierte eine App, die 6000 Teilnehmer beider Geschlechter aus 100 Ländern anhand ihrer Fotos bewertete.[2] Das Ergebnis sah nach blankem Rassismus aus. Von 40 Gewinnern war ein einziger dunkelhäutig. Der Datensatz, mit dem die Software trainiert wurde, war offensichtlich alles andere als repräsentativ für die Weltbevölkerung. Ähnliche Ursachen führen zu Diskriminierungen mit ungleich größerer gesellschaftlicher Tragweite, wenn etwa ein Justizalgorithmus schwarzen Kriminellen prinzipiell höhere Rückfallwahrscheinlichkeit attestiert als weißen (siehe Kapitel 12). Ironischerweise traten beide Softwareprogramme an, um Entscheidungen fairer zu machen. Sowohl die Verantwortlichen des Schönheitswettbewerbs als auch der Justizsoftware waren sich bestehender Diskriminierung in menschlichen Urteilen bewusst und wollten diese maschinell ausmerzen. Doch gut gemeint ist noch lange nicht gut gemacht. Auch Systeme, die Fairness, Chancengerechtigkeit oder sozialen Zusammenhalt befördern sollen, können im Ergebnis das Gegenteil bewirken.

Je größer der Einfluss auf das Leben von Menschen und je weitreichender die möglichen gesellschaftlichen Konsequenzen einer Software, desto mehr Vorsicht ist geboten. Dann reicht es nicht, sich auf eine breite Debatte und wohlfeile Absichtserklärungen zu verlassen. Auch die Umsetzung guter Ziele muss überprüft werden. Laut repräsentativen Umfragen wünschen sich fast zwei Drittel der Deutschen und sogar drei Viertel der EU-Bevölkerung eine stärkere Kontrolle von Algorithmen.[3]

Das derzeitige Kontrolldefizit hat hauptsächlich drei Ursachen: Erstens herrscht viel zu oft Intransparenz darüber, ob und wie Algorithmen zum

Einsatz kommen. Zweitens fehlen Standards für regelmäßige und ganzheitliche Überprüfungen. Und drittens sind Rechtsrahmen und -durchsetzung unzureichend auf die algorithmischen Herausforderungen vorbereitet. Dieses Kapitel zeigt Optionen auf, wie das Kontrolldefizit behoben werden kann.

Die Black Box transparent machen

Ein Algorithmus darf keine Black Box sein und sich so der Kontrolle entziehen. Zunächst muss für jedermann und jederzeit transparent sein, *ob* ein Algorithmus eingesetzt wird. Kein Computerprogramm darf uns vorgaukeln, es sei ein Mensch am Werk. Jede Software, egal ob sie Newsfeeds in sozialen Netzwerken ausspielt oder die Vergabe von Krediten prüft, muss sich offen als solche zu erkennen geben. Wir brauchen ein Vermummungsverbot für Algorithmen!

Auch *wie* Algorithmen arbeiten, darf nicht im Dunkeln bleiben. Ziele und Funktionsweise solcher Systeme müssen nachvollziehbar sein – eine einfache Bedingung, die jedoch zunehmend schwerer zu erfüllen ist. War bis in die 1990er Jahre der Zusammenhang zwischen Dateneingabe, Programmiercode und Ergebnis in aller Regel noch verständlich, sind Algorithmen seitdem immer komplexer und Daten immer umfangreicher geworden.[4] Allein der Programmiercode von Google umfasst mittlerweile mehrere Milliarden Zeilen, jedes Jahr werden über eine Billion digitale Fotos erstellt und gespeichert. Mehr und mehr kommen lernende Systeme zum Einsatz, deren Ergebnisse auch für Experten kaum zu verstehen sind.

Vor dieser Komplexität darf die Informatik nicht kapitulieren, sondern muss lernen, sie zu entschlüsseln. In den USA arbeitet bereits eine wachsende Zahl von Wissenschaftlern an neuen Methoden für die sogenannte *Explainable AI*. Ein Forscherteam des MIT will erreichen, dass eine Künstliche Intelligenz ihren »Denkprozess« Schritt für Schritt visualisieren und erklären kann, ohne dass sie an technischer Leistungsfähigkeit einbüßt.[5] Carlos Guestrin, Experte für maschinelles Lernen an der University of Washington, hat einer Software beigebracht, die zentralen Variablen in einem Datensatz zu kennzeichnen und zu erläutern. Ein System, das beispielsweise Brustkrebs auf Mammographie-Aufnahmen erkennen soll, kann so die für seine Diagnose entscheidenden Teile eines Bildes markieren.[6] Es braucht deutlich mehr Fördermittel für praxisnahe Forschung dieser Art, damit Menschen algorithmische Entscheidungen besser nachvollziehen und überprüfen können.

Solche Beforschung oder gar die Veröffentlichung eines Quellcodes sind für die allermeisten Bürger nur ein Symbol für Transparenz. Für Experten aber sind sie essentiell, um mögliche Fehler und ihre Ursachen zu erkennen und der Gesellschaft zu vermitteln. Wenn wie bei der Studienplatzvergabe in Frankreich (siehe Kapitel 10) breites öffentliches Interesse entsteht, finden sich auch kundige Programmierer, die die Regeln und Kriterien decodieren, nach denen Software ihre Entscheidungen trifft. Experten sollten das algorithmische System aber nicht nur selbst verstehen, sondern auch verständlich machen können. Laien brauchen eine Übersetzungshilfe, wie sie etwa bei Arzneimitteln üblich ist. Algorithmen sollten deshalb eine Art Beipackzettel bekommen, der kurz und knapp ihren Zweck und mögliche Folgen erklärt. Welchem Ziel dient der Algorithmus? Auf welche Daten greift er zurück? Welche »Risiken und Nebenwirkungen« hat er?[7]

Häufig deklarieren Unternehmen ihre Quellcodes aus wirtschaftlichen Motiven als Verschlusssache. Sie fürchten um ihre Geschäftsgeheimnisse und sehen den fairen Wettbewerb in Gefahr. Außerdem führen sie Sorgen um den Datenschutz und vor möglichen Manipulationen ins Feld. Es muss geprüft werden, ob diese legitimen Interessen schwerer wiegen als der Wunsch nach öffentlicher Transparenz. Doch auch wenn das der Fall ist, kann Kontrolle funktionieren. Schließlich haben Steuerbehörden und Wirtschaftsprüfer vollen Einblick in Firmeninterna, ohne damit an die Öffentlichkeit oder zur Konkurrenz zu gehen; Gutachter können zur Vertraulichkeit verpflichtet werden; und die Justiz nutzt sogenannte *in-camera*-Verfahren, um vollständige Transparenz auf einen geschützten Raum zu begrenzen.

Erste Kontrollbehörden fordern bereits Zugang zu Programmiercodes. Die Bundesanstalt für Finanzdienstleistungsaufsicht (BaFin) hat seit einigen Jahren vermehrt mit algorithmischen Finanzhändlern zu tun. Während der Anteil automatisierter Transaktionen 2003 noch bei 15 Prozent lag, wird er mittlerweile auf fast 90 Prozent geschätzt.[8] BaFin-Chef Felix

Hufeld fordert mehr Transparenz, damit seine Behörde ihren Prüfauftrag erfüllen kann: »Wir müssen die Entscheidungsfindung eines voll- oder teilautomatisierten Prozesses jederzeit nachvollziehen können. Das ist vor allem deshalb wichtig, weil wir als Aufsicht nur dann überhaupt die Chance haben, frühzeitig auf Fehler im Analyseprozess aufmerksam zu werden und entsprechend einzugreifen.«[9]

Den Profis auf die Finger schauen

Ein Auto muss alle zwei Jahre zum TÜV und wird dort auf Verkehrstauglichkeit geprüft. Nimmt man am Fahrzeug wesentliche Änderungen vor, ist das in der Zulassungsbescheinigung zu beurkunden. Arzneimittel werden ausführlich auf Wirkung und Nebenwirkungen getestet, bevor sie auf den Markt kommen dürfen. Die Lebensmittelüberwachung wiederum arbeitet mit Stichproben, um Verbraucher vor Gesundheitsgefahren sowie Irreführung und Täuschung zu schützen. Der Grundgedanke hinter diesen bewährten Verfahren ist, Produkte vor ihrem Einsatz und in regelmäßigen Abständen auf Herz und Nieren zu testen. Das sichert Qualität und verhindert Missbrauch.

Auch algorithmische Systeme müssen regelmäßig kontrolliert werden, und die zeitlichen Abstände zwischen den Kontrollen dürfen nicht zu groß sein. Eine noch so ausgiebige Prüfung vor der Inbetriebnahme alleine wäre für viele von ihnen nicht genug, weil sie sich ständig ändern. Google gibt an, seinen Suchalgorithmus bis zu tausendmal im Jahr anzupassen.[10] Selbstlernende Systeme mutieren kontinuierlich, ebenso wie die Datenbasis, mit der sie gefüttert werden. Hinzu kommt, dass viele Probleme erst durch das Zusammenspiel von Einsatzziel, Programmiercode, Daten und jeweiligem sozialen Kontext entstehen. Hersteller, Anwender und Kontrolleure müssen diese Wechselwirkungen daher ganzheitlich in den Blick nehmen. In der Welt der Algorithmen gilt: Der Prozess ist wichtiger als das Produkt. Vor allem in sensiblen Bereichen wie Innere Sicherheit und Strafverfolgung reicht es nicht, nur die Prognosequalität einer Software zu messen. Für die Bewertung von *Predictive-Policing*-Programmen beispielsweise ist es genauso von Belang, welche Konsequenzen sich aus der algorithmischen Vorhersage ergeben: ob Kriminalität sich lediglich örtlich verlagert, ob bestimmte Bevölkerungsgruppen verstärkt kontrolliert werden oder wie Täter ihr Vorgehen anpassen könnten.[11]

Eine Informatikerin, die sich mit ganzheitlicher Evaluation bestens auskennt, ist Joy Buolamwini. Am MIT Media Lab hat sie in ihrem Projekt *Gender Shades* führende Gesichtserkennungssoftwares auf Diskriminierung getestet. Sie fütterte die Systeme von Microsoft, Face++ und IBM mit tausenden Portraitbildern von Parlamentsabgeordneten aus der ganzen Welt. Alle drei Programme erkannten Männer besser als Frauen und Menschen mit heller besser als solche mit dunkler Hautfarbe.[12] Keine der Firmen hatte ihr System einem vergleichbaren Test unterzogen. Dadurch unterlief den Top-Profis der Branche exakt derselbe Fehler, den man beim Schönheitswettbewerb *Beauty. AI* vielleicht noch als amateurhaft abzutun geneigt war: Frauen und Dunkelhäutige sind in den Datensets, die für das Training der Algorithmen genutzt werden, deutlich unterrepräsentiert. Unternehmen versäumen offensichtlich zu prüfen, ob ihre Technologie für manche Menschen besser passt als für andere. »Inklusive Produktevaluation ist für die Industrie eine notwendige Voraussetzung, um Systeme zu produzieren, die für die gesamte Menschheit funktionieren«, betont Joy Buolamwini.[13] Direkt nach Bekanntwerden ihrer Untersuchungsergebnisse kündigte IBM an, seine Software zu überarbeiten.

Für regelmäßige und ganzheitliche Kontrollen müssen dringend allgemeine Standards etabliert werden. Eine Deutsche Industrienorm für algorithmische Systeme kann dazu den Rahmen setzen. Je nach Gefahrenpotenzial der Anwendung sollte diese ein festes Regel-Set für ein Risiko- und Qualitätsmanagement definieren. Auf Mindeststandards sind Systembetreiber auch bei der Aufklärung von Fehlern zu verpflichten. Ähnlich wie im Luftverkehr, wo Flugschreiber bei Zwischenfällen die Ermittlungen erleichtern, müssen auch in der algorithmischen Welt im Nachhinein noch die Ursachen für Fehlfunktionen feststellbar sein.

Recht haben und Recht bekommen

Je mehr und wichtigere Entscheidungen wir an die intelligenten Maschinen delegieren, desto dringlicher wird es, den Rechtsrahmen an das algorithmische Zeitalter anzupassen und eine effektive Rechtsdurchsetzung zu gewährleisten, sei es bei Datenschutz oder -sicherheit, sei es bei Privat- oder Urheberrecht. Selbstfahrende Autos brauchen verbindliche Regeln, Bürger müssen vor potentiell diskriminierenden Algorithmen geschützt werden, und auch der Staat selbst braucht Kontrolle, wenn er sich automatisierter Hilfe bedient. Dazu muss die Politik nicht notwendigerweise neue Institutionen und Gesetze schaffen. Wirksamer ist es, bestehende zu stärken oder zu erweitern – und klare Haftungsregeln zu definieren für den Fall, dass einmal etwas schiefgeht.

Transparenzpflichten für algorithmische Systeme gehören in die Informationsfreiheitsgesetze. Diese Forderung vertreten die Informationsfreiheitsbeauftragten von Bund und Ländern bereits mehrheitlich; sie wollen staatliche Akteure verpflichten offenzulegen, zu welchem Zweck teil- und vollautomatisierte Systeme genutzt werden.[14] Ist nicht garantiert, dass diese nachvollziehbar, überprüfbar und beherrschbar sind, soll auf ihren Einsatz grundsätzlich verzichtet werden.[15]

Die Europäische Datenschutzgrundverordnung (DSGVO) muss um Regeln für automatisierte Entscheidungen ergänzt werden. Zwar können Bürger mithilfe der DSGVO individuelle Auskünfte einholen, systematische Mängel oder Diskriminierungen ganzer Personengruppen jedoch hilft sie nicht aufzudecken. So kann bei der algorithmischen Bewerberauswahl der Einzelne sich zwar auf die neue Verordnung berufen, um nachzuvollziehen, wie die Entscheidung über eine Absage zustande gekommen ist. Aber es bleibt ungeklärt, ob bestimmte Eigenschaften – etwa Geschlecht oder der Wohnort – dazu führen, dass ganze Gruppen ungerechterweise geringere Chancen auf einen Job haben. Zusätzlich zur DSGVO braucht es deshalb Ansätze, die solche gesamtgesellschaftlichen Interessen schützen.

Auch das Allgemeine Gleichbehandlungsgesetz (AGG) wirkt bei Algorithmen derzeit nur eingeschränkt. Zwar ist das AGG technologieneutral formuliert, erfasst also durchaus auch algorithmische Prozesse. Allerdings gilt es nur für bestimmte Lebensbereiche wie Bildung, Sozialleistungen oder Anstellungsverhältnisse. Gerade bei Verträgen zwischen Privaten sind jenseits des Arbeitsrechts nur wenige Anwendungsfälle erfasst. Rechtswissenschaftler haben deshalb bereits vorgeschlagen, den Katalog der AGG-Tatbestände so zu ergänzen, dass er algorithmenbasierte

Ungleichbehandlungen (etwa bei der personalisierten Preisgestaltung) deutlich weitergehender ausschließt.[16]

Recht haben und Recht bekommen sind bekanntlich zwei Paar Schuhe. Ein einzelner Kläger ist oftmals überfordert, systematische Diskriminierungsmuster auf kollektiver Ebene zu erkennen oder gar nachzuweisen. Das macht es schwierig, die Interessen der Allgemeinheit durchzusetzen. Im Umweltrecht oder beim Datenschutz wurden deshalb zivilgesellschaftlichen Organisationen Verbandsklagerechte eingeräumt – eine Möglichkeit, von der Naturschutzverbände und Verbraucherschützer bereits sehr intensiv Gebrauch machen. Dieses Instrument sollte auf den Bereich der algorithmischen Systeme ausgeweitet werden. Die Gesellschaft für Freiheitsrechte oder die öffentlich getragene Antidiskriminierungsstelle des Bundes könnten dann Klagen gegen exemplarische Fälle von algorithmischer Diskriminierung sehr viel wirkungsvoller durch die Instanzen tragen als ein individuell betroffener Bürger.

Wenn durch Technik Schaden entsteht, stellt sich immer auch die Frage, wer dafür geradesteht. Im deutschen Haftungsrecht gilt hier grundsätzlich das Verschuldensprinzip: Nur wer sich bei Betrieb oder Nutzung eines technischen Geräts eines Fehlverhaltens schuldig macht, wird dafür auch zur Rechenschaft gezogen. Ansonsten greift in der Regel die Produkthaftung des Herstellers. Doch es gibt Ausnahmen: Im Umwelt- oder Verkehrsrecht etwa haftet für Schäden grundsätzlich derjenige, der eine Fabrik betreibt oder ein Auto hält. Diese Gefährdungshaftung begründet sich dadurch, dass allein der Betrieb einer Großanlage oder eines Fahrzeugs eine substantielle Gefahrenquelle darstellt.

Doch wer haftet, wenn intelligente Maschinen versagen? Nicht immer kann man in solchen Fällen menschliches Fehlverhalten eindeutig zuordnen. Die ersten Unfälle selbstfahrender Autos in den USA lassen die Dimension dieser rechtlichen Herausforderung erahnen. Das Beispiel zeigt: Wir brauchen dringend klare Haftungsregeln für Algorithmen. Gerade bei selbstlernenden Systemen, die sich mitunter dem direkten menschlichen Einfluss entziehen, läge hier intuitiv eine strenge Gefährdungshaftung durchaus nahe. Wenn Hersteller selbstlernender Systeme wie Betreiber einer Fabrik verschuldensunabhängig haften, dürfte das auch die Entwicklung möglichst sicherer Systeme befördern. Doch umgekehrt könnten solche Haftungsrisiken leicht Innovation, internationale Wettbewerbsfähigkeit und letztlich auch die Verbreitung gesellschaftsförderlicher Technologie hemmen. Wie zentral die eindeutige Klärung dieser Haftungsfragen ist, betont der auf die digitale Transformation spezialisierte Rechtsanwalt Torsten Kraul: »Um Vertrauen in die Technologie aufzubauen, muss sichergestellt werden, dass in Schadensfällen Verantwortlichkeiten geklärt sind. Wenn niemand haftet, wird auch keine Akzeptanz für den Einsatz neuer Technologien entstehen.«[17]

All diese rechtlichen Aspekte zählen in der Politik zu den Mühen der Ebene. Dort kommt es auf Sachkenntnis, Umsicht und Effektivität an. Zu Beginn des Mobilitätszeitalters reichten wenige neue Gesetze und Institutionen, um Ordnung in den Verkehr zu bekommen und für mehr Sicherheit zu sorgen. Sicherlich hätte es auch heute einen hohen Symbol- und Nachrichtenwert, ein Algorithmen-Kontrollgesetz zu erlassen oder einen »Algorithmen-TÜV« einzurichten. Beides ist für Politiker verlockend. Die Vielfalt und die Spezifika der Bereiche, in denen algorithmische Systeme wirken, sprechen allerdings eher dafür, bestehende Gesetze zu ergänzen und Institutionen wie das Bundesinstitut für Arzneimittel und Medizinprodukte oder die BaFin für die algorithmische Welt zu rüsten. Sie brauchen neue Befugnisse und zusätzliches Personal, um etwa die zunehmend datenbasierte Diagnostik von Pharmakonzernen oder die FinTech-Branche wirksam überwachen zu können.

> »Ein Monopol ist eine schreckliche Sache,
> bis man selbst eins hat.«[1]
>
> RUPERT MURDOCH, US-MEDIENUNTERNEHMER

16

Kampf den Monopolen: Wie wir algorithmische Vielfalt sichern

Das Kapital der Bristol Bay ist ihre Natur. Umrahmt von Tundra und Feuchtwiesen erstreckt sich die Bucht im Süden Alaskas über 400 Kilometer. Ihr größter Schatz sind die Rotlachse. Die meisten Urlauber, die hierherkommen, sind Angler. Noch mehr als der Tourismus ernährt die Fischerei die Menschen der Region. Jeder zweite weltweit gefangene Rotlachs stammt aus dieser Bucht.[2]

Deshalb reagieren die dortigen Fischer ebenso sensibel auf alle geplanten Eingriffe ins Ökosystem wie die Naturschützer. Mit ihrem Engagement konnten sie eine Erschließung der Öl- und Gasvorkommen vor der Küste bislang verhindern, auch gegen einen Ausbau der Kupfer- und Goldminen an Land wehrten sie sich erfolgreich. Einem stehen sie jedoch machtlos gegenüber: dem Klimawandel. Er hat die Lebensbedingungen der Lachse während der vergangenen 20 Jahre bereits stark verändert. Das hat einige Lachspopulationen arg dezimiert, andere allerdings stark vermehrt, wie Ray Hilborn festgestellt hat. Der Biologe von der University of Washington erforscht seit Jahren die Fischbestände in der Bristol Bay und gibt vorerst Entwarnung.[3] Denn bislang haben die Rotlachse dank ihrer natürlichen Vielfalt auf alle Umwelteinflüsse reagieren können. Die Populationen, die aufgrund ihrer genetischen Prädisposition besser gerüstet sind für das Überleben in den veränderten klimatischen Bedingungen, setzen sich evolutionär durch und gleichen den Rückgang anderer Populationen aus. Für den Gesamtbestand der Rotlachse in der Bucht galt zumindest während der vergangenen Jahrzehnte: Stabilität durch Diversität.[4] Die Erfolgsformel aus der Natur vergleichen Biologen mit dem Portfolio-Effekt aus dem Wirtschaftsleben: Um das Risiko zu streuen, investieren Anleger in mehr als eine Aktie und horten Firmen nicht ihren gesamten Warenbestand in einem einzigen Zentrallager. Nach demselben Grundprinzip darf in vielen Unternehmen der Vorstand nicht mit ein und demselben Flugzeug fliegen.

Algorithmische Monopole

Wo alles auf eine Karte gesetzt wird, entstehen auch in der digitalen Welt Klumpenrisiken. Ausgerechnet die größte Stärke der Algorithmen verführt zu Monokulturen auf Kosten der Vielfalt. Denn ist ein Software-System erst einmal entwickelt und etabliert, lässt es sich beliebig oft nutzen, ohne dass nennenswerte Zusatzkosten entstehen. Diese nahezu unbeschränkte Skalierbarkeit gilt allerdings auch für die gesellschaftlichen Risiken, die algorithmische Systeme mit sich bringen können: Schnell verbreitet, entsteht auch schnell großer Schaden. Wenn etwa eine gesamte Branche dieselbe Software zur Personalauswahl einsetzt und sich dort versteckte Diskriminierungen eingeschlichen haben, kann das bestimmte Personengruppen komplett vom Arbeitsmarkt ausschließen (siehe Kapitel 4).

Alles nach dem gleichen Ziel auszurichten, gefährdet gesellschaftliche Pluralität. Ein Beispiel aus Kapitel 13: Die großen sozialen Netzwerke folgen ausnahmslos derselben Logik, nämlich die Klickzahlen nach oben zu fahren. Ein Herz auf Twitter, ein Daumen hoch auf Facebook, ein Klick zum nächsten Video auf Youtube – was gefällt und Emotionen weckt, erzielt Reichweite. Diese Logik begünstigt aber die Verbreitung von Extrempositionen und Falschnachrichten.[5] Zwingend ist sie nicht, es gäbe durchaus Alternativen. Die Relevanz von Nachrichten könnte auch an anderen Kriterien wie Informationsdichte oder sprachlichen Merkmalen wie Korrektheit und Höflichkeit gemessen werden.[6] Hätten die Nutzer hier eine echte Wahl, würde dies die Vielfalt ihrer Interessen deutlich besser abbilden.

Alle Daten unter Kontrolle weniger Unternehmen verhindert Wettbewerb und Innovation. Denn dem Zugang zu Daten verdanken Google und Facebook ihre Dominanz. Über die Angebote dieser beiden Tech-Giganten läuft fast 75 Prozent des mobilen Datenverkehrs im Internet.[7] Ansatzweise mithalten können nur wenige andere wie Amazon oder die aufstrebenden chinesischen Plattformen Tencent und Baidu. Doch nur wer hochwertige Daten besitzt, kann Künstliche Intelligenz trainieren, und so die Qualität seiner Produkte stetig steigern. Solange lediglich wenige Großunternehmen über diesen Zugang verfügen, bauen sie ihre Dominanz immer weiter aus: *The winner takes it all.* Ökonomen sprechen hier von indirekten Netzwerkeffekten in datengetriebenen Märkten. Auf lange Sicht vergiften sie das Innovationsklima. Denn den Platzhirschen fällt es leicht, neue Ansätze kleinerer Konkurrenten aufzukaufen oder zu kopieren und dank ihres Datenschatzes besser nachzubauen – und damit potentielle Konkurrenz im Keim zu ersticken. Große Firmen können sich so auf ihrer Dominanz ausruhen und stehen nicht unter Druck, neue Produkte entwickeln zu müssen. Der Markt versagt.[8] Meredith Whittaker, Forscherin an der New York University und Mitbegründerin des AI Now Institute, sieht in den monokulturellen Marktstrukturen eines der größten Probleme des heutigen KI-Ökosystems: »So, wie uns der Silicon-Valley-Mythos das weismachen will, funktioniert es nicht. Es ist einfach unmöglich, ein KI-Unternehmen mit nur einem Computer und einer netten Idee in deiner Garage hochzuziehen.«[9]

Algorithmische Monopole schaden der Gesellschaft. Alleinherrschaft einzelner Softwarelösungen, Einheitlichkeit der Optimierungsziele und Unzugänglichkeit der Daten verhindern eine nachhaltige digitale Standortentwicklung. Sie erhöhen das Risiko von Machtmissbrauch und individueller Benachteiligung. Vonnöten ist vielmehr größere Vielfalt – dieses Kapitel skizziert einige Wege dorthin.

Mehr freie Daten

Um die Spirale digitaler Machtkonzentration zu stoppen und die Eintrittsbarrieren zum KI-Markt für kleinere Unternehmen und gemeinnützige Akteure zu senken, müssen hochwertige und aktuelle Trainingsdaten frei zugänglich sein. Dafür bieten sich vier Ansatzpunkte.

Erstens sollten Datensets für die Allgemeinheit zur Verfügung stehen, wenn sie im Rahmen öffentlich geförderter Forschung produziert wurden. Als Vorbild können Biobanken dienen. Diese Einrichtungen speichern DNA-, Blut- oder Gewebeproben sowie Informationen über Krankheitsgeschichte und andere soziodemographische Details der Spender. Hochsensible Informationen also, die für die Forschung und damit die gesellschaftliche Wohlfahrt essentiell sind. Die Biobanken sind meist an Universitätskliniken angedockt, die Datensicherheit garantieren und Wissenschaftlern kontrollierten Zugang gewähren. Um das Konzept der Biobanken auf KI-Trainingsdatensätze zu übertragen, braucht es vor allem Ressourcen für deren Aufbereitung und Pflege. Wer Vielfalt fördern will, darf hier nicht sparen.

Eine Schlüsselfunktion kommt zweitens der Aufbereitung und Veröffentlichung staatlicher Verwaltungsdaten zu. Egal ob Milchwirtschaft, Verkehrsaufkommen oder Gesundheitsversorgung: Überall liegen große Potenziale brach, die sowohl fürs Gemeinwohl als auch für wirtschaftliche Innovation genutzt werden könnten. Das im Sommer 2017 verabschiedete Open-Data-Gesetz verpflichtet zumindest die Bundesbehörden, im Zuge der öffentlichen Daseinsvorsorge entstandene Daten spätestens zwei Jahre nach Erhebung kostenfrei zugänglich zu machen.[10] Das markiert einen spürbaren Kulturwandel, für den die Mitarbeiter in der Verwaltung dringend geschult werden müssen. Denn es gilt, die großen Datenbestände zu strukturieren, um personenbezogene Informationen zu bereinigen und für Mensch und Maschine lesbar zu machen.[11] Transparenz und Offenheit dürfen nicht länger die Ausnahme sein, sondern müssen zur Regel werden.

Drittens können auch zivilgesellschaftliche Initiativen wichtige Daten bereitstellen. Ein leider noch seltenes Beispiel dafür hat die automatische Bilderkennung auf den Erfolgspfad geführt. 2009 veröffentlichte ein Team um die Informatikerin Fei-Fei Li eine Datenbank mit damals 3,2 Millionen Fotos inklusive den Beschreibungen der Bildmotive. Dieser sogenannte *ImageNet*-Datensatz wird weiter gepflegt, ist nach wie vor frei zugänglich und mittlerweile auf 13 Millionen Fotos angewachsen.[12] Das hat die Erkennungsraten der besten Software-Systeme von anfänglich 72 auf inzwischen über 97 Prozent klettern lassen, ohne dass sich die algorithmischen Ansätze wesentlich veränderten. Das große Plus ist tatsächlich der Zuwachs an Daten, mit denen die Systeme trainiert werden. Fei-Fei Li erkennt darin einen Paradigmenwechsel: »Während viele Menschen ihre

Aufmerksamkeit den mathematischen Modellen schenken, hat *ImageNet* gezeigt, dass wir uns vor allem auf die Daten fokussieren sollten.«[13] Der freie Zugriff auf die Fotos hat bei der Bilderkennung für Konkurrenz und dadurch auch für einen Innovationsschub gesorgt. Nach diesem Muster baut die Mozilla Foundation einen frei zugänglichen Datensatz für Tonaufnahmen auf, mit dessen Hilfe Spracherkennung trainiert werden kann. Das Projekt *Common Voice* ruft Menschen aus aller Welt dazu auf, ihre Stimme zu »spenden«. So lässt sich die Vielfalt menschlicher Stimmen abbilden und erforschen.[14] Die Initiative wirkt doppelt: Sie fördert Innovation und Gemeinwohl gleichermaßen.

Viertens muss diskutiert werden, wie Daten aus privatwirtschaftlichen Quellen für die Allgemeinheit zu nutzen sind. Denkbar wäre beispielsweise, Unternehmen ab einer bestimmten Marktmacht zu verpflichten, mindestens Teile ihrer Rohdaten auch möglichen Konkurrenten zur Verfügung zu stellen. Den Wettbewerb fördern und zugleich Kräfte bündeln könnte ein europäischer Pool, in den sowohl öffentliche Institutionen als auch private Unternehmen Daten einspeisen.[15] All das wäre mit dem Datenschutz vereinbar, wenn die Forschung zu anonymisierten, pseudonymisierten und künstlich erzeugten Daten vorangetrieben wird.

Mehr Betreiber und Ziele

Algorithmische Vielfalt braucht eine Vielfalt der Betreiber. Frei zugängliche Daten sind Voraussetzung für einen funktionierenden Markt mit konkurrierenden Geschäftsmodellen. Doch erst das Nebeneinander privatwirtschaftlicher, staatlicher und zivilgesellschaftlicher Akteure verspricht eine angemessene Repräsentanz aller berechtigten Anliegen und Perspektiven. Heute wird die KI-Entwicklung in erster Linie von ökonomischen Interessen getrieben. Aber nicht alle gesellschaftlich wertvollen Ziele sind profitabel. Unser Gemeinwesen braucht auch intelligente Maschinen, die sich nicht an monetären Gewinnen orientieren. Ein Assistenzsystem für Blinde, die Prävention schwerer Krankheiten oder die faire Zuteilung von Studienplätzen müssen zuallererst der Allgemeinheit dienen.

Forschungs- und Entwicklungsprojekte für solche gemeinwohlorientierte KI sollten deshalb gezielt mit öffentlichem Geld gefördert werden.

Der Staat hat eine gewaltige Nachfragemacht, die er nutzen kann, um Vielfalt zu stärken. Sachverstand und neue Ideen finden sich in ehrenamtlichen Projekten oder in zivilgesellschaftlichen Initiativen ebenso wie in etablierten Wissenschaftseinrichtungen. Ein gelungenes Beispiel für derartige Förderprogramme ist der *Prototype Fund*, der von der Open Knowledge Foundation verantwortet und vom Bundesministerium für Bildung und Forschung finanziert wird. Der Fonds unterstützt gemeinnützige Softwareprojekte, die etwa Datensicherheit verbessern, gesellschaftliches Engagement fördern oder *Data Literacy* stärken.[16]

Solche Initiativen sollten nicht nur finanziell, sondern auch beim nachhaltigen Aufbau ihrer Organisation unterstützt werden. Oft mangelt es ihnen an der dafür nötigen Management-Kompetenz. Während die Förderung des Nonprofit-Sektors in Deutschland noch unterentwickelt ist, haben sich in den USA gemeinnützige Betriebsmodelle bestimmte Nischen langfristig sichern können. Zu den erfolgreichsten Beispielen zählen die Wikimedia Foundation und die Mozilla Foundation. In Großbritannien schreibt seit 1998 die staatlich getragene Innovationsagentur Nesta regelmäßig Wettbewerbe zur Lösung gesellschaftlicher Herausforderungen aus, fördert die besten Ansätze und schafft so von kommerziellen Zwängen befreite Experimentierräume.

Eine vergleichbare Stiftung für soziale Innovation könnte auch in Deutschland – oder besser noch europaweit – wesentlich dazu beitragen, dass vom technologischen Fortschritt nicht nur wenige große Konzerne profitieren, sondern die gesamte Gesellschaft. An Herausforderungen in Arbeit, Bildung und Gesundheit mangelt es nun wahrlich nicht. Die Ende 2018 verabschiedete KI-Strategie der Bundesregierung erkennt zwar die Bedeutung gemeinwohlorientierter Innovation grundsätzlich an, enthält aber leider noch keine systematischen Ansätze zur Förderung algorithmischer Vielfalt.

Mehr Diversität in der Tech-Branche

Vielfalt tut gut, auch dort, wo über den Einsatz von Algorithmen entschieden und die Technologie entwickelt wird. Doch leider kommt die Tech-Branche selbst nicht besonders bunt daher. Der typische Programmierer im Silicon Valley ist jung und männlich. Der Anteil weiblicher IT-Fachkräfte hingegen erreicht bei Google, Facebook und Amazon nicht einmal die 20-Prozent-Marke. Über zwei Drittel der Mitarbeiter in US-Tech-Firmen sind weiß, in Führungspositionen sogar vier Fünftel.[17] Auch in Deutschland liegt der Frauenanteil in der IT-Branche deutlich unter 20 Prozent, nur ein Viertel der Absolventen sogenannter MINT-Studiengänge[18] sind hierzulande weiblich, gerade einmal 15 Prozent aller Start-ups haben eine (Mit-)Gründerin. Gleichzeitig ist die Wahrscheinlichkeit, dass eine Frau ein IT-Unternehmen verlässt, bevor sie die höchste Managementebene erreicht, doppelt so hoch wie bei ihren männlichen Kollegen.[19]

Damit algorithmische Systeme gesellschaftliche Pluralität widerspiegeln, muss die Tech-Branche dringend vielfältiger werden. Denn wenn Technologien von einer homogenen Gruppe von Menschen gestaltet werden, geraten die Ansichten und Bedürfnisse anderer schnell aus dem Blick. Das analoge Beispiel der Crashtest-Dummys aus Kapitel 11 verdeutlicht diese Problematik: Weil die Unfall-Puppen früher ausschließlich dem durchschnittlichen männlichen Körper nachgebaut wurden, trugen Frauen lange ein fast 50 Prozent höheres Risiko, bei einem Autounfall zu sterben.[20] Im Winter 2017 machte Amazons Assistenzsystem *Alexa* Schlagzeilen, weil es auf sexistische Beschimpfungen und frauenfeindliche Kommentare recht nonchalant reagierte.[21] Hätte *Alexa* nicht erheblich entschiedener geantwortet, wenn im Entwicklungsteam Frauen gleichberechtigt vertreten gewesen wären? Hätte nicht eher auffallen können, dass Googles Bilderkennungssystem schwarze Menschen als Gorillas identifizierte, wenn seine Programmierer diverser gewesen wären?

Um die Tech-Berufe für bislang unterrepräsentierte Gruppen attraktiv zu machen, müssen tradierte Strukturen aufgebrochen werden: Stereotype, die uns von klein auf eingeprägt werden, etablierte Netzwerke weißer Männer, verbreiteter Sexismus, eine Unterrepräsentanz afro- und lateinamerikanischer Studierender an den US-Universitäten, aus denen Tech-Talente maßgeblich rekrutiert werden, mangelnde Diversität der Vorbilder in den Führungspositionen. Viele Lösungsansätze befinden sich seit Jahrzehnten in der Diskussion, werden jedoch nur vereinzelt umgesetzt. Längst überfällig sind systematische und nachgewiesen wirksame Maßnahmen, um das Interesse von Mädchen an MINT-Fächern in der

Schule zu wecken. Nötig sind Bias- und Diversity-Trainings, auch um die Vereinbarkeit von Beruf und Familie zu verbessern. Und es braucht Mentoring- und Netzwerk-Programme, um Minderheiten in der Tech-Branche zu fördern.

Freier Zugang zu Trainingsdaten, vielfältige Betreiber und Ziele sowie heterogene Arbeitsumfelder sind wichtige Voraussetzungen dafür, dass algorithmische Systeme unsere soziale Dynamik und Diversität angemessen abbilden. Das minimiert gesellschaftliche Risiken, begrenzt das Ausmaß möglicher Schäden und schafft Raum für Innovation, die letztlich dem Gemeinwohl zugutekommt. In einer Zeit des Wandels, dessen Einzigartigkeit nicht zuletzt in der Geschwindigkeit der Veränderung besteht, sichert Diversität die notwendige Stabilität. In der Natur ist sie eine Überlebensstrategie. Dort gilt genetische Vielfalt als Indikator dafür, wie gut sich Ökosysteme an Veränderungen anpassen können.[22] Unsere plurale Gesellschaft sollte sich daran ein Beispiel nehmen und wehrhaft bleiben, indem sie die Macht über Daten und Algorithmen nicht in die Hände weniger Tech-Giganten legt.

»Wenn wir mündige Bürger in einer modernen technologischen Gesellschaft möchten, dann müssen wir ihnen
drei Dinge beibringen: Lesen, Schreiben und statistisches
Denken, das heißt den vernünftigen Umgang mit Risiken
und Unsicherheiten.«[1]

GEORGE WELLS, SCIENCE-FICTION-PIONIER (1866–1946)

17

Wissen wirkt Wunder: Wie wir Algorithmen-Kompetenz aufbauen

Als 1835 die erste Dampflok von Nürnberg nach Fürth fuhr, hagelte es
Proteste. Ein örtlicher Pfarrer prophezeite den Mitreisenden eine Fahrt
in die Hölle, Ärzte warnten vor Gehirnerkrankungen wegen der hohen
Geschwindigkeit. Andere befürchteten, die Kühe entlang der Gleise würden tot umfallen. Die neue Technologie überstieg das Vorstellungsver-
mögen, sie löste Ängste aus und beschwor Untergangsszenarien herauf.
Heute hingegen kennen und vertrauen die Menschen der Eisenbahn. Der
Zugverkehr ist seit langem ein fest etabliertes, hochkomplexes Trans-
portsystem. Signale, Schranken, Ankunfts- und Abfahrtszeiten – Staat
und Management regeln alles bis ins Detail. Lokführer benötigen eine
dreijährige Ausbildung. Die meisten Kunden finden sich problemlos mit
Reiseplanung, Ticketkauf und Erstattung ihrer Verspätungsansprüche
zurecht. Und sogar Spitzenpolitiker betätigen sich im Hobbykeller als
Bahnchef, bauen Gleisanlagen in Miniaturlandschaften und lassen die
Züge kreisen. Die Eisenbahn hat alle Phasen von der scheinbar gefährli-
chen Innovation bis zur breiten gesellschaftlichen Akzeptanz mit immer
weiter steigenden Fahrgastzahlen durchlaufen. Peu à peu haben die
Menschen Erfahrungen gesammelt und Kompetenzen aufgebaut, haben
gelernt, die Technologie zu beherrschen und ihren Nutzen immer weiter zu optimieren.

Inkompetenz auf allen Ebenen

Was vor über 180 Jahren für die Dampflok galt, gilt heute für die Algorithmen. Kompetenz, Verständnis, Akzeptanz und Vertrauen sind noch eher die Ausnahme. Stattdessen regiert ein diffuses Unbehagen. Die große Mehrheit (79 Prozent) der deutschen Bevölkerung zieht die menschlichen den automatisierten Entscheidungen vor. Dabei sind die meisten sich nicht einmal dessen bewusst, dass Algorithmen schon jetzt in vielen Bereichen für und über sie entscheiden. So sagt mehr als die Hälfte von sich selbst, dass sie »gar nichts« darüber weiß.[2] Weil intelligente Maschinen aber längst den Alltag bestimmen, wird die Unwissenheit zum Problem: Alle nutzen sie, doch kaum einer versteht sie. Genau das aber wäre nötig, um als aufgeklärter Staatsbürger in der algorithmischen Welt eigenverantwortlich am Gemeinwesen teilnehmen und dieses mitgestalten zu können.

Gefahr droht vor allem, weil vielfach selbst die, die qua Amt oder Beruf Algorithmen einsetzen, unter Kompetenzdefiziten leiden. Das betrifft Führungskräfte, professionelle Anwender, Programmierer sowie Politiker und Personal in der öffentlichen Verwaltung gleichermaßen. Um im Bild der Eisenbahn zu bleiben: Ihre falschen Weichenstellungen können tragische Unfälle verursachen.

Vor allem wer über den Einsatz von algorithmischen Systemen entscheidet, muss ihre Funktionsweise, ihre Stärken und Schwächen kennen. Führungskräfte dürfen sich nicht um ihre Verantwortung drücken. Ihr Kokettieren mit fehlendem Technologie-Verständnis erinnert an die Fünf in Mathe, die manchem Prominenten in Talkshows als Coolness-Nachweis dient. Dabei ist es ebenso wenig cool wie verantwortungsbewusst, wenn eine Personalchefin zum erfolgreichen Einsatz von Algorithmen bei der Bewerberauswahl sagt, sie wisse nicht, warum es funktioniere, sondern nur, dass es funktioniere.[3] Eine solche Aussage entspringt einer zynischen Haltung: Bei vermeintlich guten Ergebnissen brauche man sich nicht darum scheren, wie sie zustande gekommen sind. Doch Führungskräfte sollten wissen, wie Algorithmen arbeiten und – das haben die Beispiele in den letzten Kapiteln immer wieder gezeigt – insbesondere welchen Preis sie für ihren Einsatz zahlen.

Auch Mitarbeiter müssen Algorithmen kompetent und reflektiert anwenden. Oft handelt es sich um Assistenzsysteme: Am Ende steht ein Mensch, der ihre Empfehlungen interpretiert und mit ihnen umgeht. Die Chicagoer Polizei hat in der täglichen Arbeit ein algorithmisches Werkzeug statt zur Prävention zur Ermittlung genutzt und potentielle Verbrechensopfer so zu Verdächtigen gemacht (siehe Kapitel 11). Die Software funktioniert, wird aber falsch eingesetzt. Auch unabsichtlich können sich leicht Fehler einschleichen, wenn die Anwender nicht über die Ziele und Wirkungsweise der Technologie aufgeklärt wurden.

An einer Schlüsselstelle sind Programmierer tätig. Sie dürfen sich nicht einfach auf ihre Rolle als Auftragnehmer und ausführendes Organ zurückziehen. Denn die Berufsgruppe kommt immer öfter in Situationen, in denen ein moralischer Kompass unverzichtbar ist. Der Diesel-Skandal ist so ein Beispiel: Ein Computerprogramm erkannte, ob ein Auto sich im Straßenverkehr oder auf dem Prüfstand befand. Dadurch war es den Herstellern möglich, die Abgasnormen zu umgehen, indem die Autos während offizieller Emissionstests weniger Abgase ausstoßen als im realen Betrieb auf der Straße.[4] Eine Betrugssoftware. Ethisch hinreichend sensibilisierte Programmierer hätten diese Software nicht erschaffen.

Großer Handlungsbedarf besteht auch im Bereich der staatlichen Kompetenz. Verwaltung sollte nur solche Systeme anwenden, die sie auch versteht und beherrscht. Und nicht Software nutzen, die wie in Australien automatisiert falsche Mahnbescheide erlässt (siehe Kapitel 9) oder unsinnige Sprachtests abnimmt (siehe Kapitel 4). Dass Regulierung der technischen Entwicklung zwangsläufig hinterherläuft, darf keinesfalls in Hilflosigkeit münden. Der Staat muss auch den Giganten von Google, Facebook und Amazon Regeln setzen können. Dazu brauchen Politik, Behörden und Justiz hohen Sachverstand. Algorithmen beeinflussen das Gemeinwesen derart umfangreich, dass der Staat in seinen Rollen als Anwender und als Regulierer um algorithmisches Know-how nicht herumkommt.

Wenn Algorithmen uns helfen sollen, konsistentere, fairere und effizientere Entscheidungen zu treffen, braucht es ein geschärftes Bewusstsein. Vor allem aber braucht es mehr Kompetenz auf allen Ebenen: in der breiten Bevölkerung, bei Programmierern, bei Führungskräften und professionellen Anwendern ebenso wie beim Staat.

So wichtig wie Lesen und Schreiben

So wie mit dem Buchdruck die Alphabetisierung einherging, muss jetzt mit den Algorithmen auch eine in der Bevölkerung breit verankerte *algorithmic literacy* einhergehen: Unabhängig von Bildungsstand und Beruf sollte jeder Bürger in der Lage sein, den Einsatz algorithmischer Systeme zu erkennen, versiert mit ihnen umzugehen und sich gegebenenfalls gegen fragwürde Anwendungen zu wehren. Beteiligung von Betroffenen, Widerspruchsverfahren, Auskunftsrechte, zivilgesellschaftliche Wächter – all diese berechtigten Forderungen sind nur umsetzbar, wenn sachverständige Bürger mitwirken.

Das bedeutet nicht, dass wir alle lernen müssen zu programmieren. Das bleibt auch in der digitalisierten Arbeitswelt ein Job für Spezialisten. Notwendig ist vielmehr ein Verständnis für fundamentale Mechanismen. Deshalb sollte schon die Schule algorithmisches Denken vermitteln. Nur wer zumindest grob versteht, wie reale Zusammenhänge in mathematische Formeln übersetzt werden, welche Konzepte hinter Computerprogrammen liegen und welch unterschiedliche Qualität Daten haben können, kann die Wirkung von Algorithmen bewerten: Nutzen oder schaden sie? Sind sie Teil der Lösung oder Teil des Problems? Diese Fähigkeit wird zur Kulturtechnik, weil Algorithmen uns in fast allen Bereichen des Lebens begegnen, bei der Jobsuche, bei der Versicherung, bei Geldanlagen, bei der Internet-Recherche oder auf Dating-Plattformen.

Wer schon als Kind mithilfe einer simplen visuellen Programmiersprache wie *Scratch* einem Roboter etwas beigebracht hat, begreift besser, dass wir Menschen die Maschinen kontrollieren und nicht umgekehrt. Eine solche Erfahrung lässt Vertrauen und gesunde Skepsis gleichermaßen wachsen. Wer hingegen die Maschinen nur passiv nutzt, dem wird dies nicht gelingen. Algorithmisches Denken ist gewissermaßen die Grammatik unserer digitalen Gesellschaft: Man braucht sie nicht nur, um eine bestimmte Sprache besser zu sprechen, sondern vor allem, um die Struktur des Gesamtsystems zu verstehen.

Großbritannien hat als eines der ersten Länder in seiner KI-Strategie konkrete Schritte für das schulische Bildungswesen beschlossen, um *computational thinking* systematisch im Curriculum zu verankern und die Informatiklehrer dafür weiterzubilden.[5] In den USA entstehen einzelne Leuchtturmprojekte. So investiert das Massachusetts Institute of Technology eine Milliarde Dollar in die Ausbildung von Grenzgängern zwischen den klassischen und den neuen Fächern. Dazu will MIT-Präsident Rafael Reif ein neues College für »Bilinguals of the Future« einrichten, die an den Schnittstellen von Biologie, Chemie, Geschichte und den modernen Computerwissenschaften denken und arbeiten.[6] Nur wenige Kilometer entfernt zeigt die Eliot Grundschule in Boston,[7] wie auch jüngere Kinder die digitale Welt spielerisch erobern können. Sie lässt Zehn- bis Zwölfjährige ein Roboter-Auto aus Lego-Steinen bauen, das einen Tischtennisball sicher durch jedes Gelände transportieren soll. Nach monatelangem Tüfteln, Konstruieren und Programmieren in kleinen Gruppen treten die Autos am Ende des Halbjahres auf einem Parcours gegeneinander an.

Auch viele Erwachsene erschließen sich Zusammenhänge am leichtesten spielerisch oder anhand plakativer Beispiele. Der umstrittene Algorithmus etwa, der den Newsfeed bei Facebook zusammenstellt, ist zwar höchst komplex und streng geheim. Dem Wall Street Journal gelang es trotzdem, seine Funktionsweise so zu veranschaulichen, dass sie jeder direkt begreifen konnte. Im amerikanischen Präsidentschaftswahlkampf 2016 stellte die Redaktion zwei Newsfeeds nebeneinander: einen aus typisch republikanischen und einen aus typisch demokratischen Facebook-Foren.[8] So wurde deutlich, wie Facebook seinen Nutzern je nach deren politischer Einstellung zu ein und demselben Vorfall teilweise exakt gegenteilige Interpretationen liefert. Dieser einfache visuelle Vergleich war für die Leser vermutlich erhellender als jedes Theorie-Seminar über Künstliche Intelligenz.

Dass alle Bürger algorithmisches Grundverständnis brauchen, rechtfertigt auch die Einrichtung einer Bundeszentrale für algorithmische Kompetenz.[9] Ähnlich wie die Bundeszentralen für politische Bildung oder für gesundheitliche Aufklärung, die beide mit einem durchaus erzieherischen Auftrag die Gesamtbevölkerung ansprechen, könnte eine solche Institution den gesellschaftlichen Diskurs wesentlich anregen. Sie würde dazu beitragen, dass die öffentliche Debatte jenseits von Verheißungs- oder Horrorszenarien kenntnisreicher geführt wird. Das kann helfen, die derzeitige Polarisierung zu überwinden, die eine umsichtige, chancenorientierte Gestaltung vielfach verhindert.

Professionsethik für Programmierer

Algorithmengestalter sollten einen Ethikkodex für ihre Berufsgruppe entwerfen. Etliche Professionen besitzen bereits derartige Leitfäden, allen voran die Ärzte, basierend auf der ältesten aller Professionsethiken, dem Hippokratischen Eid. Andere haben Beschwerdeinstanzen gegründet. Der Presserat kann öffentliche Rügen aussprechen, falls Journalisten den Pressekodex missachten. Auch die Entwicklung von Algorithmen zählt zu jenen Berufsfeldern, die eine hohe gesellschaftliche Verantwortung tragen und in besonderem Maße einer ethischen Integrität verpflichtet sein sollten.

Ein Ethikkodex kann und soll nicht definieren, was einen guten oder schlechten Algorithmus im Detail ausmacht. Vielmehr geht es darum, Qualitätsansprüche für den Prozess seiner Entwicklung und für seinen Einsatz aufzustellen. Hierzu gehören Prinzipien wie Transparenz, Nachvollziehbarkeit, Beherrschbarkeit und klare Verantwortlichkeiten.[10] Ein solches Leitbild wird nicht verhindern können, dass algorithmische Systeme bisweilen böswillig manipuliert werden. Aber es erinnert, sofern hinreichend bekannt, Entwickler von Algorithmen an ihre Verantwortung und vermittelt ihnen Handlungssicherheit. In etwaigen Konflikten mit Vorgesetzten oder Arbeitgebern können sich Mitarbeiter auf einen derartigen Berufskodex berufen.

Die Entwicklung, Institutionalisierung und Verbreitung einer Professionsethik ist ein langwieriger Prozess mit vielen Beteiligten. Denn im heterogenen Berufsfeld der Algorithmen-Entwickler müssen mehr als nur klassische Informatiker einbezogen werden. Häufig sind es Data Scientists, die darüber entscheiden, anhand welcher Daten lernende Systeme trainiert werden und mit welchen Bewertungs- und Vorhersagemethoden sie nach Mustern suchen. Sie haben äußerst diverse fachliche Hintergründe; neben Informatikern, Mathematikern und Physikern finden sich unter ihnen Quereinsteiger aus völlig anderen Berufsfeldern. Sie alle, auch Führungskräfte und Anwender, müssen an der Professionsethik mitarbeiten, damit die moralischen Normen breite Akzeptanz finden. Erst durch einen ständigen Austausch zwischen Wissenschaft und Praxis, durch langfristiges Werben für die Leitlinien und durch deren konsequente Integration in die Aus- und Fortbildungen kann hinreichende Verbindlichkeit entstehen.[11]

Auch wenn ein Berufskodex derzeit noch fehlt, wächst in der Branche die Sensibilität für die ethische Verantwortung und gesellschaftliche Tragweite ihres Tuns. So protestierten Mitarbeiter von Google, als herauskam, dass sie im Projekt *Dragonfly* faktisch an einer zensierten Suchmaschine für den chinesischen Markt arbeiteten. Und im Juni 2018 erklärten hunderte Studierende von US-Eliteuniversitäten, Jobinterviews mit Google abzulehnen, falls der Konzern die Arbeit am KI-Projekt *Maven* für das US-Verteidigungsministerium fortsetzen sollte. Auch tausende Mitarbeiter forderten in einer Petition, dass ihr Unternehmen nicht an solcher Kriegstechnologie mitwirken solle. Die Proteste hatten Erfolg: Im Frühjahr 2019 will Google den Vertrag mit dem Pentagon auslaufen lassen.

Markenzeichen Verantwortung

Ethische Leitlinien sollen nicht nur den Algorithmen-Entwicklern Orientierung geben, sondern auch Entscheidern und professionellen Anwendern. Denen also, die als Manager algorithmische Systeme beauftragen oder etwa als Polizisten mit ihnen im Berufsalltag umgehen. Derzeit entwickeln viele Konzerne eine Strategie für Corporate Digital Responsibility (CDR). Angelehnt an die etablierte Corporate Social Responsibility (CSR) formulieren sie eine freiwillige Selbstverpflichtung im Umgang mit digitalen Technologien. Dies bietet Gelegenheit, sich zu einem algorithmischen Ethikkodex zu bekennen. So ergänzt CDR auch ohne unmittelbare Sanktionen gesetzliche Anforderungen, etwa für den Umgang mit Daten, um ethische Überlegungen und eigene Werte.[12]

Auch eine Öffentlichkeit, die ihre Erwartungshaltung klar kommuniziert, ethisches Verhalten belohnt und unethisches Verhalten sanktioniert, kann erheblichen Druck ausüben. Dabei lässt sich für Unternehmen aus dem angemessenen Umgang mit Algorithmen durchaus ein Wettbewerbsvorteil ziehen, wie etwa fair produzierte Mode oder fair gehandelte

Lebensmittel zeigen. Während die USA oder China beispielsweise technische Vorreiter in Sachen KI sind, könnten Deutschland und Europa soziale und ethische Aspekte algorithmischer Systeme als Alleinstellungsmerkmale ausbauen. Steht bisher *Made in Germany* für zuverlässige Qualität, sollte sich in Zukunft *AI made in Europe* zum Markenzeichen für Verantwortung, für innovative *und* gesellschaftlich förderliche Technologie entwickeln (siehe Ausblick).

Neben den Führungskräften brauchen auch Anwender einen Orientierungsrahmen und vor allem systematische Schulungen, wie sie mit einer Software umzugehen haben.[13] Das gilt auch für die öffentliche Verwaltung. Um Anwendungsfehler zu vermeiden, wurden zum Beispiel Mitarbeiter des Bundesamts für Migration und Flüchtlinge in speziellen Schulungen und mit einem Leitfaden über den korrekten Umgang mit einer Spracherkennungssoftware informiert (siehe Kapitel 9).

Raus aus dem Maschinenraum

Staatliche Gestaltungskompetenz für den digitalen Wandel aufzubauen, ist eine der größten und drängendsten Aufgaben. Eine moderne Verwaltung ist auf algorithmischen Sachverstand angewiesen. Zum einen, um jenseits von Partikularinteressen gemeinwohlförderliche Rahmenbedingungen für das Wirken intelligenter Maschinen zu schaffen. Zum anderen, um der eigenen Verantwortung als Betreiber algorithmischer Systeme gerecht zu werden, die in Polizei-, Finanz- oder Asylbehörden zum Einsatz kommen. Diese Verantwortung ist eine besondere, weil kein Bürger sich den Entscheidungen entziehen kann, die der Staat in Ausübung seines Gewaltmonopols und seiner hoheitlichen Aufgaben trifft. Um diese diffizile Doppelrolle als Rahmensetzer und Betreiber erfüllen zu können, braucht die öffentliche Verwaltung deutlich mehr Kompetenz.

Kurzfristig helfen kann ein engerer Schulterschluss mit der digitalen Wirtschaft und der Wissenschaft. Politik und Tech-Community sollten mehr miteinander als übereinander reden. Nur durch regelmäßigen Austausch kann gegenseitiges Verständnis entstehen. Stiftungen und andere Akteure des gemeinnützigen Sektors können Räume für Begegnung schaffen. Erste derartige Formate wie eine »Start-up-Safari« mit Kurzbesuchen bei Berliner Tech-Unternehmen sind erfolgreich angelaufen und stoßen bis hinauf zur Ministerebene auf Interesse. Solche Stippvisiten können jedoch nur eine Ergänzung bilden zum systematischen Wissenstransfer zwischen staatlichen, privaten und wissenschaftlichen Instanzen.

Wie groß das Interesse, aber auch der Nachholbedarf auf Seiten der Politik teilweise ist, hat Rachel Coldicutt erfahren. Sie entwickelte für die britische Non-Profit-Organisation DotEveryone ein Programm zum fachlichen Austausch zwischen Parlamentariern und Digitalexperten: »Unser Pilot war sehr erfolgreich, wenn auch nicht unbedingt so, wie wir es erwartet hatten. Statt die Feinheiten von Blockchain oder Machine Learning auszuleuchten, halfen wir den Abgeordneten und ihren Büros mit digitalen Basics – Passwortschutz aktivieren, E-Mails in Ordnern ablegen, Webseiten erneuern und Videos für Social-Media-Aktivitäten nutzen.«[14] Eine Möglichkeit, den Dialog zu intensivieren, bieten auch Stipendien oder Fellowship-Programme, bei denen Digitalexperten im Bundestag oder in Ministerien hospitieren. Ein mögliches Vorbild ist das einjährige *TechCongress-Fellowship* in den USA, das den Experten Einblicke in die politischen Prozesse und den Abgeordneten Einblicke in die Welt der digitalen Denker und Gestalter gewährt. So entsteht eine Brücke zwischen Politik und Tech-Community, von der beide Seiten profitieren können.

Die Rolle staatlicher IT-Experten muss sich mittelfristig in dieselbe Richtung weiterentwickeln wie die ihrer Kollegen in der Privatwirtschaft: vom Dienstleister zum Gestalter. Ihr künftiges Spielfeld sollte sich zunehmend vom Maschinenraum ins Cockpit verlagern. Statt nur reaktiven Support brauchen wir von ihnen auch aktive Initiativen für eine gute digitale Zukunft. Während in der Industrie der Fokus auf der Entwicklung neuer Geschäftsmodelle liegt, geht es im öffentlichen Kontext darum, das Gemeinwohl im digitalen Zeitalter zu fördern und den Bürgern etwa durch intelligente Verkehrs- oder medizinische Notfallsysteme das Leben zu erleichtern. Hierfür gilt es, das Innovationspotenzial von Algorithmen und Künstlicher Intelligenz systematisch zu erschließen. Wenn das gelingt, gewinnen IT-Experten an Gewicht und Einfluss. Und der Staat wird für sie ein attraktiver und sinnstiftender Arbeitgeber.

Die nötige Kompetenz in der öffentlichen Verwaltung langfristig zu etablieren, könnte eine zentrale »Agentur für algorithmische Systeme«

übernehmen.[15] Ihr Auftrag wäre, staatliche Expertise zu bündeln, Parlamente, Ministerien, Behörden und bei Bedarf auch Gerichte zu beraten sowie algorithmischen Sachverstand auf- und auszubauen. Die Agentur sollte technologische Entwicklungen beobachten, systemische Chancen und Risiken fürs Gemeinwohl identifizieren, auf mögliche Regulierungslücken hinweisen, geeignete Sicherheits-, Forschungs- und Anwendungsstandards konzipieren sowie Programme zum staatlichen Kompetenzaufbau entwickeln.

Der Zug rollt, und er gewinnt unaufhaltsam an Fahrt. Noch stehen viele staunend und kopfschüttelnd am Wegesrand. Zu viele. Wenn wir die intelligenten Maschinen fürs Gemeinwohl nutzen wollen, ist allerorten mehr Algorithmen-Kompetenz notwendig. Die Bevölkerung braucht ein Grundverständnis, um weder Apokalyptikern noch Heilsversprechern auf den Leim zu gehen. Programmierer, Führungskräfte und professionelle Anwender benötigen profundes Wissen und einen ethischen Kompass. Und der Staat muss Schritt halten mit der technologischen Entwicklung, der Glaube in seine Leistungsfähigkeit darf nicht weiter erschüttert werden. Gute Algorithmen haben das Potenzial, zu einem ähnlichen Faszinosum zu werden wie die Eisenbahn – von der die Franken 1835 noch nicht ahnten, dass sie und schließlich die ganze Welt mit ihr in eine neue Epoche fahren sollten.

Damit Maschinen den Menschen dienen – ein Ausblick

Intelligente Maschinen sind keine Science-Fiction, sondern bestimmen mehr und mehr unseren Alltag. Dieser Gedanke steht am Beginn dieses Buches und dient ihm als roter Faden. Unsere Beispiele aus der Praxis lösen Begeisterung oder Empörung, Neugierde oder Argwohn aus. Kalt lassen automatisierte Entscheidungen nur die wenigsten, denn sie verändern unsere Gesellschaft in ihrem Kern. Die Veränderung ist ebenso tiefgreifend wie ambivalent, Schwarz-Weiß-Denken bringt uns nicht weiter. Algorithmische Systeme gewähren bisher Benachteiligten neue Chancen in zentralen Bereichen unseres Lebens wie Bildung, Arbeit oder Gesundheit. Auf der Gegenseite können sie aber auch diskriminierende Muster reproduzieren und soziale Ungleichheit verfestigen. Sie schützen vor Verbrechen, retten Leben und befördern eine effizientere und fairere Verteilung gesellschaftlich knapper Güter. Zugleich können sie jedoch die kollektive und individuelle Freiheit und Selbstbestimmung einschränken: Staatliche Kontroll- und privatwirtschaftliche Manipulationsmöglichkeiten wachsen, und der einzelne Bürger fühlt sich algorithmisch getroffenen Entscheidungen von Behörden mitunter wehrlos ausgeliefert.

Orwellscher Albtraum

Wenn schon die Gegenwart einer Technologie – deren Entwicklung erst ganz am Anfang steht – derartig polarisiert, mag es nicht verwundern, dass der Blick in die algorithmische Zukunft Utopien und Dystopien gleichermaßen blühen lässt. Die angenehmen Träume handeln von einer Gesellschaft, in der die Menschen ohne Kriminalität in intakter Umwelt glücklicher, gesünder und länger leben. Der Gegenentwurf ist der Orwellsche Albtraum: Totale Überwachung durch einen autoritären Staat, der seine Bürger mithilfe Künstlicher Intelligenz steuert und gleichschaltet.

Die beiden Zukunftsszenarien wirken wie zwei weit voneinander entfernte Pole. In Wahrheit ist es ein schmaler Grat zwischen schützender und übergriffiger Kontrolle, zwischen gesellschaftlichem Nutzen und individueller Freiheitsbeschränkung. Wie schmal, zeigt sich schon heute eindrücklich in China.

Die Volksrepublik nutzt Künstliche Intelligenz wie kein anderes Land der Welt zur Verbesserung der Lebensverhältnisse, aber auch als Machtinstrument eines zentral organisierten Staats.[1] Die Überwachung öffentlicher Räume ist weit fortgeschritten. Automatische Gesichtserkennung ermittelt an Bushaltestellen Taschendiebe; Verkehrssünder bekommen den Strafzettel für ihre digital erfassten Ordnungswidrigkeiten direkt aufs Handy geschickt; die Taxi-Zentrale observiert jede einzelne Fahrt mit in den Autos installierten Kameras, um die Kunden vor Betrug und die Fahrer vor Überfällen zu schützen. Der chinesische Staat hat Kriminalität und Verkehrschaos den Kampf angesagt.

Tief im Westen, im Uigurischen Autonomen Gebiet Xinjiang, setzt China modernste Technologie ein, um im Namen des Anti-Terror-Kampfs Proteste und Separationsbemühungen der rund 10 Millionen Uiguren im Keim zu ersticken. Die Provinz ist das Testlabor einer digital abgesicherten Autokratie. In Hotan etwa, im Süden von Xinjiang, gleichen Kameras Nummernschild und Gesicht des Fahrers eines Autos ab, um zu überprüfen, ob die Person am Steuer ordnungsgemäß registriert ist. Jedes Fahrzeug muss per GPS zu orten sein. Wer ein Mobiltelefon hat, muss sich eine Anti-Spionage-App installieren, die den Handy-Besitzer natürlich nicht vor Spionage schützt, sondern seine Online-Aktivitäten der staatlichen Überwachung preisgibt. Alle Daten werden gesammelt und ausgewertet. Erkennen die Sicherheitsbehörden aufrührerisches Gedankengut, droht ein Umerziehungslager. Etwa jeder zehnte Uigure ist derzeit in einem solchen interniert.

Über ganz China verteilt wurden seit 2010 in 40 Städten Pilotprojekte für Smart Cities gestartet, die nicht bei intelligenten Verkehrsleitsystemen, der konsequenten Digitalisierung kommunaler Dienstleistungen oder der Überwachung von Straßen und Plätzen stehen bleiben. Unter dem Slogan »Für mehr Vertrauen und Ehrlichkeit« werden dort Sozialkredit-Systeme getestet, die jedem Bürger, jedem Unternehmen und jeder Behörde digital einen Vertrauenswert zuordnen. Erwünschtes Verhalten wie Rechnungen pünktlich zu bezahlen, sich sozial zu engagieren oder regelmäßig die pflegebedürftigen Eltern zu besuchen, gibt Pluspunkte. Ordnungswidrigkeiten im Straßenverkehr, Schwarzfahren, Zahlungsrückstände bei der Miete oder unsachgemäßes Entsorgen von Müll führen zu Minuspunkten. Ein guter Score bringt handfeste Vorteile und schmeichelt dem Ego: Die Mietkaution wird überflüssig, die Heizkosten günstiger, man bekommt leichter Kredite oder begehrte Studienplätze für die Kinder, und der Flughafen in Shenzhen gewährt Priority Boarding. Ein hoher Vertrauenswert wirkt wie ein VIP-Status, den man sich nicht kaufen, sondern nur erarbeiten kann.

Die Machthaber in Peking möchten ein solches System bis 2020 landesweit etablieren. Dieser Plan wird zwar nicht zu halten sein, denn im Detail ist vieles zu klären und die praktische Umsetzung erweist sich als äußerst komplex. Doch im Streben nach einer systematischen Bewertung seiner Bürger schreitet der chinesische Staat unaufhaltsam voran. Dabei versucht er nicht nur, durch Anreize zu Wohlverhalten anzuregen, sondern setzt auch auf Abschreckung. Die Internetseite des Obersten Volksgerichtshofs weist inzwischen zwölf Millionen Chinesen auf einer schwarzen Liste aus, samt Ausweisnummer, Wohnort und Vergehen. Es handelt sich um sogenannte Vertrauensbrecher. Darunter befinden sich Betrüger, Gewalttäter, Deserteure und Steuersünder, aber auch unverschuldet pleite gegangene Geschäftsleute und unliebsame Journalisten. Steht man als Vertrauensbrecher am digitalen Pranger, spürt man erhebliche Einschränkungen: Kredit, Hauskauf, Flugticket, Schlafwagen – alles nicht mehr möglich.

Trotzdem finden die Chinesen die Sozialkredit-Systeme gut. 80 Prozent befürworten das Digital-Rating und die stärkere staatliche Kontrolle. Besonders hoch ist die Zustimmung unter den Gebildeten und Wohlhabenden.[2] Sie fühlen sich als Gewinner der neuen Zeit: Klare Regeln und ihre flächendeckende Überprüfung haben in ihren Augen zu einem ziviileren Umgang geführt, im Straßenverkehr ebenso wie im Geschäftsleben. In einer zuweilen als rücksichtslos wahrgenommenen und korrupten Ellbogen-Gesellschaft verleiht das ein Gefühl von Schutz und Sicherheit. Gravierende Einschnitte in die persönliche Freiheit hat zudem bislang außerhalb der Provinz Xinjiang nur eine kleine Minderheit am eigenen Leib erfahren. In Westeuropa und Nordamerika können wir diese Perspektive nicht nachvollziehen. Doch aus Sicht der allermeisten Chinesen stellt ihr Staat Künstliche Intelligenz durchaus in den Dienst der Gesellschaft.

Digitale Überwachungssysteme kommen auch in Singapur und den Vereinigten Arabischen Emiraten bereits vielerorts zum Einsatz; Zimbabwe und Ägypten sollen Interesse daran zeigen, chinesische Technologie zur Gesichtserkennung zu importieren. Die westliche Sorge ist, dass China aus seinem Vorsprung bei Künstlicher Intelligenz einen Exportschlager machen könnte, der weltweit Diktatoren und Autokraten den Machterhalt sichert. Zudem könnten Algorithmen auch in Demokratien – so unvereinbar das Orwellsche Szenario aus China mit unserer Verfassung ist – den Alltag großer Teile der Bevölkerung bequemer, sicherer und fairer machen. Hat man die digitale Kontrolle erst einmal akzeptiert, ist es schnell zu spät für individuelle Freiheitsrechte und demokratische Strukturen.

AI Superpowers

Erstaunlich lange blieb den entwickelten Demokratien verborgen, dass in China gerade eine neue *AI Superpower* entsteht, die der Technologie-Investor Kai-Fu Lee in seinem gleichnamigen Buch sehr aufschlussreich nachzeichnet.[3] In einigen Bereichen der Künstlichen Intelligenz gilt die Volksrepublik bereits als führender Innovationsstandort, etwa bei der Bilderkennung. Das hierauf spezialisierte Hongkonger Unternehmen Sensetime wird mit 4,5 Milliarden US-Dollar bewertet und war damit Anfang 2019 das wertvollste KI-Start-up der Welt. Dieser Erfolg beruht einerseits auf massiven Investitionen der chinesischen Regierung und einer staatlich getriebenen Kultur vollständiger Datentransparenz. Er wäre aber andererseits kaum denkbar gewesen ohne einen global florierenden Wettbewerb um die kreativsten Köpfe der Branche. Längst sind führende Datenwissenschaftler aus dem Silicon Valley auch in der KI-Hochburg Shenzhen zu Hause. Und umgekehrt: Der Chinese Kai-Fu Lee war im Laufe seiner Karriere schon bei Apple, Microsoft und Google beschäftigt.

Der Unterschied zwischen Demokratien und Diktaturen ist nicht nur einer der Werte, sondern auch einer der Machtverteilung. Während Demokratien Informationen und Entscheidungen dezentralisieren und auf viele Personen und Institutionen verteilen, sind Wissen und Macht in Diktaturen meist auf einen sehr kleinen Kreis oder gar eine einzelne Person konzentriert. Dieser Unterschied gereichte Demokratien im 20. Jahrhundert zum Vorteil, denn ihre Dezentralisierungsstrategie war viel effizienter. In Diktaturen konnten an einem Ort konzentrierte Informationen oft nicht schnell genug in notwendige Entscheidungen und Maßnahmen übersetzt werden; sie waren vom *Information Overload* überfordert. Auch deshalb war die Sowjetunion den USA letztlich wirtschaftlich und politisch unterlegen.[4]

Wäre das weltpolitische Duell zwischen Ost und West im Algorithmen-Zeitalter anders ausgegangen? Zumindest hat Künstliche Intelligenz das Potenzial, auch den Zentralismus zum Funktionieren zu bringen: Enorme Mengen an Informationen lassen sich erstmals ohne Effizienzverluste zentralisiert auswerten. Was lange ein systemisches Defizit von Diktaturen war, könnte nun umgekehrt die liberalen Demokratien unter Druck setzen. »Das wichtigste Handikap autoritärer Regime im 20. Jahrhundert – der Versuch, alle Informationen an einem Ort zu konzentrieren – könnte sich im 21. Jahrhundert als entscheidender Vorteil erweisen«, resümiert der Historiker Yuval Noah Harari.[5]

Welch großer Machtfaktor die Kontrolle über Daten heute ist, lässt sich auch im Silicon Valley, dem zum Sinnbild gewordenen Zentrum der anderen globalen *AI Superpower*, genau beobachten. Dort sind die Marktanteile am digitalen Fortschritt auf wenige Unternehmen verteilt. Google-Mutter Alphabet, Amazon, Facebook und teilweise auch Apple haben in ihren jeweiligen Bereichen monopolartige Strukturen aufgebaut. Allein auf den Plattformen von Google und Facebook finden zusammen mehr als 70 Prozent des mobilen Datenverkehrs statt.[6] Dieser exklusive Zugang zu den Daten ihrer Nutzer hat diesen Firmen einen zumindest in der westlichen

Welt scheinbar uneinholbaren Wettbewerbsvorsprung verschafft. In China nehmen Baidu, Tencent und Alibaba eine ähnlich dominante Position ein.

Die größte Gefahr geht wohl nicht vom Kampf *zwischen* den beiden KI-Supermächten aus, sondern von der gesellschaftlichen Machtposition dieser Tech-Giganten *innerhalb* ihrer jeweiligen Märkte. Einige Philosophen wie der Slowene Slavoj Žižek warnen deshalb vor einer Art Rückabwicklung der Aufklärung, einer neuen Unterjochung der Bevölkerung. Diesmal nicht durch die Herrschaft von Adel und Klerus, sondern durch den »Aufstieg einer kleinen Elite von hochgerüsteten Menschen, die sich dank Maschinen nicht nur optimieren, sondern die neuen Machtinstrumente auch besitzen und so über weitere Optimierungen entscheiden. Sie können die anderen nach Belieben unterdrücken. Einige wenige haben die Macht der Intelligenz, und die vielen haben nichts als die gute alte menschliche Dummheit.«[7]

Der europäische Weg: Werte und Wettbewerb

Europa hat weder den autoritären Durchgriff Chinas noch die kommerzielle Marktmacht der USA. Statt den KI-Supermächten nachzueifern, sollte es einen eigenen Weg finden, der Werte und Wettbewerb miteinander verbindet. Einen Weg, der einem Gesellschaftsmodell folgt, das Innovation und Ethik nicht als Gegensatz versteht. Einen Weg, der eine für Europa angemessene Balance von Gemeinwohl und individueller Freiheit findet. Dieser dritte europäische Weg räumt dem Gemeinwohl einen höheren Stellenwert ein als in den USA und wahrt anders als in China ein hohes Maß an individueller Freiheit.

Eine solche Herausforderung kann Europa nur gemeinsam meistern. Es genügt angesichts der amerikanischen und chinesischen Dominanz nicht, wenn sich die Bundesregierung in ihrer Strategie für Künstliche Intelligenz nationale Ziele setzt: »*Artificial Intelligence made in Germany* soll zum weltweit anerkannten Gütesiegel werden.«[8] Auch ein deutsch-französisches KI-Bündnis, wie es der aktuelle Koalitionsvertrag vorsieht, entfaltet im globalen Wettbewerb zu wenig Wucht. Der nordrhein-westfälische Ministerpräsident Armin Laschet schlägt stattdessen ein gesamteuropäisches Projekt vor: eine neue *Montanunion für Künstliche Intelligenz*.[9] Der

Begriff erinnert an die Gründungszeit der Europäischen Gemeinschaft, die aus der gemeinsamen Bewirtschaftung von Kohle und Stahl entstand. Für den Rohstoff des 21. Jahrhunderts fordert Laschet analog dazu eine wertebasierte Digitalunion. Sein Konzept brächte institutionell zum Ausdruck: Beim Umgang mit Daten und Algorithmen geht es nicht um eine ökonomische Zweckallianz gegen China und die USA, sondern vor allem um ein europäisches Wertebündnis. Wäre ein solcher Pakt für eine gute digitale Zukunft nicht genau die Art eines Gemeinsinn stiftenden Projekts, das die kriselnde EU derzeit bräuchte? Innovation und Ethik als untrennbar zu definieren, könnte zu Europas politischem Alleinstellungsmerkmal werden, zu einer echten Alternative zum amerikanischen und chinesischen Weg.

So gewaltig der Vorsprung der USA und Chinas erscheint: Europa kann noch mitgestalten, denn wir stehen erst am Anfang einer langfristigen Entwicklung. Auch für Künstliche Intelligenz gilt, was benannt nach seinem Urheber, dem US-amerikanischen Zukunftsforscher Roy Amara, als Amaras Gesetz bekannt ist: »Wir neigen dazu, die kurzfristigen Auswirkungen einer Technologie zu überschätzen und die langfristigen Auswirkungen zu unterschätzen.«[10] George Orwells Roman *1984* ist ein literarischer Beleg für diese These. Seine im Jahr 1948 verfasste Dystopie könnte in China heute tatsächlich Drehbuch fürs reale Leben sein, allerdings fast ein halbes Jahrhundert später als der Buchtitel es prophezeite – dafür aber viel weitreichender als Orwell es sich ausmalte. Solche Beispiele gibt es viele: Die ersten Computer stammen aus den 50er Jahren und wurden erst nach mehreren Jahrzehnten zum Massenprodukt. Schon 1987 fuhr ein Lieferwagen eigenständig über eine bayerische Autobahn, aber erst jetzt erlangen selbstfahrende Autos Marktreife. Das sogenannte Global Positioning System (GPS) wurde zwar bereits 1978 erfunden, ist aber erst seit kurzem in Smartphones zur Selbstverständlichkeit geworden. Allerdings hätten vor 40 Jahren wohl die Wenigsten geahnt, was GPS alles möglich macht, vom Schutz gegen Fahrraddiebstahl über autonomes Fahren bis hin zur Liquidierung von Terroristen per Killerdrohne am anderen Ende der Welt.

Für viele intelligente Maschinen wird der Weg bis zur flächendeckenden Verbreitung noch lang sein. Es gibt daher starke Gründe für Europa, sich vom aktuellen Rückstand gegenüber den KI-Supermächten nicht entmutigen zu lassen. Denn Pioniere erreichen ihr Ziel nicht immer als erste; es kann sich also durchaus lohnen, das Feld von hinten aufzurollen. Außerdem wäre es grob fahrlässig, sich in der Datenökonomie von anderen abhängig zu machen. GPS könnte Europa als Beispiel dienen: Lange haben wir es versäumt, ein eigenes System zu entwickeln und wären hilflos gewesen, wenn die amerikanischen Militärs ihres abgeschaltet oder verschlüsselt hätten. Nun liefert uns das unter ziviler Kontrolle stehende europäische Galileo-System sogar genauere Orientierung. Natürlich wäre es naiv zu glauben, Europa sei imstande, mal eben ein besseres Google oder Facebook aus dem Boden zu stampfen. Doch zumindest in der KI-Grundlagenforschung ist Deutschland konkurrenzfähig, gezielte europäische Großinvestitionen könnten perspektivisch durchaus erfolgreich sein. So wie vor 50 Jahren, als man mit Airbus gemeinsam einen starken Konkurrenten für den US-Flugzeugbauer Boeing aus der Taufe hob.

Dabei ist es nicht so, dass es automatisierte Entscheidungen bislang nur in China oder den USA gäbe. Auch in Europa entscheiden Maschinen längst über menschliche Schicksale mit: Die Vergabe von Studienplätzen in Frankreich, *Predictive Policing* in Deutschland, die Identifikation möglicherweise vernachlässigter Kinder in Dänemark, die Jagd nach Sozialbetrügern in den Niederlanden, die Auswahl der adäquaten Krankenversorgung in Italien – das sind nur einige Beispiele.[11] Es gilt zu vergemeinschaften, wo in Europa bereits algorithmische Systeme genutzt werden und welche Erfahrungen die Mitgliedstaaten mit ihrer jeweiligen politischen Steuerung und Regulierung gemacht haben. Nur so kann die Europäische Union angemessene und wirksame Standards für algorithmische Systeme setzen. Ein wichtiger solcher Standard ist eine EU-weit abgestimmte Datenstrategie.[12] Ein Europa der Werte und Wettbewerbsfähigkeit braucht Modelle, wie Daten über Unternehmens- und Organisationsgrenzen hinweg kooperativ genutzt werden können. Das fördert Innovation und wirkt genau jener Machtkonzentration entgegen, die sich sonst durch Künstliche Intelligenz unter Kontrolle einer kleinen Elite ergeben könnte. Hier sind Politik und Kartellbehörden in der Pflicht zu verhindern, dass zu viele Daten in zu wenigen Händen liegen.

Zukunft gestalten bedeutet mehr als nur Regulierung. Natürlich kön-

nen Gesetze oder ein bedingungsloses Grundeinkommen potentiell negative Effekte des algorithmischen Zeitalters abfedern. Doch beides sind
Reaktionen, die einer abwehrenden Grundhaltung entspringen. Europa
aber muss raus aus der digitalen Defensive! Wir brauchen eine positive Gesellschaftsvision: Künstliche Intelligenz darf nicht zuallererst als
Gefahr gelten, es ist eine Errungenschaft der Menschheit. Wir sollten nicht
versuchen, den Fortschritt zu verhindern, sondern ihn gezielt nutzen. Als
Digitalen Humanismus bezeichnet der Philosoph Julian Nida-Rümelin
eine solch positiv-pragmatische Grundhaltung: »Der Digitale Humanismus ist nicht defensiv, er möchte den technischen Fortschritt im Zeitalter der Künstlichen Intelligenz nicht bremsen, sondern fördern, er spricht
sich für eine Beschleunigung des menschlichen Fortschritts unter Einsatz
der digitalen Möglichkeiten aus, um unser Leben reichhaltiger, effizienter und nachhaltiger zu machen. Er [...] bleibt skeptisch gegenüber utopischen Erwartungen, ist aber optimistisch, was die menschliche Gestal-
tungskraft der digitalen Potenziale angeht.«[13]

Schicksalsgemeinschaft Mensch und Maschine

Wenn wir einen europäischen Weg zur algorithmischen Gesellschaft
beschreiten wollen, wird das nicht gegen die Mehrheit der Bevölkerung
gelingen. Adäquates Erwartungsmanagement ist eine Grundbedingung
für Akzeptanz in Europa. Selbst wenn wir – wie in den vorangegangenen
Kapiteln skizziert – den Einsatz der intelligenten Maschinen hierzulande
breit diskutieren, kontrollieren, Vielfalt erhalten und algorithmische Kompetenz aufbauen: Wie bei allen technologischen Revolutionen ist der Weg
hin zu einem gesellschaftlich sinnvollen Einsatz mit Irrungen und Wirrun-
gen gepflastert. Wir müssen Schritt für Schritt vorgehen. Nicht alles ist im
Vorhinein planbar, manches wird nachjustiert werden müssen. Innovationen schaffen neue Herausforderungen, auf die es immer wieder zu reagieren gilt. Politische Ehrlichkeit heißt hier, nicht den Eindruck zu erwecken,
es ließe sich jede negative Folge vorhersehen und von Anfang an verhindern. Ohne Frustrationstoleranz wird kein Aufbruch gelingen.

Eine weitere Bedingung dafür, dass die Bevölkerung den Weg zur algorithmischen Gesellschaft mitgeht, ist psychologisch noch heikler. Es ist

die Überzeugung, dass Mensch und Maschine die komplexen Herausforderungen der Zukunft nur gemeinsam bewältigen können. Diese Einsicht ist alles andere als trivial. Denn die algorithmische Revolution bedeutet auch eine große Kränkung für die Menschheit. Nach Kopernikus, der widerlegte, dass die Erde der Mittelpunkt des Weltalls ist, nach Darwin, der nachwies, dass der Mensch vom Tier abstammt, nach der industriellen Revolution, in der Maschinen uns an Geschwindigkeit, Kraft und Präzision übertrumpften, und nach Freud, der uns mit dem unkontrollierbaren Einfluss unseres Unterbewusstseins konfrontierte, müssen wir ein weiteres Mal menschlich dominiertes Terrain preisgeben. Künstliche Intelligenz ist eine kognitive Kränkung: Der Mensch wird im Hinblick auf rationales Denken und die Qualität seiner Entscheidungen von selbstgeschaffenen Automaten überflügelt.[14]

Wie schwer diese Kränkung emotional zu verarbeiten ist, zeigt sich in der überzogenen Formulierung ethisch-moralischer Ansprüche an vermeintlich intelligente Maschinen. Dies geschieht zumeist in Form von Gedankenexperimenten, in denen beispielsweise selbstfahrende Autos in ethische Dilemmata geraten, weil sie »entscheiden« müssen, ob sie bei einer unvermeidbaren Kollision eher eine Frau oder einen Mann, eher ein Kind oder einen Rentner überfahren sollen. Der schicksalhaften Verbindung zwischen Mensch und Maschine werden solche Gedankenexperimente nicht gerecht. In Grenzsituationen braucht es zwar klare Maßstäbe für die Maschine; die grundgesetzlich unantastbare Menschenwürde etwa verbietet in dem konkreten Beispiel ein Aufrechnen oder Abwiegen verschiedener Menschenleben. Zu häufig aber übersehen wir die Dynamik der menschlich-maschinellen Interaktion, die sich auch auf unser eigenes Verhalten auswirkt.[15] Wenn wir selbstfahrenden Autos beibringen, vor Fußgängern auf der Straße immer anzuhalten, wer würde dann noch an der Ampel auf Grün warten? Eine Moral der intelligenten Maschinen dürfen wir nicht isoliert von einer menschlichen Moral betrachten. Mensch und Maschine bilden in vielen Lebensbereichen bereits ein System, für das sich nur gemeinsame Regeln entwerfen lassen.

Die große Herausforderung der nächsten Jahre wird sein, dass wir nicht nur kognitiv begreifen, sondern auch emotional akzeptieren, dass Algorithmen uns zuweilen übertreffen können. Keine kognitive Kränkung darf uns den Blick dafür verstellen, dass die intelligenten Maschinen genau eines bleiben: digitale Assistenten. Es sind einzig und allein wir Menschen, die eine bessere oder eben auch schlechtere Welt denken können. Wir sind es, die die Strategien dafür entwickeln und Ziele auf dem Weg dorthin definieren. Echte Kreativität, Empathie und Vertrauen sind weiterhin unser Alleinstellungsmerkmal – und kommen besser zur Geltung, wenn wir uns andere Aufgaben abnehmen lassen. Die schicksalhafte Verbindung ist und bleibt keine gleichberechtigte Partnerschaft. Denn ein Maßstab darf nie in Zweifel geraten: Maschinen müssen den Menschen dienen.

Dank

Dieses Buch ist die Arbeit eines großartigen Teams. Unser Dank gilt Carla Hustedt, Sarah Fischer, Emilie Reichmann, Anita Klingel, Konrad Lischka, Noëlle Rohde und Viktoria Grzymek, die ihr Fachwissen einbrachten, Fallbeispiele und Zitate recherchierten, Texte entwarfen, Fakten überprüften und viele Argumente hinterfragten und schärften. Ein besonderer Dank geht an André Zimmermann, der für Schwung und Klarheit des Texts gesorgt und diesen mit seinen kreativen Ideen sehr bereichert hat. Ebenso danken wir unserer DVA-Lektorin Annette Anton, deren erfahrenes Auge uns zu mehr Präzision verhalf, Carina Wegener, die den Überblick über unsere Quellen behielt, sowie Klaudia Gollnick und Daria Petesov, die unser Team so engagiert betreuten. Dankbar sind wir auch für die wertvollen Anregungen vieler Gesprächspartner, allen voran Christian Stöcker und Christoph Kucklick.

Wir und die intelligenten Maschinen ist im Projekt *Ethik der Algorithmen* der Bertelsmann Stiftung entstanden. Unser Autorenhonorar kommt deshalb den gemeinnützigen Aktivitäten der Stiftung zugute. Das Buch parallel zur regulären Arbeit in weniger als einem Jahr zu schreiben, war ein Kraftakt, der nur dank des enormen Einsatzes und der Flexibilität aller Beteiligten gelingen konnte. Wir hoffen, dass das Resultat unserer Teamarbeit zu einer breiten Debatte über die gesellschaftlichen Auswirkungen von Algorithmen und Künstlicher Intelligenz beiträgt und daraus Lösungen für mehr Teilhabe und Chancengerechtigkeit entstehen.

Jörg Dräger und Ralph Müller-Eiselt im Februar 2019

Anmerkungen

1 Immer und überall

1 Zitiert aus: Ray Downs: Stephen Hawking warns AI could ›develop will of its own‹ to destroy humanity, *UPI (Online)*, 7. November 2017, https://www.upi.com/Stephen-Hawking-warns-AI-could-develop-will-of-its-own-to-destroy-humanity/3671510038720/.

2 Die Darstellung dieses Falles beruht insbesondere auf folgenden Quellen: Persönliches Gespräch mit James Vacca am 5. April 2018; James Vacca: New York City Council. Int. No. 1696, 16. August 2017, http://legistar.council.nyc.gov/View.ashx?M=F&ID=5386249&GUID=24719B50-305D-486F-ACA7-3178E9F32D8B.

3 James Vacca: Transcript of the minutes of the committee on technology, 7. Dezember 2017, http://legistar.council.nyc.gov/View.ashx?M=F&ID=5706946&GUID=B29D51C0-A86E-4DC3-B4D3-422D16FAE87B.

4 Zitat aus einem persönlichen Gespräch mit James Vacca am 5. April 2018.

5 Die Darstellung dieses Falles beruht insbesondere auf folgenden Quellen: Ali Winston: Transparency Advocates Win Release Of NYPD ›Predictive Policing‹ Documents, *The Intercept*, 27. Januar 2018, https://theintercept.com/2018/01/27/nypd-predictive-policing-documents-lawsuit-crime-forecasting-brennan/; William Alden: There's A Fight Brewing Between The NYPD And Silicon Valley's Palantir, *BuzzFeed News*, 28. Juni 2017, https://www.buzzfeed.com/williamalden/theres-a-fight-brewing-between-the-nypd-and-silicon-valley; PredPol (o. A.): PredPol on Al-Jazeera America, 23. April 2015, https://www.youtube.com/watch?v=kAAHl4t27h4.

6 Zitiert aus: Justin Jouvenal: Police are using software to predict crime. Is it a ›holy grail‹ or biased against minorities?, *The Washington Post (Online)*, 17. November 2016, https://www.washingtonpost.com/local/public-safety/police-are-using-software-to-predict-crime-is-it-a-holy-grail-or-biased-against-minorities/2016/11/17/525a6649-0472-440a-aae1-b283aa8e5de8_story.html?noredirect=on&utm_term=.547aa1a38c4d.

7 Zitiert aus: Andrea Mitchel: Mayor Bill De Blasio On Importance Of Neighborhood Policing, *MSNBC*, 27. Juni 2016, https://www.youtube.com/watch?v=PpLyPIuL7KQ&feature=youtu.be&t=88.

8   Vgl. Jesse Roman: In Pursuit of Smart, *NFPA Journal (The Magazine of the National Fire Protection Association)*, 3. November 2014, https://www.nfpa.org/News-and-Research/Publications/NFPA-Journal/2014/November-December-2014/Features/In-Pursuit-of-Smart.

9   Zitiert aus: Office of the Mayor (o. A.): Smaller Safer Fairer, 2017, http://2aptr31i4knk1qo3dh464d6n-wpengine.netdna-ssl.com/wp-content/uploads/2018/04/Smaller-Safer-Fairer.pdf.

10 Die Darstellung dieses Falles beruht insbesondere auf folgenden Quellen: Julia Angwin, Jeff Larson, Surya Mattu und Lauren Kirchner: Machine Bias. There's Software Used Across the Country to Predict Future Criminals. And it's Biased Against Blacks, 23. Mai 2016, https://www.propublica.org/article/machine-bias-risk-assessments-in-criminal-sentencing; Pro Publica: Sample-COMPAS-Risk-Assessment-COMPAS-›CORE‹, 1. Februar 2016, https://www.documentcloud.org/documents/2702103-Sample-Risk-Assessment-COMPAS-CORE.html; Jon Kleinberg, Himabindu Lakkaraju, Jure Leskovec, Jens Ludwig und Sendhil Mullainathan: Human Decisions and Machine Predictions. Working Paper, *National Bureau of Economic Research*, 2017, https://doi.org/10.3386/w23180; Mona J.E. Danner, Marie Van Nostrand und Lisa M. Spruance: Risk-Based Pretrial Release Recommendation and Supervision Guidelines, 2015, https://www.dcjs.virginia.gov/sites/dcjs.virginia.gov/files/publications/corrections/risk-based-pretrial-release-recommendation-and-supervision-guidelines.pdf; Office of the Mayor (2017).

11 Die Simulation zeigte außerdem, dass umgekehrt die Kriminalität um über ein Viertel sinken würde, wenn man die Zahl von Gefängnisinsassen auf heutigem Niveau beließe und die Personen mit hohem Rückfallrisiko tatsächlich auch inhaftierte.

12 Die Darstellung dieses Falles beruht insbesondere auf folgenden Quellen: New York City Independent Budget Office (o. A.): A Look at New York City's Public High School Choice Process, 2016, http://www.ibo.nyc.ny.us/iboreports/preferences-and-outcomes-a-look-at-new-york-citys-public-high-school-choice-process.pdf; Alvin Roth: Why New York City's high school admissions process only works most of the time, 2. Juli 2015, https://www.chalkbeat.org/posts/ny/2015/07/02/why-new-york-citys-high-school-admissions-process-only-works-most-of-the-time/; Tullis, Tracy: Cracking the School Choice Code, *The New York Times*, 7. Dezember 2014, S. MB1, https://www.nytimes.com/2014/12/07/nyregion/how-game-theory-helped-improve-new-york-city-high-school-application-process.html.

13 Vgl. Natasha Singer: Connecting the Dots to Spot Benefits Fraud, *The New York Times*, 22. Februar 2015, S. BU3, https://www.nytimes.com/2015/02/22/technology/bringing-big-data-to-the-fight-against-benefits-fraud.html.

14 Zitat aus einem persönlichen Gespräch mit James Vacca am 5. April 2018.

2 Algorithmen auf der Spur

1   Zitiert aus: Anne Kunze: Ada und der Algorithmus, *Zeit Online*, 23. Januar 2014, https://www.zeit.de/2014/05/ada-lovelace-programmiererin.

2   Vgl. Sarah Fischer und Thomas Petersen: Was Deutschland über Algorithmen weiß und denkt, 2018, https://www.bertelsmann-stiftung.de/de/publikationen/publikation/did/was-deutschland-ueber-algorithmen-weiss-und-denkt/.

3   Vgl. Vodafone Institute of Society and Communications (o. A.): Big Data, 2016, https://www.vodafone-institut.de/bigdata/de/.

4   Vgl. Thomas Hummel, Matthias Kühn, Jenö Bende und Antje Lang: Fahrer-assistenzsysteme. Ermittlung des Sicherheitspotenzials auf Basis des Schaden-geschehens der Deutschen Versicherer, 2011, https://udv.de/de/publikationen/forschungsberichte/fahrerassistenzsysteme.

5   Vgl. Harald Hordych: Verkehrsbeunruhigte Zone, *Süddeutsche Zeitung (Online)*, 2. September 2018, https://www.sueddeutsche.de/auto/navigationssysteme-verkehrsbeunruhigte-zone-1.4109439.

6   Vgl. Max Tegmark: Leben 3.0: Mensch sein im Zeitalter Künstlicher Intelligenz, 2017, Berlin.

7   Zu den Mythen der Künstlichen Intelligenz: vgl. ebenda, S. 39 – 78.

3 Menschen irren

1   Zitiert aus: Jan-Bernd Meyer: Wolfgang Wahlster: Künstliche Intelligenz ist besser als natürliche Dummheit, *Computerwoche*, Nr. 23 (2015), hier: S. 14, https://www.dfki.de/fileadmin/user_upload/DFKI/Medien/News_Media/Presse/Presse-Highlights/Computerwoche-Interview-Wahlster-2015-cw23-s-s014.pdf.

2   Vgl. Robert J. McDonald et al.: The effects of changes in utilization and techno-logical advancements of cross-sectional imaging on radiologist workload, *Academic radiology*, 22, Nr. 9 (2015), S. 1191 – 1198.

3   Zitat aus einem persönlichen Gespräch mit Michael Forsting am 14. März 2018.

4   Vgl. Jan Schneider, Ruta Yemane und Martin Weinmann: Diskriminierung am Ausbildungsmarkt: Ausmaß, Ursachen und Handlungsperspektiven, 2014, https://www.svr-migration.de/publikationen/diskriminierung-am-ausbildungsmarkt/.

5   Vgl. Marianne Bertrand und Sendhil Mullainathan: Are Emily and Greg more employable than Lakisha and Jamal? A field experiment on labor market discrimination, *The American Economic Review*, 94, Nr. 4 (2004), S. 991 – 1013.

6   Vgl. Dolly Chugh, Katherine L. Milkman und Modupe Akinola: Opinion. Professors Are Prejudiced, Too, *The New York Times*, 11. Mai 2014, S. SR14, https://www.nytimes.com/2014/05/11/opinion/sunday/professors-are-prejudiced-too.html.

7   Vgl. Wikipedia (o. A.): List of Cognitive Biases, o. J., https://en.wikipedia.org/w/index.php?title=List_of_cognitive_biases&oldid=831048284.

8   Daniel Kahneman: The Surety of Fools, *The New York Times Magazine*, 23. Oktober 2011, S. MM30, https://www.nytimes.com/2011/10/23/magazine/dont-blink-the-hazards-of-confidence.html (eigene Übersetzung).

9   Vgl. Daniel Kahneman: Schnelles Denken, langsames Denken, 2012, München; Michael G. Efran: The effect of physical appearance on the judgment of guilt, interpersonal attraction, and severity of recommended punishment in a simulated jury task, *Journal of Research in Personality*, 8, Nr. 1 (1974), S. 45 – 54; Carl L. Palmer und Rolfe D. Peterson: Halo effects and the attractiveness premium in perceptions of political expertise, *American Politics Research*, 44, Nr. 2 (2016), S. 353 – 382.

10 Vgl. Hani H. Abujudeh et al.: Abdominal and pelvic computed tomography (CT) interpretation: discrepancy rates among experienced radiologists, *European radiology*, 20, Nr. 8 (2010), S. 1952 – 1957.

11 Vgl. Leonard Berlin: Radiologic errors, past, present and future, *Diagnosis*, 1, Nr. 1 (2014): S. 79 – 84.

12 Vgl. Stein Grimstad und Magne Jørgensen: Inconsistency of Expert Judgment-based Estimates of Software Development Effort, *Journal of Systems and Software*, 80, Nr. 11 (2007), S. 1770 – 1777, https://doi.org/10.1016/j.jss.2007.03.001.

13 Vgl. Daniel Kahneman, Andrew M. Rosenfield, Linnea Gandhi und Tom Blaseru: Noise: How to Overcome the High, Hidden Cost of Inconsistent Decision Making, *Harvard Business Review*, Ausgabe Oktober 2016, S. 36 – 43, https://hbr.org/2016/10/noise.

14 Vgl. Sören Horn et al.: Vergleich realer und modellierter Einzugsgebiete Potsdamer Grundschulen, *Angewandte Geoinformatik*, 2013, http://gispoint.de/fileadmin/user_upload/paper_gis_open/537533036.pdf.

15 Vgl. Sheena S. Iyengar und Mark R. Lepper: When choice is demotivating: Can one desire too much of a good thing?, *Journal of personality and social psychology*, 79, Nr. 6 (2000), S. 995 – 1006.

16 Vgl. Martin J. Eppler und Jeanne Mengis: A Framework for Information Overload Research in Organizations. Insights Form Science, Accounting, Marketing, MIS, and Related Disciplines, Nr. 1 (2003), https://www.researchgate.net/publication/33682095_A_framework_for_information_overload_research_in_organizations_insights_from_organization_science_accounting_marketing_MIS_and_related_disciplines.

17 Vgl. Joffre Swait und Wiktor Adamowicz: The Influence of Task Complexity on Consumer Choice: A Latent Class Model of Decision Strategy Switching, *Journal of Consumer Research*, 28, Nr. 1 (2001), S. 135 – 148.

18 Vgl. Benjamin Scheibehenne, Rainer Greifeneder und Peter M. Todd: Can there ever be too many options? A meta-analytic review of choice overload, *Journal of Consumer Research*, 37, Nr. 3 (2010), S. 409 – 425.

19 Vgl. Amos Tversky und Daniel Kahneman: Judgment under Uncertainty: Heuristics and Biases, *Science*, 185, Nr. 4157 (1974), S. 1124.

20 Zitat aus einem persönlichen Gespräch mit Michael Forsting am 14. März 2018.

4 Algorithmen irren

1 Zitiert aus: Peter Glaser: Computer sind nutzlos, *heise online*, 28.03.2014, https://www.heise.de/tr/blog/artikel/Computer-sind-nutzlos-2154781.html.

2 Die Darstellung des Falles beruht insbesondere auf folgenden Quellen: ABC (Online) (o. A.): Voice Recognition Machine Leaves Irish Vet in Visa Limbo, 9. August 2017, http://www.abc.net.au/news/2017-08-09/voice-recognition-computer-native-english-speaker-visa-limbo/8789076; Melissa Davey: Outsmarting the Computer. The Secret to Passing Australia's English-Proficiency Test, *The Guardian (Online)*, 9. August 2017, https://www.theguardian.com/australia-news/2017/aug/10/outsmarting-the-computer-the-secret-to-passing-australias-english-proficiency-test.

3 Zitiert aus: Melissa Davey (2017).

4 Vgl. Konrad Lischka und Christian Stöcker: Digitale Öffentlichkeit. Wie algorithmische Prozesse den gesellschaftlichen Diskurs beeinflussen, 2017, hier: S. 6, https://www.bertelsmann-stiftung.de/de/publikationen/publikation/did/digitale-oeffentlichkeit/.

5 Vgl. Julia Angwin, Jeff Larson, Surya Mattu and Lauren Kirchner: Machine Bias. There's Software Used Across the Country to Predict Future Criminals. And it's Biased Against Blacks, 23. Mai 2016, https://www.propublica.org/article/machine-bias-risk-assessments-in-criminal-sentencing.

6 Vgl. ebenda.

7 Zitiert aus: ebenda.

8 Vgl. ebenda.

9 Die Darstellung des Falles beruht insbesondere auf folgenden Quellen: Consumer Reports: The secret score behind your rates, 30. Juli 2015, https://www.consumerreports.org/cro/car-insurance/credit-scores-affect-auto-insurance-rates/index.html; Cathy O'Neil: Angriff der Algorithmen: Wie sie Wahlen manipulieren, Berufschancen zerstören und unsere Gesundheit gefährden, 2017, München.

10 Vgl. Lauren Weber und Elizabeth Dwoskin: Are Workplace Personality Tests Fair?, *Wall Street Journal (Online)*, 30. September 2014, http://www.wsj.com/articles/are-workplace-personality-tests-fair-1412044257.

11 Zitiert aus: Tim Smedley: Forget the CV, data decide careers, *Financial Times (Online)*, 9. Juli 2014, https://www.ft.com/content/e3561cd0-dd11-11e3-8546-00144feabdco.

12 Zitiert aus: Bundesministerium des Innern (o. A.): Tweet vom 15. Dezember 2017, https://twitter.com/bmi_bund/status/941635030069202944?lang=de.

13 Inzwischen ist der Abschlussbericht verfügbar: Polizeipräsidium Potsdam (o. A.): Abschlussbericht des Bundespolizeipräsidiums zum Teilprojekt 1 »Biometrische Gesichtserkennung« am Bahnhof Berlin Südkreuz, 18. September 2018, https://www.bundespolizei.de/Web/DE/04Aktuelles/01Meldungen/2018/10/181011_abschlussbericht_gesichtserkennung_down.pdf?__blob=publicationFile; vgl. zudem: Florian Gallwitz: Eine Polemik. Wie man

mit einem würfelnden Schimpansen Terroristen fängt, 21. Dezember 2017, *Algorithmenethik*, https://algorithmenethik.de/2017/12/21/eine-polemik-wie-man-mit-einem-wuerfelnden-schimpansen-terroristen-faengt/.

5 Personalisierung: Passend für jeden

1 Arthur Schopenhauer: Parerga und Paralipomena. Erster Band. Aphorismen zur Lebensweisheit, 1851, hier: Kap. 1: Grundeinteilung.

2 Die Darstellung dieses Falles beruht insbesondere auf folgenden Quellen: Persönliches Gespräch mit Vivienne Ming am 28. Juni 2018; Vivienne Ming: Tracking My Son's Diabetes, 2013, https://vimeo.com/81272562; Jörg Dräger und Ralph Müller-Eiselt: Die digitale Bildungsrevolution. Der radikale Wandel des Lernens und wie wir ihn gestalten können, 2015, München, hier: S. 142–145; Peter Loftus: Eli Lilly Bets Big on Insulin-Delivery Devices, *Wallstreet Journal (Online)*, 21. November 2017, https://www.wsj.com/articles/eli-lilly-bets-big-on-insulin-delivery-devices-1511269200.

3 Vivienne Ming (2013).

4 Zitat aus einem persönlichen Gespräch mit Vivienne Ming am 28. Juni 2018.

5 Die Darstellung dieses Falles beruht insbesondere auf folgenden Quellen: Persönliches Gespräch mit Elke Stuthmann am 22. Juni 2018; n-tv Ratgeber (o. A.): Software erleichtert Schülern das Mathe lernen, 2018, https://www.n-tv.de/mediathek/videos/ratgeber/Software-erleichtert-Schuelern-das-Mathe-lernen-article20398295.html; Jörg Dräger und Ralph Müller-Eiselt (2015), hier: S. 19–21.

6 Zitat aus einem persönlichen Gespräch mit Elke Stuthmann am 22. Juni 2018.

7 Der folgende Abschnitt ist weitgehend wörtlich, aber stark gekürzt übernommen aus: Jörg Dräger und Ralph Müller-Eiselt (2015), hier: S.19–21.

8 Zitiert aus: Christoph Drösser: Direkter Draht zum Lehrer. Eine Onlineplattform soll Mathe-Nachhilfe überflüssig machen, *Die Zeit*, 30. Dezember 2009, hier: S. 64.

9 Zitat aus einem persönlichen Gespräch mit Elke Stuthmann am 22. Juni 2018.

10 Jürgen Schaefer: Digital macht schlau!, *GEO*, Nr. 12 (2014), S. 28–46, hier: S. 33, http://www.geo.de/GEO/heftreihen/geo_magazin/lernen-mit-neuen-medien-digital-macht-schlau-79266.html.

11 Die Fallbeschreibung ist weitgehend wörtlich, aber stark gekürzt übernommen aus: Jörg Dräger und Ralph Müller-Eiselt (2015), hier: S. 62–66, bzw. Katja Guttmann: New Classrooms. Lern-Spaß maßgeschneidert, *Change. Das Magazin der Bertelsmann Stiftung*, Nr. 3 (2014), hier: S. 16–25; vgl. zudem Douglas D. Ready: Student Mathemathics Performance in the First Two Years of Teach One: Math, 2014, http://www.newclassrooms.org/wp-content/uploads/2016/09/Teach-to-One_Report_2013-14.pdf.

12 Zitiert aus: Katja Guttmann (2014).

13 Vgl. Cathy O'Neil: Angriff der Algorithmen. Wie sie Wahlen manipulieren, Berufschancen zerstören und unsere Gesundheit gefährden, 2017, München.

14 Vgl. Ann Carrns: Former ITT Technical Students Can Get Counseling at New Website, *The New York Times (Online)*, 21. September 2016, https://www. nytimes.com/2016/09/22/your-money/former-itt-technical-students-can-get-counseling-at-new-website.html.
15 Vgl. Torsten Kleinz: Google verbannt Werbung für Kurzzeit-Kredite, *heise online*, 12. Mai 2016, https://www.heise.de/newsticker/meldung/Google-verbannt-Werbung-fuer-Kurzzeit-Kredite-3206530.html.
16 Vgl. Upturn (o.A.): Led Astray. Online Lead Generation and Payday Loans, 2015, https://www.teamupturn.org/reports/2015/led-astray/.
17 Cathy O'Neil: The era of blind faith in big data must end, o. J., https://www.ted. com/talks/cathy_o_neil_the_era_of_blind_faith_in_big_data_must_end.
18 Vgl. Tim Walker: How Much …? The Rise of Dynamic and Personalised Pricing, *The Guardian (Online)*, 20. November 2017, https://www.theguardian.com/global/2017/nov/20/dynamic-personalised-pricing.
19 Vgl. Dana Mattioli: On Orbitz, Mac Users Steered to Pricier Hotels, *The Wall Street Journal (Online)*, 23. August 2012, https://www.wsj.com/articles/SB10001424052702304458604577488822667325882.
20 Zitat aus einem persönlichen Gespräch mit Vivienne Ming am 28. Juni 2018.

6 Zugang: Offene Türen, versperrte Wege

1 Zitiert aus: Eleanor Goldberg: eBay Founder Pierre Omidyar On Why He's Dropped $1 Billion To Make The World A Better Place, *Huffpost (Online)*, 20. Oktober 2011, https://www.huffingtonpost.com/2011/10/20/ebay-founder-pierre-omidyar_n_1020884.html.
2 Vgl. World Bank (o.A.): Global Findex, 2017, https://globalfindex.worldbank. org/.
3 Vgl. Lee Chipongian: 86% of Filipino Households Don't Have Bank Accounts – BSP Survey, *Manila Bulletin Business*, 14. Januar 2017, https://business.mb.com. ph/2017/01/14/86-of-filipino-households-dont-have-bank-accounts-bsp-survey/; Konrad Lischka und Anita Klingel: Wenn Maschinen Menschen bewerten, 2017, hier: S. 31–35, https://www.bertelsmann-stiftung.de/de/publikationen/publikation/did/wenn-maschinen-menschen-bewerten/.
4 Vgl. Jakob Madsen, Md Islam und Chris Doucouliagos: Inequality, Financial Development and Economic Growth in the OECD, 1870 – 2011, *Monash Economics Working Paper*, Nr. 18 (2016), https://econpapers.repec.org/paper/mosmoswps/2016-18.htm.
5 Zitiert aus: World Bank (o.A.): Three Quarters of The World's Poor Are »Unbanked«, 19. April 2012, http://www.worldbank.org/en/news/feature/2012/04/19/three-quarters-of-the-worlds-poor-are-unbanked.
6 Die Darstellung dieses Falles beruht insbesondere auf folgenden Quellen: Persönliches Gespräch mit Alexander Graubner-Müller am 4. Mai 2018; vgl. Jeevan Vasagar: Kreditech: A Credit Check by Social Media, *Financial Times*

(Online), 19. Januar 2016, https://www.ft.com/content/12dc4cda-ae59-11e5-b955-1a1d298b6250.

7 Zitat aus einem persönlichen Gespräch mit Alexander Graubner-Müller am 4. Mai 2018.

8 Ebenda.

9 Vgl. Robert B. Avery, Kenneth P. Brevoort und Glenn Canner: Does Credit Scoring Produce a Disparate Impact?, *Real Estate Economics*, 40, Nr. s1 (2012), S. 65 – 114; Lina Aldén und Mats Hammarstedt: Discrimination in the Credit Market? Access to Financial Capital among Self-employed Immigrants, *Kyklos*, 69, Nr. 1 (2016), S. 3–31, https://doi.org/10.1111/kykl.12101; Mikella Hurley und Julius Adebayo: Credit Scoring in the Era of Big Data, *Yale JL & Tech*, 18 (2016), S. 148 – 275.

10 Die Fallbeschreibung ist weitgehend wörtlich, aber stark gekürzt übernommen aus: Jörg Dräger und Ralph Müller-Eiselt: Die digitale Bildungsrevolution. Der radikale Wandel des Lernens und wie wir ihn gestalten können, 2015, München, hier: S. 133 – 136; vgl. zudem: Don Peck: They're Watching You at Work, *The Atlantic*, Ausgabe Dezember 2013, https://www.theatlantic.com/magazine/archive/2013/12/theyre-watching-you-at-work/354681/354681.

11 Roman Pletter: Ist er besser als wir?, *Die Zeit*, 26. Juli 2014, S. 19 – 21, http://www.zeit.de/2014/29/computer-roboter-konkurrenz/.

12 Vgl. Tim Reichel: Nur Platz 4: Warum deine Noten nicht so wichtig sind und worauf Personaler wirklich achten, 15. Mai 2017, https://www.studienscheiss.de/noten-wichtig-personaler-achten/.

13 Vgl. Carsten Dierig et al.: Bewerber-Auswahl: Für Arbeitgeber sind Schulnoten inzwischen egal, *Welt (Online)*, 31. August 2013, https://www.welt.de/wirtschaft/karriere/article119565507/Fuer-Arbeitgeber-sind-Schulnoten-inzwischen-egal.html.

14 Zitiert aus: Adam Bryant: In Head-Hunting, Big Data May Not Be Such a Big Deal, *The New York Times*, 19. Juni 2013, S. F6, https://www.nytimes.com/2013/06/20/business/in-head-hunting-big-data-may-not-be-such-a-big-deal.html.

15 Vgl. Adam Bryant (2013).

16 Zitat aus einem persönlichen Gespräch mit Alexander Graubner-Müller am 4. Mai 2018.

17 Vgl. Tim Adams: Job hunting is a matter of Big Data, not how you perform at an interview, *The Guardian (Online)*, 10. Mai 2014, https://www.theguardian.com/technology/2014/may/10/job-hunting-big-data-interview-algorithms-employees.

18 Vgl. Konrad Lischka und Anita Klingel: Wenn Maschinen Menschen bewerten, 2017, https://www.bertelsmann-stiftung.de/de/publikationen/publikation/did/wenn-maschinen-menschen-bewerten/.

19 Vgl. Europäischer Gerichtshof (o. A.): Urteil in der Rechtssache C-236/09, 1. März 2011, http://curia.europa.eu/juris/document/document.jsf?text=&docid=80019&pageIndex=0&doclang=DE&mode=req&dir=&occ=first&part=1; Kranken-kassen-Zentrale: Unisex-Tarif-Versicherungen 2018: Auswirkungen für Versicherte, o.J., https://www.krankenkassenzentrale.de/wiki/unisex-tarif.

20   Vgl. Mathias Peer: Start-up Kreditech will in Indien Privatdarlehen per Knopf-
     druck vergeben, *Handelsblatt (Online)*, 29. August 2018, https://www.
     handelsblatt.com/finanzen/banken-versicherungen/start-up-kreditech-will-in-
     indien-privatdarlehen-per-knopfdruck-vergeben/22970782.html.

7   Befähigung: Das optimierte Ich

1   Zitiert aus: Encyclopedia of World Biography (o. A.): Larry Page and Sergey
     Brin Biography, o. J., https://www.notablebiographies.com/news/Ow-Sh/Page-
     Larry-and-Brin-Sergey.html.
2   Joy Ross: Aipoly Vision App for the Blind... I CAN SEE!!!, 30. März 2017, https://
     www.youtube.com/watch?v=iL6bYvc8QYo.
3   Vgl. persönliches Gespräch mit Alberto Rizzoli am 24. Juli 2018.
4   Zitat aus einem persönlichen Gespräch mit Alberto Rizzoli am 24. Juli 2018.
5   Zitat aus einem persönlichen Gespräch mit Heiko Kunert am 23. Juli 2018;
     Heiko Kunert schreibt auf *Heikos.blog für Inklusion und Barrierefreiheit* über
     seinen Alltag als blinder Mensch, https://heikos.blog.
6   Zitat aus einem persönlichen Gespräch mit Heiko Kunert am 23. Juli 2018.
7   Zitat aus einem persönlichen Gespräch mit Alberto Rizzoli am 24. Juli 2018.
8   Zitiert aus: Melanie Mörtlbauer: Vom Sprach- zum Kunstfehler, *Deutsches
     Ärzteblatt*, 110, Nr. 3 (2013), S. 98, https://www.aerzteblatt.de/archiv/134064/
     Uebersetzungen-in-der-Medizin-Vom-Sprach-zum-Kunstfehler.
9   Vgl. Tim Aschermann: Scherze mit dem Google-Übersetzer: Die lustigsten Fails,
     chip (Online), 8. März 2018, https://praxistipps.chip.de/scherze-mit-dem-
     google-uebersetzer-die-lustigsten-fails_3676.
10 Vgl. Yonghui Wu et al.: Google's Neural Machine Translation System: Bridging
     the Gap between Human and Machine Translation, 8. Oktober 2016, https://
     arxiv.org/pdf/1609.08144.pdf.
11 Vgl. Guido Mingels: Wie es einem deutschen Unternehmen gelang, besser als
     Google zu sein, *Spiegel Online*, 6. Mai 2018, http://www.spiegel.de/plus/
     deepl-der-deutsche-unternehmer-ist-besser-als-google-
     a-00000000-0002-0001-0000-000157181383.
12 Vgl. Gideon Lewis-Kraus: Going Neural, *The New York Times Magazine*,
     18. Dezember 2016, S. 40, https://www.nytimes.com/2016/12/14/magazine/
     the-great-ai-awakening.html.
13 Vgl. Rachel Botsman: Who Do You Trust? How Data Is Helping Us Decide,
     The Guardian (Online), 7. Oktober 2017, https://www.theguardian.com/
     technology/2017/oct/07/can-technology-help-you-pick-best-babysitter-trust-
     online-safety-checks.
14 Vgl. Sarabjit Singh Baveja, Anish Das Sarma und Nilesh Dalvi: Determining
     Trustworthiness and Compatibility of a Person, 21. April 2016, http://www.
     freepatentsonline.com/y2016/0110648.html.
15 Vgl. Patrick Ambron: Why The Online Reputation Management Industry is
     Changing—And Where it Needs To Go, *Medium*, 4. August 2016, https://

medium.com/@patrickambron/why-the-online-reputation-management-industry-is-changing-and-where-it-needs-to-go-9cf536183c82.

16   Vgl. Lionel Pousaz: Under the skin, a tiny laboratory, 20. März 2013, https://actu.epfl.ch/news/under-the-skin-a-tiny-laboratory/.

17   Zitiert aus: Norbert Seitz: Der Cyborg in mir, *Deutschlandfunk*, 18. Dezember 2015, https://www.deutschlandfunk.de/enhancement-gesellschaft-der-cyborg-in-mir.1310.de.html?dram:article_id=340963.

18   Vgl. Thomas Jüngling: Das Zeitalter der Maschinen-Menschen hat begonnen, *Welt (Online)*, 12. Juni 2014, https://www.welt.de/wirtschaft/webwelt/article128842469/Das-Zeitalter-der-Maschinen-Menschen-hat-begonnen.html.

19   Vgl. Patrick Tucker: Tomorrow Soldier. How The Military Is Altering the Limits of Human Performance, *Defense One*, 12. Juli 2017, https://www.defenseone.com/technology/2017/07/tomorrow-soldier-how-military-altering-limits-human-performance/139374/.

20   Sally Adee: How electrical brain stimulation can change the way we think, *The Week (Online)*, 30. März 2012, https://theweek.com/articles/476866/how-electrical-brain-stimulation-change-way-think.

21   Zitat aus einem persönlichen Gespräch mit Alberto Rizzoli am 24. Juli 2018.

8   Freiraum: Mehr Zeit fürs Wesentliche

1   Zitiert aus: Dennis R. Mortensen: Automation may take our jobs—but it'll restore our humanity, *Quartz*, 16. August 2017, https://qz.com/1054034/automation-may-take-our-jobs-but-itll-restore-our-humanity/.

2   Die Darstellung dieses Falles beruht insbesondere auf folgenden Quellen: Torsten Kleinz: Wächter des Weltwissens – wie Automaten Wikipedia beschützen, 8. November 2017, *Algorithmenethik*, https://algorithmenethik.de/2017/11/08/waechter-des-weltwissens-wie-automaten-wikipedia-beschuetzen/; Torsten Kleinz: Wo Algorithmen Wikipedia-Autoren ersetzen, ergänzen und motivieren, 11. November 2017, *Algorithmenethik*, https://algorithmenethik.de/2017/11/10/wo-algorithmen-wikipedia-autoren-ersetzen-ergaenzen-und-motivieren/.

3   Zitiert aus: ebenda.

4   Vgl. ebenda.

5   Vgl. Alexander Fanta: Putting Europe's Robots on the Map: Automated journalism in news agencies, *Reuters Institute Fellowship Paper University of Oxford*, 2017, https://reutersinstitute.politics.ox.ac.uk/our-research/putting-europes-robots-map-automated-journalism-news-agencies.

6   Vgl. Christian Heinrich: Digitaler Hausbesuch, *Zeit Online*, 25. April 2018, https://www.zeit.de/2018/18/telemedizin-digitalisierung-internet-telefon-aerzte-patienten-versorgung.

7   Vgl. Manuel Heckel: Künstliche Intelligenz. Rufen statt klicken, *Handelsblatt*, 19. April 2018, S. 41.

8   Vgl. Jakob von Lindern, Manuel Heckel und Steffen Ermisch: Wenden Sie sich
     bitte an meinen Bot, *t3n*, Nr. 51 (2018), S. 39 – 41.

9   Vgl. Frankfurter Allgemeine Zeitung (Online) (o. A.): Erster Supermarkt ohne
     Kassen öffnet, 22. Januar 2018, http://www.faz.net/aktuell/wirtschaft/erster-
     amazon-supermarkt-ohne-kassen-oeffnet-15410919.html.

10   Thomas Ramge: Mensch und Maschine. Wie Künstliche Intelligenz und Roboter
     unser Leben verändern, 2018, Ditzingen, S. 66.

11   Council on Extended Intelligence (o. A.): A Vision for Responsible Participant
     Design, o. J., https://globalcxi.org/.

12   Vgl. Rutger Bregman: A growing number of people think their job is useless.
     Time to rethink the meaning of work, *World Economic Forum*, 12. April 2017,
     https://www.weforum.org/agenda/2017/04/why-its-time-to-rethink-the-
     meaning-of-work.

13   Vgl. Avantgarde Experts (o. A.): Studie zur Arbeitszufriedenheit in Deutschland
     2017, 8. Juni 2017, https://www.avantgarde-experts.de/studie-arbeitszufriedenheit-
     deutschland-2017.

14   Vgl. Manuel Heckel, Steffen Ermisch und Jakob von Lindern: Wir nannten es
     Arbeit! Was Künstliche Intelligenz auch für deinen Arbeitsplatz bedeutet, *t3n*,
     Nr. 51 (2018), S. 34–37.

15   Sascha Lobo: Das Verschwinden der Mittelklasse, *Spiegel Online*, 5. Februar
     2018, http://www.spiegel.de/netzwelt/netzpolitik/digitalisierung-das-
     verschwinden-der-mittelklasse-kolumne-a-1205746.html.

16   Vgl. Adrian Lobe: Die Angst vor der Vierzig-Stunden-Pause, *Frankfurter Allge-
     meine Zeitung (Online)*, 18. Juni 2016, http://www.faz.net/aktuell/feuilleton/
     debatten/die-digital-debatte/silicon-valley-fuer-bedingungsloses-
     grundeinkommen-14291521.html.

17   Zitiert aus: Sascha Lobo (2018a).

18   Es gibt diverse Pilotversuche zum Bedingungslosen Grundeinkommen, die alle
     zu diesem Schluss kommen. Vgl. Cheldea Gohd: Study Finds People Given
     Basic Income Are Likely to Keep Working, *Futurism*, 18. Februar 2018, https://
     futurism.com/basic-income-part-time-work/.

9   Kontrolle: Die geregelte Gesellschaft

1   Zitiert aus: The New York Times (o. A.): Transcript of Nixon's Television
     Address to the Soviet People From the Great Kremlin Palace, 29. Mai 1972,
     https://www.nytimes.com/1972/05/29/archives/transcript-of-nixons-television-
     address-to-the-soviet-people-from.html.

2   Die Darstellung dieses Falles beruht insbesondere auf folgenden Quellen:
     Bundesamt für Migration (o. A.): Asylgeschäftsbericht für den Monat Dezember
     2017, 2017, https://www.bamf.de/SharedDocs/Anlagen/DE/Downloads/
     Infothek/Statistik/Asyl/201712-statistik-anlage-asyl-geschaeftsbericht.pdf;

Bundesamt für Migration (o. A.): Asylgeschäftsstatistik für den Monat Dezember 2016, 2016, http://www.bamf.de/SharedDocs/Anlagen/DE/Downloads/Infothek/Statistik/Asyl/201612-statistik-anlage-asyl-geschaeftsbericht.pdf; Bundesamt für Migration (o. A.): Franco A. – Untersuchungen abgeschlossen, 31. Mai 2017, http://www.bamf.de/SharedDocs/Pressemitteilungen/DE/2017/20170531-017-pm-statement-cordt-innenausschuss.html?nn=3799586; Deutscher Bundestag (o. A.): Drucksache 19/190, 8. Dezember 2017, http://dipbt.bundestag.de/doc/btd/19/001/1900190.pdf; Spiegel Online (o. A.): Franco A. sprach Deutsch in Asylanhörung, 16. Juni 2017, http://www.spiegel.de/politik/deutschland/bundeswehr-franco-a-sprach-deutsch-in-asyl-anhoerung-a-1152453.html; Caterina Lobenstein: Behörde auf Speed, *Zeit Online*, 30. März 2017, https://www.zeit.de/2017/14/bamf-unternehmensberater-geschwindigkeiten-folgen-fluechtlinge; Jonas Schönfelder: Digitale Assistenten beim BAMF – Software soll Dialekte erkennen, *taz (Online)*, 19. Dezember 2017, http://www.taz.de/!5470641/.

3   Sprachwissenschaftler halten die Identifizierung von Dialekten zwar für machbar, weisen aber darauf hin, dass Dialekt-Grenzen gerade in den arabischen Ländern oft anders als Ländergrenzen verlaufen. Damit wäre die Identifikation von Dialekten auch mit Algorithmen nicht aussagekräftig für die Herkunft.

4   Das BAMF weist selbst eine Fehlerquote von 15 Prozent aus. Vgl. Dorothee Frank: Digitale Unterstützer im Asylverfahren, *Cyber Security Report 2018*, 8. Oktober 2018, http://www.bamf.de/DE/Service/Top/Presse/Interviews/20181008-interview-cyber-security-report/interview-cyber-security-report-node.html.

5   Die Darstellung dieses Falles beruht insbesondere auf folgenden Quellen: Erin Stewart: How Centrelink Debt Letters Are Harming Australians' Mental Health, *ABC (Online)*, 12. Januar 2017, http://www.abc.net.au/news/2017-01-12/centrelink-debt-letters-harming-mental-health/8169182; Christopher Knaus: Centrelink Scandal: Tens of Thousands of Welfare Debts Wiped or Reduced, *The Guardian (Online)*, 12. September 2017, http://www.theguardian.com/australia-news/2017/sep/13/centrelink-scandal-tens-of-thousands-of-welfare-debts-wiped-or-reduced; Christopher Knaus: Internal Centrelink Records Reveal Flaws behind Debt Recovery System, *The Guardian (Online)*, 12. Januar 2017, https://www.theguardian.com/australia-news/2017/jan/13/internal-centrelink-records-reveal-flaws-behind-debt-recovery-system; Colin Cosier: How Centrelink's ›robodebt‹ ran off the rails, *ABC (Online)*, 5. März 2017, https://www.abc.net.au/radionational/programs/backgroundbriefing/2017-03-05/8319442#transcript; Acting Commonwealth Ombudsman: Centrelink's automated debt raising and recovery system, Nr. 2 (2017), http://www.ombudsman.gov.au/__data/assets/pdf_file/0022/43528/Report-Centrelinks-automated-debt-raising-and-recovery-system-April-2017.pdf.

6   Zitiert aus: Christopher Knaus: Acoss Criticises Government's ›appalling‹ Jail Threats to Welfare Recipients, *The Guardian (Online)*, 6. Dezember 2016, https://www.theguardian.com/australia-news/2016/dec/07/acoss-criticises-governments-appalling-jail-threats-to-welfare-recipients.

10   Verteilung: Ausreichend knapp

1   Thomas Sowell: Is Reality Optional? And Other Essays, 1993, Stanford.

2   Dirk Hecker et al.: Zukunftsmarkt Künstliche Intelligenz. Potenziale und
    Anwendungen, o. J., hier: S. 30, https://www.iuk.fraunhofer.de/content/dam/
    iuk/de/documents/KI-Studie_Ansicht_201712.pdf.

3   Die Darstellung dieses Falles beruht insbesondere auf folgenden Quellen:
    Adrian Lobe: Der Algorithmus sagt, wo's brennt, *Golem*, 17. Dezember 2015,
    https://www.golem.de/news/big-data-der-algorithmus-sagt-wo-s-brennt-
    1512-117986.html; Jesse Roman: In Pursuit of Smart, *NFPA Journal (The Maga-
    zine of the National Fire Protection Association)*, 3. November 2014, https://
    www.nfpa.org/News-and-Research/Publications/NFPA-Journal/2014/
    November-December-2014/Features/In-Pursuit-of-Smart; Apolitical (o. A.):
    New York City is saving lives by predicting where fires will break out,
    23. August 2017, https://apolitical.co/solution_article/new-york-city-saving-
    lives-predicting-fires-will-break/.

4   Vgl. Jonathan Jay: Can Algorithms Predict House Fires?, *Data-Smart City
    Solutions*, 16. März 2017, https://datasmart.ash.harvard.edu/news/article/
    can-algorithms-predict-house-fires-990.

5   Vgl. Fiona Graham: Can Big Data Help Fight Fires and Save Lives?, *BBC
    (Online)*, 26. März 2013, http://www.bbc.com/news/business-21902070;
    Jonathan Jay: Can Algorithms Predict House Fires?, *Data-Smart City Solutions*,
    16. März 2017, https://datasmart.ash.harvard.edu/news/article/can-algorithms-
    predict-house-fires-990.

6   Vgl. Joe Flood: The Fires. How a Computer Formula, Big Ideas, and the Best of
    Intentions Burned Down New York City and Determined the Future of Cities,
    2011, New York; Adam Greenfield: Against the Smart City, 23. Oktober 2013,
    https://urbanomnibus.net/2013/10/against-the-smart-city/.

7   Die Darstellung dieses Falles beruht insbesondere auf folgenden Quellen: Paul
    von Bünau: Die Sehnsucht nach Transparenz ist eine Sehnsucht nach Begrün-
    dung. Warum Algorithmen lernen sollten, eine Geschichte zu erzählen, 16. Juli
    2018, https://idalab.de/blog/data-science/die-sehnsucht-nach-transparenz-
    ist-eine-sehnsucht-nach-begrundung-warum-algorithmen-lernen-sollten-eine-
    geschichte-zu-erzahlen; Niels Reinhard: Offene Daten in der Berliner
    Verwaltung, *Code for Germany*, 28. November 2016, https://codefor.de/blog/
    open-data-verwaltung-grundschuleinzugsgebiete.html.

8   Zitat aus einem persönlichen Gespräch mit Paul von Bünau am 14. Januar 2019.

9   Die Darstellung dieses Falles beruht insbesondere auf folgenden Quellen:
    Annika Joeres: Parcoursup – das außerirdische Universitätsauswahlsystem
    der französischen Regierung, *Algorithmenethik*, 30. Mai 2018, https://
    algorithmenethik.de/2018/05/30/parcoursup-das-ausserirdische-
    universitaetsauswahlsystem-der-franzoesischen-regierung; Konrad Lischka
    und Anita Klingel: Wenn Maschinen Menschen bewerten, 2017, https://www.
    bertelsmann-stiftung.de/de/publikationen/publikation/did/wenn-maschinen-

menschen-bewerten/; Frédérique Vidal: Parcoursup, la plateforme
d'admission dans l'enseignement supérieur, 13. April 2018, http://www.
enseignementsup-recherche.gouv.fr/cid129330/point-d-etape-sur-parcoursup-
discours-de-frederique-vidal.html.

11 Prävention: Gewisse Zukunft

1   Zitiert aus: Minority Report (Film): Public Service Anouncement, 2002.
2   Vgl. Persönliches Gespräch mit Felix Bode am 12. September 2018.
3   Vgl. Tobias Knobloch: Vorausschauende Polizeiarbeit: mit Algorithmen »vor
    die Lage kommen«, Algorithmenethik, 14. Juni 2018, https://algorithmenethik.
    de/2018/06/14/vorausschauende-polizeiarbeit-mit-algorithmen-vor-die-lage-
    kommen/.
4   Zitat aus einem persönlichen Gespräch mit Joachim Eschemann am 15. August
    2018.
5   Ebenda.
6   Vgl. Kriminalpolitische Zeitschrift (o. A.): Wohnungseinbruchdiebstahl –
    Stellungnahmen, o. J., https://kripoz.de/Kategorie/stellungnahmen/
    wohnungseinbruchdiebstahl-stellungnahmen/.
7   Laut British Crime Survey aus dem Jahr 1992 erleiden 4 % der Bürger 43 % der
    Straftaten. Daher ist eine vorherige Viktimisierung ein guter Prädiktor für
    weitere Opferwerdungen, Vgl. Home Office, Research and Planning Unit, Social
    and Community Planning Research (o. A.): British Crime Survey, 1992, https://
    discover.ukdataservice.ac.uk/catalogue/?sn=3202&type=data%20catalogue.
8   Vgl. Elizabeth Joh: Policing by Numbers. Big Data and the Fourth Amendment,
    2. März 2014, https://papers.ssrn.com/sol3/papers.cfm?abstract_id=2403028.
9   Vgl. Welt (Online) (o. A.): Zahl der Wohnungseinbrüche in NRW stark gesunken,
    16. Juli 2018, https://www.welt.de/regionales/nrw/article179411310/Zahl-der-
    Wohnungseinbrueche-in-NRW-stark-gesunken.html.
10 Zitat aus einem persönlichen Gespräch mit Joachim Eschemann am 15. August
    2018.
11 Zitiert aus: ZukunftsInstitut (o. A.): Die neue Reflexivität der Zukunfts-Pioniere,
    24. Mai 2018, https://www.zukunftsinstitut.de/artikel/zukunfts-pioniere/.
12 Yuval Noah Harari: Homo Deus. Eine Geschichte von Morgen, 2017, München,
    hier: S. 303.
13 Vgl. Roland Wengenmayr: Wie gut sind Wettervorhersagen? Qualitätsprüfung
    beim DWD, o. J., hier: S. 14.
14 Zitiert aus: Wikipedia (o. A.): Clarkesche Gesetze, o. J., https://de.wikipedia.org/
    wiki/Clarkesche_Gesetze.
15 Vgl. John T. James: A New, Evidence based Estimate of Patient Harms
    Associated with Hospital Care, Journal Patient Safety, 9, Nr. 3 (2013), http://
    patientsafetyamerica.com/about/a_new_evidence_based_estimate_of_
    patient_harms-2/.

16 Vgl. OBS Medical (o. A.): St Joseph Mercy Oakland recognised by the American Hospital Association for their use of innovative technology, 27. Juli 2014, http://www.obsmedical.com/news/st-joseph-mercy-oakland-recognised-by-the-american-hospital-association-for-their-use-of-innovative-technology/.

17 Vgl. Cinthia Briseno: Wie Algorithmen Menschen vor einem frühzeitigen Tod bewahren können, *Algorithmenethik*, 15. März 2018, https://algorithmenethik.de/2018/03/15/wie-algorithmen-menschen-vor-einem-fruehzeitigen-tod-bewahren-koennen/.

18 Vgl. Bart De Witte: Algorithms Will Out-Perform Doctors In Just 10 Years Time, *Dataconomy*, 11. Oktober 2017, http://dataconomy.com/2017/10/18532/.

19 Vgl. Carla Hustedt: Die algorithmische Kristallkugel der US-Kinderschutzbehörden, *Algorithmenethik*, 22. Januar 2018, https://algorithmenethik.de/2018/01/22/die-algorithmische-kristallkugel-der-us-kinderschutzbehoerden/.

20 Vgl. Jordan Novet: Facebook is using A.I. to help predict when users may be suicidal, *CNBC (Online)*, 21. Februar 2018, https://www.cnbc.com/2018/02/21/how-facebook-uses-ai-for-suicide-prevention.html.

21 Vgl. Brianna Posadas: How strategic is Chicago's »Strategic Subjects List«? Upturn investigates, *Medium*, 22. Juni 2017, https://medium.com/equal-future/how-strategic-is-chicagos-strategic-subjects-list-upturn-investigates-9e5b4b235a7c.

22 Vgl. Eddie T. Johnson: Special Order S09-11. Strategic Subject List (SSL) Dashboard, 14. Juli 2016, http://directives.chicagopolice.org/directives/data/a7a57b85-155e9f4b-50c15-5e9f-7742e3ac8b0ab2d3.html.

23 Zitiert aus einem persönlichen Gespräch mit Prof. Mario Martini, Universität Speyer, am 10. Oktober 2018.

24 Vgl. Jessica Saunders, Priscillia Hunt und John S. Hollywoodu: Predictions put into practice: a quasi-experimental evaluation of Chicago's predictive policing pilot, *Journal of Experimental Criminology*, 12, Nr. 3 (2016), S. 347 – 371.

25 Vgl. Brianna Posadas (2017).

26 Vgl. Jessica Saunders, Priscillia Hunt und John S. Hollywoodu (2016).

27 Zitat aus einem persönlichen Gespräch mit Joachim Eschemann am 15. August 2018.

28 Ebenda.

29 Vgl. Unni Eikeseth und Randi Lillealtern: Gender equality for crash test dummies, too, *ScienceNordic*, 24. Januar 2013, http://sciencenordic.com/gender-equality-crash-test-dummies-too.

30 Vgl. Joy Buolamwini und Timnit Gebru: Gender Shades: Intersectional Accuracy Disparities in Commercial Gender Classification, *Proceedings of Machine Learning Research*, 81, 2018, S. 1 – 15, http://proceedings.mlr.press/v81/buolamwini18a/buolamwini18a.pdf.

31 Vgl. Carla Hustedt: A Public Value Perspective on Predictive Policing in the US, 2016, https://www.researchgate.net/publication/327155597_A_Public_Value_Perspective_on_Predictive_Policing_in_the_US; Kristian Lum und William Isaac: To Predict and Serve?, *Significance*, 13, Nr. 5 (2016), S. 14 – 19, https://doi.org/10.1111/j.1740-9713.2016.00960.x.

32 Vgl. Tobias Knobloch (2018).

33 Vgl. Carla Hustedt (2018a).

34 Vgl. Spiegel Online (o. A.): Nobelpreisregen durch Schokoladenhunger, 11. Oktober 2012, http://www.spiegel.de/wissenschaft/mensch/laender-mit-hohem-schokoladenkonsum-erhalten-mehr-nobelpreise-a-860761.html; Wolf Riepl: Je mehr Störche, desto mehr Kinder, 7. August 2011, https://statistik-dresden.de/archives/183.

35 Vgl. Paul McGorrery und Dawn Gilmore: Scientists Are Trying to Predict Which Babies Will Grow Up to Become Criminals, *ScienceAlert*, 12. August 2016, https://www.sciencealert.com/how-forensic-scientists-can-use-algorithms-to-predict-future-crimes.

36 Salil Shetty: Salil Shetty Speech to Techfest, 16. Dezember 2016, https://www.amnesty.org/en/latest/news/2016/12/salil-shetty-speech-techfest/.

37 Zitiert aus: Vauhini Vara: We Will Literally Predict Their Life Outcomes, *Wired* (Online), 5. August 2017, https://www.wired.com/2016/05/we-will-literally-predict-their-life-outcomes/.

38 Vgl. ebenda.

39 Vivienne Ming: Muse, https://muse.socoslearning.com/.

40 Zitiert aus: Jana Petersen: Das digitale Kind: Wohlerzogen dank künstlicher Intelligenz, *Wired (Online)*, 26. Mai 2017, https://www.wired.de/collection/tech/muse-app-test-kinder-erziehung-ki-vivienne-ming-portraet.

41 Vgl. Cinthia Briseno: Algorithmen für die Berechnung von Todesrisiken: die Lehren, *Algorithmenethik*, 23. März 2018, https://algorithmenethik.de/2018/03/23/algorithmen-fuer-die-berechnung-von-todesrisiken-die-lehren/.

42 Vgl. Chris Cook: How much is a year of life worth?, *BBC (Online)*, 29. August 2014, https://www.bbc.com/news/health-28983924.

43 Vgl. Wikipedia (o. A.): National Institute for Health and Care Excellence, o. J., https://en.wikipedia.org/w/index.php?title=National_Institute_for_Health_and_Care_Excellence&oldid=856187413.

12 Gerechtigkeit: Fair ist nicht gleich fair

1 Marcus Tullius Cicero: Vom rechten Handeln, 2001, Düsseldorf/Zürich, hier: S. 54.

2 Vgl. Claudia Goldin und Cecilia Rouse: Orchestrating Impartiality: The Impact of »Blind« Auditions on Female Musicians, *National Bureau of Economic Research*, Nr. 5903 (1997), https://www.nber.org/papers/w5903.

3 Vgl. Cem-Odos Güler: Blind Date, *Brandeins (Online)*, 2016, https://www.brandeins.de/magazine/brand-eins-wirtschaftsmagazin/2016/geschmack/blind-date.

4 Die Darstellung dieses Falles beruht insbesondere auf folgenden Quellen: persönliches Gespräch mit Frida Polli am 30. Oktober 2018; Pymetrics: Pymetrics Gender Equality Whitepaper, o. J., https://www.pymetrics.com/science;

Josh Constine: Pymetrics attacks discrimination in hiring with AI and recruiting games, *Techcrunch*, 20. September 2017, https://techcrunch.com/2017/09/20/unbiased-hiring/?guccounter=2; Kent Weare: Pymetrics Open-Sources Fairness-Aware Machine Learning Algorithms, *InfoQ*, 30. Juli 2018, https://www.infoq.com/news/2018/07/Pymetrics-Fair-Machine-Learning; Dan Morrell: Better Hiring Through Brain Science, 1. Juni 2017, https://www.alumni.hbs.edu/stories/Pages/story-impact.aspx?num=6231.

5   Zitiert aus: Josh Constine (2017).

6   Zitiert aus: Dan Morrell (2017).

7   Die Darstellung dieses Falles beruht insbesondere auf folgenden Quellen: Joseph Walker: Meet the New Boss: Big Data, *The Wall Street Journal (Online)*, 20. September 2012, https://www.wsj.com/articles/SB10000872396390443890304578006252019616768; Tim Smedley: Forget the CV, data decide careers, *Financial Times (Online)*, 9. Juli 2014, https://www.ft.com/content/e3561cd0-dd11-11e3-8546-00144feabdc0; Ben Porten: Your hiring algorithm might be racist, 12. Juni 2016, https://technical.ly/philly/2016/05/12/solon-barocas-hiring-racism-big-data/.

8   Vgl. Kevin Hartnett: How to Force Our Machines to Play Fair, *Quantamagazine (Online)*, 23. November 2016, https://www.quantamagazine.org/making-algorithms-fair-an-interview-with-cynthia-dwork-20161123/; Ballotpedia (o. A.): Affirmative action, o. J., https://ballotpedia.org/Affirmative_action#State_bans; MBA Crystal Ball (o. A.): Affirmative action in U.S. college admissions: Definition, examples, pros and cons, 23. Februar 2018, https://www.mbacrystalball.com/blog/2018/02/23/affirmative-action-college-admissions/.

9   Für Studierende aus benachteiligten Gruppen steigt die Wahrscheinlichkeit eines erfolgreichen Studienabschlusses, wenn sie trotz ihrer schlechteren Schulnoten eine möglichst selektive Hochschule besuchen. Vgl. Matthew M. Chingos: Are Minority Students Harmed by Affirmative Action?, *Brookings (Online)*, 7. März 2013, https://www.brookings.edu/research/are-minority-students-harmed-by-affirmative-action/.

10   Die Darstellung dieses Falles beruht insbesondere auf folgenden Quellen: Julia Angwin und Jeff Larson: Bias in Criminal Risk Scores Is Mathematically Inevitable, Researchers Say, 30. Dezember 2016, https://www.propublica.org/article/bias-in-criminal-risk-scores-is-mathematically-inevitable-researchers-say; Jeff Larson, Surya Mattu, Lauren Kirchner und Julia Angwin: How We Analyzed the COMPAS Recidivism Algorithm, 23. Mai 2016, https://www.propublica.org/article/how-we-analyzed-the-compas-recidivism-algorithm; Equivant (o. A.): Response To Propublica. Demonstrating Accuracy Equity And Predictive Parity, o. J., http://www.equivant.com/blog/response-to-propublica-demonstrating-accuracy-equity-and-predictive-parity; Anthony W. Flores, Kristin Bechtel und Christopher T. Lowenkamp: False Positives, False Negatives, and False Analyses. A Rejoinder to »Machine Bias: There's Software Used Across the Country to Predict Future Criminals. And It's Biased Against Blacks.«, *Federal Probation Journal*, 80, Nr. 2 (2016), S. 38–46; Krishna P. Gummadi: Discrimination in Machine Decision Making, o. J., https://www.

european-big-data-value-forum.eu/wp-content/uploads/2017/12/Krishna-Gummadi-Max-Planck-Institute-Discrimination-in-Machine-Decision-Making-EBDVF17.pdf; Matthias Spielkamp: Inspecting Algorithms for Bias, *MIT Technology Review*, 12. Juni 2017, https://www.technologyreview.com/s/607955/ inspecting-algorithms-for-bias/; Alexandra Chouldechova: Fair prediction with disparate impact: A study of bias in recidivism prediction instruments, 28. Februar 2017, https://arxiv.org/abs/1703.00056; Sam Corbett-Davies et al.: Algorithmic decision making and the cost of fairness, 10. Juni 2017, https://arxiv.org/pdf/1701.08230.pdf.

11 Ehemals Northpointe.

12 Sie bewerten den Algorithmus danach, wie viele fälschlicherweise eine niedrige Rückfallwahrscheinlichkeit prognostiziert bekommen, obwohl sie wieder rückfällig werden (falsch negativ), bzw. für wie viele Angeklagte er zu Unrecht einen hohen Risikowert berechnet, obwohl sie nicht wieder rückfällig werden (falsch positiv).

13 Verbindung: Automatisiertes Miteinander

1 Zitiert aus: Sebastian Meineck: Die fünf wichtigsten Zitate aus Zuckerbergs Kongressanhörung – und was sie bedeuten, *Motherboard*, 10. April 2018, https://motherboard.vice.com/de/article/9kgzb7/die-funf-wichtigsten-zitate-aus-zuckerbergs-kongressanhorung-und-was-sie-bedeuten.

2 Sascha Lobo: Nicht einmal Facebook versteht Facebook, *Spiegel Online*, 10. Oktober 2018, http://www.spiegel.de/netzwelt/web/soziale-medien-das-realitaetsgefuehl-ist-die-neue-realitaet-a-1232508.html.

3 Vgl. Amy Webb: How I hacked online dating, *TEDSalon NY2013*, 2013, https://www.ted.com/talks/amy_webb_how_i_hacked_online_dating/ transcript#t-181917.

4 Vgl. persönliches Gespräch mit Harald Lazardzig am 13. September 2018.

5 Ebenda.

6 Vgl. Philipp Hergovich und Josue Ortega: The Strength of Absent Ties: Social Integration via Online Dating, 29. September 2017, https://arxiv.org/abs/1709.10478#.

7 Vgl. Joe Miller: Zuckerberg: Facebook's mission is to ›connect the world‹, *BBC (Online)*, 24. Februar 2014, https://www.bbc.com/news/technology-26326844.

8 Vgl. Momin M. Malik und Jürgen Pfeffer: Identifying Platform Effects in Social Media Data, 2016, http://mominmalik.com/malik_icwsm2016.pdf.

9 Klaus Schönbach: Das Prinzip der zuverlässigen Überraschung, in: Bernhard Pörksen, Wiebke Loosen und Armin Scholl: Paradoxien des Journalismus, 2008, Wiesbaden, S. 503 – 511.

10 Vgl. Christoph Lutz, Giulia Ranzini und Miriam Meckel: Trusted Surprises? Antecedents of Serendipitous Encounters online, 19. Juni 2013, https://www.alexandria.unisg.ch/223320/1/Serendipity_ICA_Final_Version.pdf.

11 Vgl. Christian Bangel und Philip Faigle: Dürfen wir Ihnen jemanden vorstellen?, *Zeit Online*, 4. Mai 2017, https://www.zeit.de/politik/2017-05/deutschland-spricht-aufruf-d17.

12 Vgl. Stefan Stieglitz und Linh Dang-Xuan: Emotions and Information Diffusion in Social Media. Sentiment of Microblogs and Sharing Behavior, *Journal of Management Information Systems*, 29, Nr. 4 (2013), S. 217–248, https://doi.org/10.2753/MIS0742-1222290408; Konrad Lischka und Christian Stöcker: Digitale Öffentlichkeit, 2017, https://www.bertelsmann-stiftung.de/de/publikationen/publikation/did/digitale-oeffentlichkeit.

13 Zitiert aus: Max Fisher und Katrin Bennhold: Germans, Seeking News, Find YouTube's Far-Right Tirades, *The New York Times*, 8. September 2018, S. A4, https://www.nytimes.com/2018/09/07/world/europe/youtube-far-right-extremism.html.

14 Zitiert aus: Paul Lewis: ›Fiction is outperforming reality‹. How YouTube's algorithm distorts truth, *The Guardian (Online)*, 2. Februar 2018, https://www.theguardian.com/technology/2018/feb/02/how-youtubes-algorithm-distorts-truth.

15 Vgl. Sarah Fischer und Thomas Petersen: Was Deutschland über Algorithmen weiß und denkt, 2018, https://www.bertelsmann-stiftung.de/de/publikationen/publikation/did/was-deutschland-ueber-algorithmen-weiss-und-denkt/.

16 Vgl. Timo Steppat: Wie Populisten durch Facebook groß werden, *Frankfurter Allgemeine Zeitung (Online)*, 11. November 2016, http://www.faz.net/aktuell/politik/inland/wie-facebook-populisten-wie-trump-afd-und-pegida-gross-macht-14518781.html.

17 Zitiert aus: Konrad Lischka und Christian Stöcker (2017).

18 Vgl. Soroush Vosoughi, Deb Roy und Sinan Aral: The Spread of True and False News Online, *Science*, 359, Nr. 6380 (2018), S. 1146–1151, https://doi.org/10.1126/science.aap9559.

19 Vgl. Karsten Schmehl: 7 der 10 erfolgreichsten Artikel über Angela Merkel auf Facebook sind Fake News, *BuzzFeed News*, 26. Juli 2017, https://www.buzzfeed.com/karstenschmehl/die-top-fake-news-ueber-angela-merkel.

20 Vgl. Frederic Filloux: Deepnews.ai, Progress Report #2: It works, *Monday Note*, 7. Oktober 2018, https://mondaynote.com/deepnews-ai-progress-report-2-it-works-29bdeb9648a1.

21 Vgl. Google (o. A.): Funktionsweise der Suchalgorithmen, o. J., https://www.google.com/intl/de/search/howsearchworks/algorithms/.

22 Vgl. Sara Weber: Wenn Algorithmen Vorurteile haben, *Süddeutsche Zeitung (Online)*, 15. Januar 2016, https://www.sueddeutsche.de/digital/diskriminierung-wenn-algorithmen-vorurteile-haben-1.2806403.

23 Vgl. Julia Carpenter: Google's algorithm shows prestigious job ads to men, but not to women, *Independent (Online)*, 7. Juli 2015, https://www.independent.co.uk/life-style/gadgets-and-tech/news/googles-algorithm-shows-prestigious-job-ads-to-men-but-not-to-women-10372166.html.

24 Vgl. Sara Weber (2016).

25 Vgl. Spiegel Online (o. A.): Bettina Wulff und Google einigen sich, 16. Januar 2015, http://www.spiegel.de/netzwelt/web/bettina-wulff-und-google-einigen-sich-aussergerichtlich-a-1013217.html.

26 Vgl. Eva Wolfangel: Google und die Frau am Herd, *Die Zeit*, 13. Juli 2017, S. 35, https://www.zeit.de/2017/29/kuenstliche-intelligenz-computer-rassismus-vorurteile-klischees/seite-2.

27 Amy Webb: The Big Nine. How the Tech Titans and their Thinking Machines Could Warp Humanity, 2019, New York.

14 Algorithmen gehen uns alle an: Wie wir eine gesellschaftliche Debatte führen

1 Zitiert aus: Friedrich Dürrenmatt: Die Physiker, 1962, Zürich, hier: 21 Punkte zu den Physikern – Punkt 17.

2 Vgl. Bundesregierung (o. A.): Strategie Künstliche Intelligenz der Bundesregierung, 2018, https://www.bmbf.de/files/Nationale_KI-Strategie.pdf.

3 Vgl. Tim Dutton: An Overview of National AI Strategies, *Medium*, 28. Juni 2018, https://medium.com/politics-ai/an-overview-of-national-ai-strategies-2a7oec6edfd.

4 Vgl. Kilian Vieth und Ben Wagner: Teilhabe, ausgerechnet. Wie algorithmische Prozesse Teilhabechancen beeinflussen können, 2017, https://www.bertelsmann-stiftung.de/de/publikationen/publikation/did/teilhabe-ausgerechnet/.

5 Zitiert aus: Jessica Dawid: Das Schlimmste, das der Menschheit passieren kann: Laut Stephen Hawking stehen wir vor einem Wendepunkt, *Business-insider*, 8. November 2017, https://www.businessinsider.de/stephen-hawking-warnt-vor-den-folgen-kuenstlicher-intelligenz-2017-11.

6 Vgl. Der Tagesspiegel (Online) (o. A.): Forscher fordern Verbot autonomer Kampfroboter, 28. Juli 2015, https://www.tagesspiegel.de/wissen/kuenstliche-intelligenz-forscher-fordern-verbot-autonomer-kampfroboter/12113296.html.

7 Vgl. Florian Gallwitz: Eine Polemik: Wie man mit einem würfelnden Schimpansen Terroristen fängt, *Algorithmenethik*, 21. Dezember 2017, https://algorithmenethik.de/2017/12/21/eine-polemik-wie-man-mit-einem-wuerfelnden-schimpansen-terroristen-faengt/.

8 Vgl. Smaranda Belciug und Florin Gorunescu: Improving hospital bed occupancy and resource utilization through queuing modeling and evolutionary computation, *Journal of Biomedical Informatics*, 53, (2015), S. 261 – 269, https://doi.org/10.1016/j.jbi.2014.11.010.

9 Vgl. Julia Krüger und Konrad Lischka (2018): Damit Maschinen den Menschen dienen, 2018, https://www.bertelsmann-stiftung.de/de/publikationen/publikation/did/damit-maschinen-den-menschen-dienen/.

10 Vgl. ebenda.

11 Vgl. Leonie Beining, Ralph Müller-Eiselt und Anna Wohlfarth: Digitalisierung braucht Engagement, 2017, https://www.bertelsmann-stiftung.de/fileadmin/

files/BSt/Publikationen/GrauePublikationen/Digitalisierung_braucht_
Engagement.pdf.

12 ProPublica (o. A.): About Us, o. J., https://www.propublica.org/about/.

13 Vgl. AlgorithmWatch (o. A.): Mission Statement, o. J., https://algorithmwatch.
org/de/mission-statement/.

14 Vgl. Katharina Anna Zweig: Personalisierung bei der Google Suche geringer
als gedacht – hauptsächlich regionale Effekte, 28. Juli 2017, https://
algorithmwatch.org/de/bei-der-google-suche-personalisierung-geringer-als-
gedacht-hauptsaechlich-regionale-effekte/.

15 Vgl. Christina Elmer et al.: Black Box Schufa, *Spiegel Online*, 2018, http://
www.spiegel.de/wirtschaft/service/schufa-so-funktioniert-deutschlands-
einflussreichste-auskunftei-a-1239214.html.

16 Vgl. Leonie Beining, Ralph Müller-Eiselt und Anna Wohlfahrth (2017).

17 Vgl. Dillon Reisman, Jason Schultz, Kate Crawford und Meredith Whittaker:
Algorithmic Impact Assessments, *AI Now Institute*, 2018, https://ainowinstitute.
org/aiareport2018.pdf.

18 Vgl. Umweltbundesamt (o. A.): Umweltprüfungen, 17. April 2018, http://www.
umweltbundesamt.de/themen/nachhaltigkeit-strategien-internationales/
umweltpruefungen.

19 Vgl. Julia Krüger und Konrad Lischka (2018).

20 Vgl. Dr. Datenschutz (Pseudonym): Datenschutz-Folgenabschätzung: Was ist
das überhaupt?, 6. April 2016, https://www.datenschutzbeauftragter-info.de/
datenschutz-folgenabschaetzung/.

21 Vgl. Ministerium für Wirtschaft, Innovation, Digitalisierung und Energie des
Landes Nordrhein-Westfalen (o. A.): Werkzeugkasten Dialog und Beteiligung.
Ein Leitfaden zur Öffentlichkeitsbeteiligung, 2017, https://www.dialog-schafft-
zukunft.nrw.de/fileadmin/download/Werkzeugkasten_Dialog_und_
Beteiligung_2017.pdf.

22 Vgl. Reinhard Grünwald et al.: Handlungsmöglichkeiten für Kommunikation
und Beteiligung beim Stromnetzausbau, Nr. 20 (2015), http://www.tab-beim-
bundestag.de/de/untersuchungen/u10500.html.

23 Vgl. Hartmut Bauer et al.: Partizipation in der Bürgerkommune, *KWI Schriften*,
Nr. 10 (2017), https://publishup.uni-potsdam.de/frontdoor/index/index/docId/
10160.

24 Vgl. Christina Tillmann und Robert Vehrkamp: Wählen, Mitmachen, Entscheiden. Wie die neue Vielfalt unsere Demokratie stärkt, *Einwurf*, Nr. 2 (2014),
https://www.bertelsmann-stiftung.de/de/publikationen/publikation/did/
einwurf-22014/.

25 Vgl. Tobias Knobloch: Vorausschauende Polizeiarbeit: mit Algorithmen »vor
die Lage kommen«, *Algorithmenethik*, 14. Juni 2018, https://algorithmenethik.
de/2018/06/14/vorausschauende-polizeiarbeit-mit-algorithmen-vor-die-lage-
kommen/.

15 Gut gemeint ist noch nicht gut gemacht: Wie wir Algorithmen kontrollieren

1   William Shakespeare: Romeo und Julia, 1597, London.
2   Vgl. Beauty AI (o. A.): Welcome to the First International Beauty Contest Judged by Artificial Intelligence Beauty.AI 2.0, www.http://beauty.ai/.
3   Sarah Fischer und Thomas Petersen: Was Deutschland über Algorithmen weiß und denkt, 2018, https://www.bertelsmann-stiftung.de/fileadmin/files/BSt/Publikationen/GrauePublikationen/Was_die_Deutschen_ueber_Algorithmen_denken.pdf; Viktoria Grzymek und Michael Puntschuh: Was Europa über Algorithmen weiß und denkt, 2019, https://www.bertelsmann-stiftung.de/de/publikationen/publikation/did/was-europa-ueber-algorithmen-weiss-und-denkt/.
4   Vgl. Carl Miller: God Is the Machine. The Terrifying, Hidden Reality of Ridiculously Complicated Algorithms, *The Times Literary Supplement (Online)*, 21. August 2018, https://www.the-tls.co.uk/articles/public/ridiculously-complicated-algorithms/.
5   Vgl. Kylie Foy: Artificial intelligence system uses transparent, human-like reasoning to solve problems, *MIT News*, 11. September 2018, http://news.mit.edu/2018/mit-lincoln-laboratory-ai-system-solves-problems-through-human-reasoning-0911.
6   Vgl. Will Knight und Eva Wolfangel: Künstliche Intelligenz: Was denkt sich eine KI?, *heise online*, 20. Juli, 2018, https://www.heise.de/newsticker/meldung/Kuenstliche-Intelligenz-Was-denkt-sich-eine-KI-3778547.html.
7   Vgl. Julia Krüger und Konrad Lischka: Damit Maschinen den Menschen dienen, 2018, https://www.bertelsmann-stiftung.de/de/publikationen/publikation/did/damit-maschinen-den-menschen-dienen/.
8   Vgl. Martin Ehrenhauser: Automatischer Finanzhandel. So krempeln Algorithmen die Finanzmärkte um, *Algorithmenethik*, 9. April 2018, https://algorithmenethik.de/2018/04/09/automatischer-finanzhandel-so-krempeln-algorithmen-die-finanzmaerkte-um/.
9   Zitiert aus: Bundesanstalt für Finanzdienstleistungsaufsicht (o. A.): Big Data und künstliche Intelligenz: Maschinen dürfen auch bei automatisierten Prozessen nicht die Verantwortung tragen, 15. Juni 2018, https://www.bafin.de/SharedDocs/Veroeffentlichungen/DE/Fachartikel/2018/fa_bj_1806_BDAI_Interview.html.
10 Vgl. Rank Ranger (o. A.): Google Algorithm Updates. Latest News & History, o. J., https://www.rankranger.com/google-algorithm-updates.
11 Vgl. Konrad Lischka und Anita Klingel: Wenn Maschinen Menschen bewerten, 2017, https://www.bertelsmann-stiftung.de/de/publikationen/publikation/did/wenn-maschinen-menschen-bewerten.
12 Vgl. Joy Buolamwini und Timnit Gebru: Gender Shades: Intersectional Accuracy Disparities in Commercial Gender Classification, *Proceedings of Machine Learning Research*, Nr. 81 (2018), S. 1 – 5, http://proceedings.mlr.press/v81/buolamwini18a/buolamwini18a.pdf.

13 Joy Buolamwini et al.: Gender Shades, o. J. http://gendershades.org/overview. html (eigene Übersetzung).

14 Vgl. Informationsfreiheitsbeauftragte der Bundesländer Berlin, Bremen, Mecklenburg-Vorpommern, Rheinland-Pfalz, Sachsen-Anhalt, Thüringen, Baden-Württemberg und des Bundes: Positionspapier. Transparenz der Verwaltung beim Einsatz von Algorithmen für gelebten Grundrechtsschutz unabdingbar, 16. Oktober 2018, https://www.datenschutzzentrum.de/uploads/ informationsfreiheit/2018_Positionspapier-Transparenz-von-Algorithmen.pdf.

15 Vgl. ebenda.

16 Vgl. Mario Martini: Algorithmen als Herausforderung für die Rechtsordnung, *Juristenzeitung*, 72, Nr. 21 (2017), S. 1017–1025, hier: S. 1021.

17 Thorsten Kraul: Roboter sind auch nur Menschen!? – Ein juristischer Blick auf die Haftung für Künstliche Intelligenz, *Algorithmenethik*, 30. Oktober 2018, https://algorithmenethik.de/2018/10/30/roboter-sind-auch-nur-menschen-ein-juristischer-blick-auf-die-haftung-fuer-kuenstliche-intelligenz/.

16 Kampf den Monopolen: Wie wir algorithmische Vielfalt sichern

1 Zitiert aus: Raymond Snoddy: Murdoch:»A monopoly is a terrible thing – until you get one«, 9. März 2011, *mediatel newsline*, https://mediatel.co.uk/ newsline/2011/03/09/murdoch-a-monopoly-is-a-terrible-thing-until-you-get-one/ (eigene Übersetzung).

2 Vgl. United States Environmental Protection Agency (o. A.): About Bristol Bay, o. J., https://www.epa.gov/bristolbay/about-bristol-bay.

3 Vgl. Dawn Stover: Taking Stock in Diversity: Species with a Varied Population ›Portfolio‹ Thrive, *Scientific American*, 2. Juni 2010, https://www. scientificamerican.com/article/salmon-runs-portfolio/.

4 Vgl. Frankfurter Allgemeine Zeitung (Online) (o. A.): Evolution: Vielfalt sichert das Überleben unter schwierigen Bedingungen, 24. November 2003, http:// www.faz.net/1.128924.

5 Vgl. Konrad Lischka und Christian Stöcker: Digitale Öffentlichkeit, 2017, https://www.bertelsmann-stiftung.de/de/publikationen/publikation/did/ digitale-oeffentlichkeit/

6 So etwa das MIT-Projekt gobo.social. Vgl. Konrad Lischka: 5 praktische Beispiele, wie Vielfalt algorithmischer Sortierung aussehen kann, 6. Mai 2018, http://www.konradlischka.info/2018/05/blog/5-praktische-beispiele-wie-vielfalt-algorithmischer-sortierung-aussehen-kann/.

7 Vgl. Staltz, André: The Web Began Dying in 2014, Here's How, 30. Oktober 2017, https://staltz.com/the-web-began-dying-in-2014-heres-how.html.

8 Vgl. Jens Prüfer und Christoph Schottmüller: Competing with Big Data, *CenterER Discussion Paper*, Nr. 007 (2017), https://pure.uvt.nl/ws/portalfiles/ portal/15514029/2017_007.pdf.

9 Meredith Whittaker: Intelligente Maschinen sind nicht unfehlbar, *Internet Health Report 2018*, 2018, https://internethealthreport.org/2018/intelligente-maschinen-sind-nicht-unfehlbar/?lang=de.

10 Vgl. Bundesministerium für Bildung und Forschung (o. A.): Open Data, 12. Juli 2018, https://www.bmbf.de/de/open-data-6547.html.

11 Vgl. Daniel Bennett: Publishing Open Government Data, 8. September 2009, https://www.w3.org/TR/gov-data/.

12 Vgl. Jia Deng et al.: ImageNet: A large-scale hierarchical image database, *IEEE Conference on Computer Vision and Pattern Recognition*, 2009, S. 248–255, http://doi.ieeecomputersociety.org/10.1109/CVPRW.2009.5206848.

13 Zitiert aus: Dave Gershgorn: The data that transformed AI research—and possibly the world, *Quartz*, 26. Juli 2017, https://qz.com/1034972/the-data-that-changed-the-direction-of-ai-research-and-possibly-the-world/.

14 Vgl. Mozilla (o. A.): Common Voice, o. J., https://mzl.la/voice.

15 Vgl. Philipp Otto: Leben im Datenraum. Handlungsaufruf für eine gesellschaftlich sinnvolle Nutzung von Big Data, in: Hermann Hill, Dieter Kugelmann und Mario Martini: Perspektiven der digitalen Lebenswelt, 2017, Baden-Baden, S. 9–36, https://irights-lab.de/wp-content/uploads/2017/06/Leben-im-Datenraum_Philipp-Otto_Perspektiven-der-digitalen-Lebenswelt_HillMartiniKugelmann.pdf.

16 Vgl. Open Knowledge Foundation Deutschland (o. A.): Prototype Fund, o. J., https://okfn.de/projekte/prototypefund/.

17 Vgl. Alison DeNisco Rayome: 5 eye-opening statistics about minorities in tech, *Techrepublic*, 7. Februar 2018, https://www.techrepublic.com/article/5-eye-opening-statistics-about-minorities-in-tech/.

18 MINT steht für Mathematik, Informatik, Naturwissenschaften und Technik.

19 Vgl. Caroline Simard et al.: Climbing the Technical Ladder: Obstacles and Solutions for Mid-Level Women in Technology, *Anita Borg Instiute*, o. J., http://anitab.org/wp-content/uploads/2013/12/Climbing_the_Technical_Ladder.pdf.

20 Vgl. Dipan Bose, Maria Segui-Gomez und Jeff R. Crandall: Vulnerability of female drivers involved in motor vehicle crashes: an analysis of US population at risk, *American Journal of Public Health*, 101, Nr. 12 (2011), https://www.ncbi.nlm.nih.gov/pubmed/22021321.

21 Vgl. Leah Fessler: Apple and Amazon are under fire for Siri and Alexa's responses to sexual harassment, *Quartz at Work*, 8. Dezember 2017, https://qz.com/work/1151282/siri-and-alexa-are-under-fire-for-their-replies-to-sexual-harassment/.

22 Vgl. Fritz Habekuß: Wie geht es den Arten?, *Die Zeit*, 10. Januar 2019, S. 32.

1   Zitiert aus: Katharina Schüller: Statistik und Intuition. Alltagsbeispiele kritisch
    hinterfragt, 2015, Heidelberg, hier: S. 30.

2   Vgl. Sarah Fischer und Thomas Petersen: Was Deutschland über Algorithmen
    weiß und denkt, 2018, https://www.bertelsmann-stiftung.de/de/publikationen/
    publikation/did/was-deutschland-ueber-algorithmen-weiss-und-denkt/.

3   Zitiert aus: Tim Smedley: Forget the CV, data decide careers, *Financial Times*
    (Online), 9. Juli 2014, https://www.ft.com/content/e3561cd0-dd11-11e3-8546-
    00144feabdc0.

4   Vgl. Saskia Gerhard und Matthias Breitinger: Was wir über den Abgasskandal
    wissen, *Zeit Online*, 21. September 2015, https://www.zeit.de/wirtschaft/2015-09/
    vw-abgase-manipulation-faq.

5   Vgl. Olaf Groth et al.: Vergleich nationaler Strategien zur Förderung von
    Künstlicher Intelligenz, 2018, https://www.kas.de/c/document_library/get_
    file?uuid=46c08ac2-8a19-9029-6e6e-c5a43e751556&groupId=252038.

6   Vgl. Steve Lohr: M.I.T. Creates a College for Artificial Intelligence, Backed by
    $1 Billion, *The New York Times*, 16. Oktober 2018, S. B7, https://www.nytimes.
    com/2018/10/15/technology/mit-college-artificial-intelligence.html.

7   Vgl. Eliot School (o. A.): https://eliotk8school.org/.

8   Vgl. The Wall Street Journal (Online) (o. A.): Blue Feed, Red Feed. See Liberal
    Facebook and Conservative Facebook, Side by Side, 2016, http://graphics.wsj.
    com/blue-feed-red-feed/.

9   Vgl. Thomas Leppert: Raus aus der Blase! Warum wir eine Bundeszentrale für
    technologischen Dialog brauchen, *Res Technica*, 23. November 2018, https://
    restechnica.wordpress.com/2018/11/23/raus-aus-der-blase-warum-wir-eine-
    bundeszentrale-fuer-technologischen-dialog-brauchen/.

10 In Deutschland arbeitet die Bertelsmann Stiftung zurzeit gemeinsam mit dem
    Berliner Thinktank iRight.Lab an einem Gütekriterienkatalog für algorithmi-
    sche Systeme, der die Grundlage für eine Professionsethik darstellen kann.
    Vgl. dazu Carla Hustedt: Auf dem Weg zu Gütekriterien für den Algorithmen-
    einsatz, 12. Dezember 2018, https://www.bertelsmann-stiftung.de/de/unsere-
    projekte/ethik-der-algorithmen/projektnachrichten/auf-dem-weg-zu-
    guetekriterien-fuer-den-algorithmeneinsatz/ sowie den Entwurf des
    Gütekriterienkatalogs bei Sonja Álvarez: Schutz vor Algorithmen, *Der Tages-*
    spiegel, 27. November 2019, S. 13, https://www.tagesspiegel.de/wirtschaft/
    intelligente-systeme-schutz-vor-algorithmen/23683942.html. Zu möglichen
    Vorbildern aus dem Ausland vgl. Noëlle Rohde: Gütekriterien für algorithmi-
    sche Prozesse. Eine Stärken- und Schwächenanalyse ausgewählter Forderungs-
    kataloge, 2018, https://www.bertelsmann-stiftung.de/de/publikationen/
    publikation/did/guetekriterien-fuer-algorithmische-prozesse/.

11 Zu den Erfolgsfaktoren von Professionsethiken anderer Branchen vgl. Alexan-
    der Filipović, Christopher Koska und Claudia Paganini: Ethik für Algorithmiker.
    Was wir von erfolgreichen Professionsethiken lernen können, 2018, https://

www.bertelsmann-stiftung.de/de/publikationen/publikation/did/ethik-fuer-algorithmiker/.

12 Vgl. Saskia Dörr: Corporate Digital Responsibility, *CSR News*, 20. Juni 2018, https://www.csr-news.net/news/2018/06/20/corporate-digital-responsibility/.

13 So empfiehlt auch der Bundesverband Informationswirtschaft, Telekommunikation und neue Medien e.V. (bitkom) seinen Mitgliedern, Leitlinien für den fairen und ethischen Einsatz von Algorithmen und KI zu entwerfen. Diese sollen Mitarbeiter für einen umsichtigen Umgang mit Algorithmen sensibilisieren. Vgl. Rebekka Weiß: Empfehlungen für den verantwortlichen Einsatz von KI und automatisierten Entscheidungen, o. J., https://www.bitkom.org/noindex/Publikationen/2018/Leitfaeden/180202-Empfehlungskatalog-online-2.pdf.

14 Zitiert aus: Charity Digital News (o. A.): Charity takes digital skills to Parliament, 30. November 2016, https://www.charitydigitalnews.co.uk/2016/11/30/charity-takes-digital-skills-to-parliament/.

15 Vgl. Julia Krüger und Konrad Lischka: Damit Maschinen den Menschen dienen, 2018, hier: S. 58f., https://www.bertelsmann-stiftung.de/de/publikationen/publikation/did/damit-maschinen-den-menschen-dienen/.

Ausblick

1 Die Darstellung dieses Falles beruht insbesondere auf folgenden Quellen: Mario Schmidt: Unsere digitale Zukunft? – China und die künstliche Intelligenz, *Weltspiegel (Video)*, 15. Dezember 2018, https://www.daserste.de/information/politik-weltgeschehen/weltspiegel/videos/weltspiegel-video-392.html; Kai Strittmatter: Die Neuerfindung der Diktatur. Wie China den digitalen Überwachungsstaat aufbaut und uns damit herausfordert, 2018, München; Friederike Böge: Dem weisen Auge bleibt nichts verborgen, *Frankfurter Allgemeine Zeitung*, 14. Juli 2018, https://www.faz.net/aktuell/politik/ausland/china-schafft-mit-einer-software-zur-gesichtserkennung-den-ueberwachungsstaat-15689949.html; Bastian Benrath und Bernhard Bartsch: Punktabzug für zu seltene Besuche bei den Eltern, *Frankfurter Allgemeine Zeitung (Online)*, 30. November 2018, http://www.faz.net/aktuell/wirtschaft/infografik-chinas-sozialkredit-system-15913709.html; Xifan Yang: Wir sehen Dich!, *Die Zeit*, 10. Januar 2019, https://www.zeit.de/2019/03/china-regime-ueberwachungsstaat-buerger-kontrolle-polizei; Axel Dorloff: Chinas kultureller Genozid in Xinjiang, *Bayern 2 (Radio)*, 12. Dezember 2018, https://www.br.de/radio/bayern2/sendungen/breitengrad/uiguren-kontrolle-100.html; Daniel Benaim und Hollie Russon Gilman: China's Aggressive Surveillance Technology Will Spread Beyond Its Borders, *Slate*, 9. August 2018, https://amp.slate.com/technology/2018/08/chinas-export-of-cutting-edge-surveillance-and-facial-recognition-technology-will-empower-authoritarians-worldwide.html.

2   Vgl. Genia Kostka: China's Social Credit Systems and Public Opinion: Explaining High Levels of Approval, 2018, https://www.fu-berlin.de/presse/informationen/fup/2018/fup_18_198-studie-sozialkreditsystem-china/index.html.

3   Vgl. Kai-Fu Lee: AI Superpowers. China, Silicon Valley, and the New World Order, 2018, New York.

4   Vgl. Yuval Noah Harari: 21 Lektionen für das 21. Jahrhundert, 2018, München, hier: S. 102f.

5   Ebenda, S. 103.

6   Vgl. André Staltz: The Web Began Dying in 2014, Here's How, 30. Oktober 2017: https://staltz.com/the-web-began-dying-in-2014-heres-how.html.

7   Slavoj Žižek: Das Ende der Menschlichkeit, Neue Züricher Zeitung, 23. August 2017, https://www.nzz.ch/feuilleton/digitalisierung-das-ende-der-menschlichkeit-ld.1312112.

8   Bundesregierung (o. A.): Strategie Künstliche Intelligenz der Bundesregierung, 2018, https://www.bmbf.de/files/Nationale_KI-Strategie.pdf.

9   Vgl. Reiner Burger und Mona Jaeger: Eine Montanunion für Künstliche Intelligenz, Frankfurter Allgemeine Zeitung, 18. Dezember 2018, https://www.faz.net/aktuell/politik/inland/armin-laschet-will-eu-bei-kuenstlicher-intelligenz-an-die-spitze-bringen-15946591.html.

10 Roy Amara, in: Susan Ratcliffe: Oxford Essential Quotations, 2016, Oxford, http://www.oxfordreference.com/view/10.1093/acref/9780191826719.001.0001/q-oro-ed4-00018679.

11 Mehr als 60 Beispiele automatisierter Entscheidungsfindung aus zwölf ausgewählten EU-Staaten beschreibt ein aktueller Report von AlgorithmWatch in Kooperation mit der Bertelsmann Stiftung: Automating Society. Taking Stock of Autmated Decision-Making in the EU, 2019, https://www.bertelsmann-stiftung.de/de/publikationen/publikation/did/automating-society/.

12 Vgl. Nicola Jentzsch und Stefan Heumann: Eigene Wege gehen, Handelsblatt, 16. Januar 2019.

13 Julian Nida-Rümelin und Nathalie Weidenfeld: Digitaler Humanismus. Eine Ethik für das Zeitalter der Künstlichen Intelligenz, 2018, München, hier: S. 207.

14 Das Bild der Kränkung der Menschheit haben wir aus einem unveröffentlichten Vortrag von Alexander Filipović übernommen und hier erweitert.

15 Vgl. Isabel Schünemann: Moral machines: Stop discussing thought experiments, Conditiohumana, 2019, https://conditiohumana.io/moral-machines/.

Literaturverzeichnis

ABC (Online) (o. A., 2017): Voice Recognition Machine Leaves Irish Vet in Visa Limbo, 9. August 2017, http://www.abc.net.au/news/2017-08-09/voice-recognition-computer-native-english-speaker-visa-limbo/8789076.

Abujudeh, Hani H. et al. (2010): Abdominal and pelvic computed tomography (CT) interpretation: discrepancy rates among experienced radiologists, *European radiology*, 20, Nr. 8 (2010), S. 1952–1957.

Acting Commonwealth Ombudsman (2017): Centrelink's automated debt raising and recovery system, Nr. 2 (2017), http://www.ombudsman.gov.au/__data/assets/ pdf_file/0022/43528/Report-Centrelinks-automated-debt-raising-and-recovery-system-April-2017.pdf.

Adams, Tim (2014): Job hunting is a matter of Big Data, not how you perform at an interview, *The Guardian (Online)*, 10. Mai 2014, https://www.theguardian.com/ technology/2014/may/10/job-hunting-big-data-interview-algorithms-employees.

Adee, Sally (2012): How electrical brain stimulation can change the way we think, *The Week (Online)*, 30. März 2012, https://theweek.com/articles/476866/how-electrical-brain-stimulation-change-way-think.

Aldén, Lina / Hammarstedt, Mats (2016): Discrimination in the Credit Market? Access to Financial Capital among Self-employed Immigrants, *Kyklos*, 69, Nr. 1 (2016), S. 3–31, https://doi.org/10.1111/kykl.12101.

Alden, William (2017): There's A Fight Brewing Between The NYPD And Silicon Valley's Palantir, *BuzzFeed News*, 28. Juni 2017, https://www.buzzfeed.com/ williamalden/theres-a-fight-brewing-between-the-nypd-and-silicon-valley.

AlgorithmWatch (o. A., o. J.): Mission Statement, https://algorithmwatch.org/de/ mission-statement/.

AlgorithmWatch (o. A., 2019): Automating Society. Taking Stock of Automated Decision-Making in the EU, https://www.bertelsmann-stiftung.de/de/publikationen/ publikation/did/automating-society/.

Álvarez, Sonja (2019): Schutz vor Algorithmen, *Der Tagesspiegel*, 27. November 2019 S. 13, https://www.tagesspiegel.de/wirtschaft/intelligente-systeme-schutz-vor-algorithmen/23683942.html.

Amara, Roy (2016) in: Susan Ratcliffe: Oxford Essential Quotations, Oxford, http:// www.oxfordreference.com/view/10.1093/acref/9780191826719.001.0001/ q-oro-ed4-00018679.

Ambron, Patrick (2016): Why The Online Reputation Management Industry is Changing—And Where it Needs To Go, *Medium*, 4. August 2016, https://medium. com/@patrickambron/why-the-online-reputation-management-industry-is-changing-and-where-it-needs-to-go-9cf536183c82.

Angwin, Julia / Larson, Jeff / Mattu, Surya / Kirchner, Lauren (2016): Machine Bias. There's Software Used Across the Country to Predict Future Criminals. And it's Biased Against Blacks, 23. Mai 2016, https://www.propublica.org/article/machine-bias-risk-assessments-in-criminal-sentencing.

Angwin, Julia / Larson, Jeff (2016): Bias in Criminal Risk Scores Is Mathematically Inevitable, Researchers Say, 30. Dezember 2016, https://www.propublica.org/article/bias-in-criminal-risk-scores-is-mathematically-inevitable-researchers-say.

Apolitical (o. A., 2017): New York City is saving lives by predicting where fires will break out, 23. August 2017, https://apolitical.co/solution_article/new-york-city-saving-lives-predicting-fires-will-break/.

Aschermann, Tim (2018): Scherze mit dem Google-Übersetzer: Die lustigsten Fails, *chip (Online)*, 8. März 2018, https://praxistipps.chip.de/scherze-mit-dem-google-uebersetzer-die-lustigsten-fails_3676.

Avantgarde Experts (o. A., 2017): Studie zur Arbeitszufriedenheit in Deutschland 2017, 8. Juni 2017, https://www.avantgarde-experts.de/studie-arbeitszufriedenheit-deutschland-2017.

Avery, Robert B. / Brevoort, Kenneth P. / Canner, Glen (2012): Does Credit Scoring Produce a Disparate Impact?, *Real Estate Economics*, 40, Nr. s1 (2012), S. 65 – 114.

Ballotpedia (o. A., o. J.): Affirmative action, https://ballotpedia.org/Affirmative_action#State_bans.

Bangel, Christian / Faigle, Philip (2017): Dürfen wir Ihnen jemanden vorstellen?, *Zeit Online*, 4. Mai 2017, https://www.zeit.de/politik/2017-05/deutschland-spricht-aufruf-d17.

Bauer, Hartmut et al. (2017): Partizipation in der Bürgerkommune, *KWI Schriften*, Nr. 10 (2017), https://publishup.uni-potsdam.de/frontdoor/index/index/docId/10160.

Beauty.AI (o. A., o. J.): Welcome to the First International Beauty Contest Judged by Artificial Intelligence Beauty.AI 2.0, www.http://beauty.ai/.

Beining, Leonie / Müller-Eiselt, Ralph / Wohlfahrth, Anna (2017): Digitalisierung braucht Engagement, https://www.bertelsmann-stiftung.de/fileadmin/files/BSt/Publikationen/GrauePublikationen/Digitalisierung_braucht_Engagement.pdf.

Belciug, Smaranda / Gorunescu, Florian (2015): Improving hospital bed occupancy and resource utilization through queuing modeling and evolutionary computation, *Journal of Biomedical Informatics*, 53, (2015), S. 261 – 269, https://doi.org/10.1016/j.jbi.2014.11.010.

Benaim, Daniel / Gilman, Hollie Russon (2018): China's Aggressive Surveillance Technology Will Spread Beyond Its Borders, *Slate*, 9. August 2018, https://amp.slate.com/technology/2018/08/chinas-export-of-cutting-edge-surveillance-and-facial-recognition-technology-will-empower-authoritarians-worldwide.html.

Bennett, Daniel (2009): Publishing Open Government Data, 8. September 2009, https://www.w3.org/TR/gov-data/.

Benrath, Bastian/Bartsch, Bernhard (2018): Punktabzug für zu seltene Besuche bei den Eltern, *Frankfurter Allgemeine Zeitung (Online)*, 30. November 2018, http://www.faz.net/aktuell/wirtschaft/infografik-chinas-sozialkredit-system-15913709.html.

Berlin, Leonard (2014): Radiologic errors, past, present and future, *Diagnosis*, 1, Nr. 1 (2014): S. 79 – 84.

Bertrand, Marianne / Mullainathan, Sendhil (2004): Are Emily and Greg more employable than Lakisha and Jamal? A field experiment on labor market discrimination, *The American Economic Review*, 94, Nr. 4 (2004), S. 991 – 1013.

Böge, Friederike (2018): Dem weisen Auge bleibt nichts verborgen, *Frankfurter Allgemeine Zeitung*, 14. Juli 2018, https://www.faz.net/aktuell/politik/ausland/china-schafft-mit-einer-software-zur-gesichtserkennung-den-ueberwachungs-staat-15689949.html.

Bose, Dipan / Segui-Gomez, Maria / Crandall, Jeff R. (2011): Vulnerability of female drivers involved in motor vehicle crashes: an analysis of US population at risk, *American Journal of Public Health*, 101, Nr. 12 (2011), https://www.ncbi.nlm.nih.gov/pubmed/22021321.

Botsman, Rachel (2017): Who Do You Trust? How Data Is Helping Us Decide?, *The Guardian (Online)*, 7. Oktober 2017, https://www.theguardian.com/technology/2017/oct/07/can-technology-help-you-pick-best-babysitter-trust-online-safety-checks.

Bregman, Rutger (2017): A growing number of people think their job is useless. Time to rethink the meaning of work, *World Economic Forum*, 12. April 2017, https://www.weforum.org/agenda/2017/04/why-its-time-to-rethink-the-meaning-of-work.

Briseno, Cinthia (2018a): Algorithmen für die Berechnung von Todesrisiken: die Lehren, *Algorithmenethik*, 23. März 2018, https://algorithmenethik.de/2018/03/23/algorithmen-fuer-die-berechnung-von-todesrisiken-die-lehren/.

Briseno, Cinthia (2018b): Wie Algorithmen Menschen vor einem frühzeitigen Tod bewahren können, *Algorithmenethik*, 15. März 2018, https://algorithmenethik.de/2018/03/15/wie-algorithmen-menschen-vor-einem-fruehzeitigen-tod-bewahren-koennen/.

Bryant, Adam (2013): In Head-Hunting, Big Data May Not Be Such a Big Deal, *The New York Times*, 20. Juni 2013, S. F6, https://www.nytimes.com/2013/06/20/business/in-head-hunting-big-data-may-not-be-such-a-big-deal.html.

Bundesamt für Migration (o. A., 2016): Asylgeschäftsstatistik für den Monat Dezember 2016, http://www.bamf.de/SharedDocs/Anlagen/DE/Downloads/Infothek/Statistik/Asyl/201612-statistik-anlage-asyl-geschaeftsbericht.pdf.

Bundesamt für Migration (o. A., 2017a): Asylgeschäftsbericht für den Monat Dezember 2017, https://www.bamf.de/SharedDocs/Anlagen/DE/Downloads/Infothek/Statistik/Asyl/201712-statistik-anlage-asyl-geschaeftsbericht.pdf.

Bundesamt für Migration (o. A., 2017b): Franco A. – Untersuchungen abgeschlossen, 31. Mai 2017, http://www.bamf.de/SharedDocs/Pressemitteilungen/DE/2017/20170531-017-pm-statement-cordt-innenausschuss.html?nn=3799586.

Bundesanstalt für Finanzdienstleistungsaufsicht (o. A., 2018): Big Data und künstliche Intelligenz: Maschinen dürfen auch bei automatisierten Prozessen nicht die Verantwortung tragen, 15. Juni 2018, https://www.bafin.de/SharedDocs/Veroeffentlichungen/DE/Fachartikel/2018/fa_bj_1806_BDAI_Interview.html.

Bundesministerium des Innern (o. A., 2017): Tweet vom 15. Dezember 2017, https://twitter.com/bmi_bund/status/941635030069202944?lang=de.

Bundesministerium für Bildung und Forschung (o. A., 2018): Open Data, 12. Juli 2018, https://www.bmbf.de/de/open-data-6547.html.

Bundesregierung (o. A., 2018): Strategie Künstliche Intelligenz der Bundesregierung, https://www.bmbf.de/files/Nationale_KI-Strategie.pdf.

Bundestag (o. A., 2017): Drucksache 19/190, http://dipbt.bundestag.de/doc/btd/19/001/1900190.

Buolamwini, Joy et al. (o. J.): Gender Shades, http://gendershades.org/overview.html.

Buolamwini, Joy / Gebru, Timnit (2018): Gender Shades: Intersectional Accuracy Disparities in Commercial Gender Classification, *Proceedings of Machine Learning Research*, 81, 2018, S. 1 – 15, http://proceedings.mlr.press/v81/buolamwini18a/buolamwini18a.pdf.

Burger, Reiner / Jaeger, Mona (2018): Eine Montanunion für Künstliche Intelligenz, *Frankfurter Allgemeine Zeitung*, 18. Dezember 2018, https://www.faz.net/aktuell/politik/inland/armin-laschet-will-eu-bei-kuenstlicher-intelligenz-an-die-spitze-bringen-15946591.html.

Carpenter, Julia (2015): Google's algorithm shows prestigious job ads to men, but not to women, *Independent (Online)*, 7. Juli 2015, https://www.independent.co.uk/life-style/gadgets-and-tech/news/googles-algorithm-shows-prestigious-job-ads-to-men-but-not-to-women-10372166.html.

Carrns, Ann (2016): Former ITT Technical Students Can Get Counseling at New Website, *New York Times (Online)*, 21. September 2016, https://www.nytimes.com/2016/09/22/your-money/former-itt-technical-students-can-get-counseling-at-new-website.html.

Charity Digital News (o. A., 2016): Charity takes digital skills to Parliament, 30. November 2016, https://www.charitydigitalnews.co.uk/2016/11/30/charity-takes-digital-skills-to-parliament/.

Chingos, Matthew M. (2013): Are Minority Students Harmed by Affirmative Action?, *Brookings (Online)*, 7. März 2013, https://www.brookings.edu/research/are-minority-students-harmed-by-affirmative-action/.

Chipongian, Lee (2017): 86% of Filipino Households Don't Have Bank Accounts – BSP Survey, *Manila Bulletin Business*, 14. Januar 2017, https://business.mb.com.ph/2017/01/14/86-of-filipino-households-dont-have-bank-accounts-bsp-survey/.

Chouldechova, Alexandra (2017): Fair prediction with disparate impact: A study of bias in recidivism prediction instruments, 28. Februar 2017, https://arxiv.org/abs/1703.00056.

Chugh, Dolly / Milkman, Katherine L. / Akinola, Modupe (2014): Opinion. Professors Are Prejudiced, Too, *The New York Times*, 11. Mai 2014, S. SR14, https://www.nytimes.com/2014/05/11/opinion/sunday/professors-are-prejudiced-too.html.

Cicero, Marcus Tullius (2001): Vom rechten Handeln, Düsseldorf/Zürich.

Constine, Josh (2017): Pymetrics attacks discrimination in hiring with AI and recruiting games, Techcrunch, 20. September 2017, https://techcrunch.com/2017/09/20/unbiased-hiring/?guccounter=2.

Consumer Reports (2015): The secret score behind your rates, 30. Juli 2015, https://www.consumerreports.org/cro/car-insurance/credit-scores-affect-auto-insurance-rates/index.html.

Cook, Chris (2014): How much is a year of life worth?, BBC (Online), 29. August 2014, https://www.bbc.com/news/health-28983924.

Corbett-Davies, Sam et al. (2017): Algorithmic decision making and the cost of fairness, 10. Juni 2017, https://arxiv.org/pdf/1701.08230.pdf.

Cosier, Colin (2017): How Centrelink's 'robodebt' ran off the rails, ABC (Online), 5. März 2017, https://www.abc.net.au/radionational/programs/backgroundbriefing/2017-03-05/8319442#transcript.

Council on Extended Intelligence (o. A., o. J.): A Vision for Responsible Participant Design, https://globalcxi.org/.

Danner, Mona J. E. / Van Nostrand, Marie / Spruance, Lisa M. (2015): Risk-Based Pretrial Release Recommendation and Supervision Guidelines, https://www.dcjs.virginia.gov/sites/dcjs.virginia.gov/files/publications/corrections/risk-based-pretrial-release-recommendation-and-supervision-guidelines.pdf.

Davey, Melissa (2017): Outsmarting the Computer. The Secret to Passing Australia's English-Proficiency Test, The Guardian (Online), 9. August 2017, https://www.theguardian.com/australia-news/2017/aug/10/outsmarting-the-computer-the-secret-to-passing-australias-english-proficiency-test.

Dawid, Jessica (2017): Das Schlimmste, das der Menschheit passieren kann: Laut Stephen Hawking stehen wir vor einem Wendepunkt, Businessinsider, 8. November 2017, https://www.businessinsider.de/stephen-hawking-warnt-vor-den-folgen-kuenstlicher-intelligenz-2017-11.

De Witte, Bart (2017): Algorithms Will Out-Perform Doctors In Just 10 Years Time, Dataconomy, 11. Oktober 2017, http://dataconomy.com/2017/10/18532/.

Deng, Jia et al. (2009): ImageNet: A large-scale image database, IEEE Conference on Computer Vision and Pattern Recognition, 2009, S. 248–255, http://doi.ieeecomputersociety.org/10.1109/CVPRW.2009.5206848.

DeNisco Rayome, Alison (2018): 5 eye-opening statistics about minorities in tech, Techrepublic, 7. Februar 2018, https://www.techrepublic.com/article/5-eye-opening-statistics-about-minorities-in-tech/.

Der Tagesspiegel (Online) (o. A., 2015): Forscher fordern Verbot autonomer Kampfroboter, 28. Juli 2015, https://www.tagesspiegel.de/wissen/kuenstliche-intelligenz-forscher-fordern-verbot-autonomer-kampfroboter/12113296.html.

Dierig, Carsten et al. (2013): Bewerber-Auswahl: Für Arbeitgeber sind Schulnoten inzwischen egal, Welt (Online), 31. August 2013, https://www.welt.de/wirtschaft/karriere/article119565507/Fuer-Arbeitgeber-sind-Schulnoten-inzwischen-egal.html.

Dorloff, Axel (2018): Chinas kultureller Genozid in Xinjiang, *Bayern 2 (Radio)*,12. Dezember 2018, https://www.br.de/radio/bayern2/sendungen/breitengrad/uiguren-kontrolle-100.html.

Dörr, Saskia (2018): Corporate Digital Responsibility, *CSR News*, 20. Juni 2018, https://www.csr-news.net/news/2018/06/20/corporate-digital-responsibility/.

Downs, Ray (2017): Stephen Hawking warns AI could 'develop will of its own' to destroy humanity, *UPI (Online)*, 7. November 2017, https://www.upi.com/Stephen-Hawking-warns-AI-could-develop-will-of-its-own-to-destroy-humanity/3671510038720/.

Dr. Datenschutz (Pseudonym) (2016): Datenschutz-Folgenabschätzung: Was ist das überhaupt?, 6. April 2016, https://www.datenschutzbeauftragter-info.de/datenschutz-folgenabschaetzung/.

Dräger, Jörg / Müller-Eiselt, Ralph (2015): Die digitale Bildungsrevolution. Der radikale Wandel des Lernens und wie wir ihn gestalten können, München.

Drösser, Christoph (2009): Direkter Draht zum Lehrer. Eine Onlineplattform soll Mathe-Nachhilfe überflüssig machen, *Die Zeit*, 30. Dezember 2009, S. 64.

Dürrenmatt, Friedrich (1962): Die Physiker, Zürich.

Dutton, Tom (2018): An Overview of National AI Strategies, *Medium*, 28. Juni 2018, https://medium.com/politics-ai/an-overview-of-national-ai-strategies-2a70ec6edfd.

Efran, Michael G. (1974): The effect of physical appearance on the judgment of guilt, interpersonal attraction, and severity of recommended punishment in a simulated jury task, *Journal of Research in Personality*, 8, Nr. 1 (1974), S. 45 – 54.

Ehrenhauser, Martin (2018): Automatischer Finanzhandel. So krempeln Algorithmen die Finanzmärkte um, *Algorithmenethik*, 9. April 2018, https://algorithmenethik.de/2018/04/09/automatischer-finanzhandel-so-krempeln-algorithmen-die-finanzmaerkte-um/.

Eikeseth, Unni / Lillealtern, Randi (2013): Gender equality for crash test dummies, too, *ScienceNordic*, 24. Januar 2013, http://sciencenordic.com/gender-equality-crash-test-dummies-too.

Elmer, Christina et al. (2018): Black Box Schufa, *Spiegel Online*, http://www.spiegel.de/wirtschaft/service/schufa-so-funktioniert-deutschlands-einflussreichste-auskunftei-a-1239214.html.

Encyclopedia of World Biography (o. A., o. J.): Larry Page and Sergey Brin Biography, https://www.notablebiographies.com/news/Ow-Sh/Page-Larry-and-Brin-Sergey.html.

Eppler, Martin J. / Mengis, Jeanne (2003): A Framework for Information Overload Research in Organizations. Insights Form Science, Accounting, Marketing, MIS, and Related Disciplines, Nr. 1 (2003), https://www.researchgate.net/publication/33682095_A_framework_for_information_overload_research_in_organizations_insights_from_organization_science_accounting_marketing_MIS_and_related_disciplines.

Equivant (o. A., o. J.): Response To Propublica. Demonstrating Accuracy Equity And Predictive Parity, http://www.equivant.com/blog/response-to-propublica-demonstrating-accuracy-equity-and-predictive-parity.

Europäischer Gerichtshof (o. A., 2011): Urteil in der Rechtssache C-236/09, 1. März 2011, http://curia.europa.eu/juris/document/document.jsf?text=&docid=80019&pageIndex=0&doclang=DE&mode=req&dir=&occ=first&part=1.

Fanta, Alexander (2017): Putting Europe's Robots on the Map: Automated journalism in news agencies, *Reuters Institute Fellowship Paper University of Oxford*, https://reutersinstitute.politics.ox.ac.uk/our-research/putting-europes-robots-map-automated-journalism-news-agencies.

Fessler, Leah (2017): Apple and Amazon are under fire for Siri and Alexa's responses to sexual harassment, *Quartz at Work*, 8. Dezember 2017, https://qz.com/work/1151282/siri-and-alexa-are-under-fire-for-their-replies-to-sexual-harassment/.

Filipović, Alexander / Koska, Christopher / Paganini, Claudia (2018): Ethik für Algorithmiker. Was wir von erfolgreichen Professionsethiken lernen können, https://www.bertelsmann-stiftung.de/de/publikationen/publikation/did/ethik-fuer-algorithmiker/.

Filloux, Frederic (2018): Deepnews.ai, Progress Report #2: It works, *Monday Note*, 7. Oktober 2018, https://mondaynote.com/deepnews-ai-progress-report-2-it-works-29bdeb9648a1.

Fischer, Sarah / Petersen, Thomas (2018): Was Deutschland über Algorithmen weiß und denkt, https://www.bertelsmann-stiftung.de/de/publikationen/publikation/did/was-deutschland-ueber-algorithmen-weiss-und-denkt/.

Fisher, Max / Bennhold, Katrin (2018): Germans, Seeking News, Find YouTube's Far-Right Tirades, *The New York Times*, 8. September 2018, S. A4, https://www.nytimes.com/2018/09/07/world/europe/youtube-far-right-extremism.html.

Flood, Joe (2011): The Fires. How a Computer Formula, Big Ideas, and the Best of Intentions Burned Down New York City and Determined the Future of Cities, New York.

Flores, Anthony W. / Bechtel, Kristin / Lowenkamp, Christopher T. (2016): False Positives, False Negatives, and False Analyses. A Rejoinder to "Machine Bias: There's Software Used Across the Country to Predict Future Criminals. And It's Biased Against Blacks.", *Federal Probation Journal*, 80, Nr. 2 (2016), S.38–46.

Foy, Kylie (2018): Artificial intelligence system uses transparent, human-like reasoning to solve problems, *MIT News*, 11. September 2018, http://news.mit.edu/2018/mit-lincoln-laboratory-ai-system-solves-problems-through-human-reasoning-0911.

Frank, Dorothee (2018): Digitale Unterstützer im Asylverfahren, *Cyber Security Report 2018*, 8. Oktober 2018, http://www.bamf.de/DE/Service/Top/Presse/Interviews/20181008-interview-cyber-security-report/interview-cyber-security-report-node.html.

Frankfurter Allgemeine Zeitung (Online) (o. A., 2003): Evolution: Vielfalt sichert das Überleben unter schwierigen Bedingungen, 24. November 2003, http://www.faz.net/1.128924.

Frankfurter Allgemeine Zeitung (Online) (o. A., 2018): Erster Supermarkt ohne Kassen öffnet, 22. Januar 2018, http://www.faz.net/aktuell/wirtschaft/erster-amazon-supermarkt-ohne-kassen-oeffnet-15410919.html.

Gallwitz, Florian (2017): Eine Polemik: Wie man mit einem würfelnden Schimpansen Terroristen fängt, *Algorithmenethik*, 21. Dezember 2017, https://algorithmenethik.de/2017/12/21/eine-polemik-wie-man-mit-einem-wuerfelnden-schimpansen-terroristen-faengt/.

Gerhard, Saskia / Breitinger, Matthias (2015): Was wir über den Abgasskandal wissen, *Zeit Online*, 21. September 2015, https://www.zeit.de/wirtschaft/2015-09/vw-abgase-manipulation-faq.

Gershgorn, Dave (2017): The data that transformed AI research—and possibly the world, *Quartz*, 26. Juli 2017, https://qz.com/1034972/the-data-that-changed-the-direction-of-ai-research-and-possibly-the-world/.

Glaser, Peter (2014): Computer sind nutzlos, *heise online*, 28. März .2014, https://www.heise.de/tr/blog/artikel/Computer-sind-nutzlos-2154781.html.

Gohd, Cheldea (2018): Study Finds People Given Basic Income Are Likely to Keep Working, *Futurism*, 18. Februar 2018, https://futurism.com/basic-income-part-time-work/.

Goldberg, Eleanor (2011): eBay Founder Pierre Omidyar On Why He's Dropped $1 Billion To Make The World A Better Place, *Huffpost (Online)*, 20. Oktober 2011, https://www.huffingtonpost.com/2011/10/20/ebay-founder-pierre-omidyar_n_1020884.html.

Goldin, Claudia / Rouse, Cecilia (1997): Orchestrating Impartiality: The Impact of "Blind" Auditions on Female Musicians, *National Bureau of Economic Research*, Nr. 5903 (1997), https://www.nber.org/papers/w5903.

Google (o. A., o. J.): Funktionsweise der Suchalgorithmen, https://www.google.com/intl/de/search/howsearchworks/algorithms/.

Graham, Fiona (2013): Can Big Data Help Fight Fires and Save Lives? *BBC (Online)*, 26. März 2013, http://www.bbc.com/news/business-21902070.

Greenfield, Adam (2013): Against the Smart City, 23. Oktober 2013, https://urbanomnibus.net/2013/10/against-the-smart-city/.

Grimstad, Stein / Jørgensen, Magne (2007): Inconsistency of Expert Judgment-based Estimates of Software Development Effort, *Journal of Systems and Software*, 80, Nr. 11, S. 1770 – 1777, https://doi.org/10.1016/j.jss.2007.03.001.

Groth, Olaf et al. (2018): Vergleich nationaler Strategien zur Förderung von Künstlicher Intelligenz, https://www.kas.de/c/document_library/get_file?uuid=46c08ac2-8a19-9029-6e6e-c5a43e751556&groupId=252038.

Grünwald, Reinhard et al. (2015): Handlungsmöglichkeiten für Kommunikation und Beteiligung beim Stromnetzausbau, Nr. 20 (2015), http://www.tab-beim-bundestag.de/de/untersuchungen/u10500.html.

Grzymek, Viktoria / Puntschuh, Michael (2019): Was Europa über Algorithmen weiß und denkt, 2019, https://www.bertelsmann-stiftung.de/de/publikationen/publikation/did/was-europa-ueber-algorithmen-weiss-und-denkt/.

Güler, Cem-Odos (2016): Blind Date, *brandeins (Online)*, https://www.brandeins.de/magazine/brand-eins-wirtschaftsmagazin/2016/geschmack/blind-date.

Gummadi, Krishna P. (o. J): Discrimination in Machine Decision Making, https://www.european-big-data-value-forum.eu/wp-content/uploads/2017/12/Krishna-

Gummadi-Max-Planck-Institute-Discrimination-in-Machine-Decision-Making-EBDVF17.pdf.

Guttmann, Katja (2014): New Classrooms. Lern-Spaß maßgeschneidert, *Change. Das Magazin der Bertelsmann Stiftung*, Nr. 3 (2014), S. 16 – 25.

Habekuß, Fritz (2019): Wie geht es den Arten?, *Die Zeit*, 10. Januar 2019, S. 32.

Harari, Yuval Noah (2017): Homo Deus. Eine Geschichte von Morgen, München.

Harari, Yuval Noah (2018): 21 Lektionen für das 21. Jahrhundert, München.

Hartnett, Kevin (2016): How to Force Our Machines to Play Fair, *Quantamagazine (Online)*, 23. November 2016, https://www.quantamagazine.org/making-algorithms-fair-an-interview-with-cynthia-dwork-20161123/.

Heckel, Manuel (2018): Künstliche Intelligenz. Rufen statt klicken, *Handelsblatt*, 19. April 2018, S. 41.

Heckel, Manuel / Ermisch, Steffen / von Lindern, Jakob (2018): Wir nannten es Arbeit! Was Künstliche Intelligenz auch für deinen Arbeitsplatz bedeutet, *t3n*, Nr. 51 (2018), S. 31–37.

Hecker, Dirk et al. (o. J.): Zukunftsmarkt Künstliche Intelligenz. Potenziale und Anwendungen, https://www.iuk.fraunhofer.de/content/dam/iuk/de/documents/KI-Studie_Ansicht_201712.pdf.

Heinrich, Christian (2018): Digitaler Hausbesuch, *Zeit Online*, 25. April 2018, https://www.zeit.de/2018/18/telemedizin-digitalisierung-internet-telefon-aerzte-patienten-versorgung.

Hergovich, Philipp / Ortega, Josue (2017): The Strength of Absent Ties: Social Integration via Online Dating, 29. September 2017, https://arxiv.org/abs/1709.10478#.

Home Office, Research and Planning Unit, Social and Community Planning Research (o. A., 1992): British Crime Survey, https://discover.ukdataservice.ac.uk/catalogue/?sn=3202&type=data%20catalogue.

Hordych, Harald (2018): Verkehrsberuhigte Zone, *Süddeutsche Zeitung (Online)*, 2. September 2018, https://www.sueddeutsche.de/auto/navigationssysteme-verkehrsberuhigte-zone-1.4109439.

Horn, Sören et al. (2013): Vergleich realer und modellierter Einzugsgebiete Potsdamer Grundschulen, *Angewandte Geoinformatik*, http://gispoint.de/fileadmin/user_upload/paper_gis_open/537533036.pdf.

Hummel, Thomas et al. (2011): Fahrerassistenzsysteme. Ermittlung des Sicherheitspotenzials auf Basis des Schadengeschehens der Deutschen Versicherer, https://udv.de/de/publikationen/forschungsberichte/fahrerassistenzsysteme.

Hurley, Mikella / Adebayo, Julius (2016): Credit Scoring in the Era of Big Data, *Yale JL & Tech*, 18 (2016), S. 148 – 275.

Hustedt, Carla (2016): A Public Value Perspective on Predictive Policing in the US, https://www.researchgate.net/publication/327155597_A_Public_Value_Perspective_on_Predictive_Policing_in_the_US.

Hustedt, Carla (2018a): Die algorithmische Kristallkugel der US-Kinderschutzbehörden, *Algorithmenethik*, 22. Januar 2018, https://algorithmenethik.de/2018/01/22/die-algorithmische-kristallkugel-der-us-kinderschutzbehoerden/.

Hustedt, Carla (2018b): Auf dem Weg zu Gütekriterien für den Algorithmeneinsatz, 12. Dezember 2018, https://www.bertelsmann-stiftung.de/de/unsere-projekte/

ethik-der-algorithmen/projektnachrichten/auf-dem-weg-zu-guetekriterien-fuer-den-algorithmeneinsatz/.

Informationsfreiheitsbeauftragte der Bundesländer Berlin, Bremen, Mecklenburg-Vorpommern, Rheinland-Pfalz, Sachsen-Anhalt, Thüringen, Baden-Württemberg und des Bundes (2018): Positionspapier. Transparenz der Verwaltung beim Einsatz von Algorithmen für gelebten Grundrechtsschutz unabdingbar, 16. Oktober 2018, https://www.datenschutzzentrum.de/uploads/informationsfreiheit/2018_Positionspapier-Transparenz-von-Algorithmen.pdf.

Iyengar, Sheena S. / Lepper, Mark R. (2000): When choice is demotivating: Can one desire too much of a good thing?, *Journal of personality and social psychology*, 79, Nr. 6 (2000), S. 995 – 1006.

James, John T. (2013): A New, Evidence based Estimate of Patient Harms Associated with Hospital Care, *Journal Patient Safety*, 9, Nr. 3 (2013), http://patientsafetyamerica.com/about/a_new_evidence_based_estimate_of_patient_harms-2/.

Jay, Jonathan (2017): Can Algorithms Predict House Fires?, *Data-Smart City Solutions*, 16. März 2017, https://datasmart.ash.harvard.edu/news/article/can-algorithms-predict-house-fires-990.

Jentzsch, Nicola / Heumann, Stefan (2019): Eigene Wege gehen, *Handelsblatt*, 16. Januar 2019.

Joeres, Annika (2018): Parcoursup – das außerirdische Universitätsauswahlsystem der französischen Regierung, *Algorithmenethik*, 30. Mai 2018, https://algorithmenethik.de/2018/05/30/parcoursup-das-ausserirdische-universitaetsauswahlsystem-der-franzoesischen-regierung.

Joh, Elizabeth (2014): Policing by Numbers. Big Data and the Fourth Amendment, 2. März 2014, https://papers.ssrn.com/sol3/papers.cfm?abstract_id=2403028.

Johnson, Eddie T. (2016): Special Order S09-11. Strategic Subject List (SSL) Dashboard, 14. Juli 2016, http://directives.chicagopolice.org/directives/data/a7a57b85-155e9f4b-50c15-5e9f-7742e3ac8b0ab2d3.html.

Jouvenal, Justin (2016): Police are using software to predict crime. Is it a 'holy grail' or biased against minorities?, *The Washington Post (Online)*, 17. November 2016, https://www.washingtonpost.com/local/public-safety/police-are-using-software-to-predict-crime-is-it-a-holy-grail-or-biased-against-minorities/2016/11/17/525a66 49-0472-440a-aae1-b283aa8e5de8_story.html?noredirect=on&utm_term=.547aa1a38c4d.

Jüngling, Thomas (2014): Das Zeitalter der Maschinen-Menschen hat begonnen, *Welt (Online)*, 12. Juni 2014, https://www.welt.de/wirtschaft/webwelt/article128842469/Das-Zeitalter-der-Maschinen-Menschen-hat-begonnen.html.

Kahneman, Daniel (2011): The Surety of Fools, *The New York Times Magazine*, 23. Oktober 2011, S. MM30, https://www.nytimes.com/2011/10/23/magazine/dont-blink-the-hazards-of-confidence.html.

Kahneman, Daniel (2012): Schnelles Denken, langsames Denken, München.

Kahneman, Daniel / Rosenfield, Andrew M. / Gandhi, Linnea / Blaseru, Tom (2016): Noise: How to Overcome the High, Hidden Cost of Inconsistent Decision Making,

Harvard Business Review, Ausgabe Oktober 2016, S. 36–43, https://hbr. org/2016/10/noise.

Kleinberg, Jon / Lakkaraju, Himabindu / Leskovec, Jure / Ludwig, Jens / Mullainathan, Sendhil (2017): Human Decisions and Machine Predictions. Working Paper, *National Bureau of Economic Research*, https://doi.org/10.3386/w23180.

Kleinz, Torsten (2016): Google verbannt Werbung für Kurzzeit-Kredite, *heise online*, 12. Mai 2016, https://www.heise.de/newsticker/meldung/Google-verbannt-Werbung-fuer-Kurzzeit-Kredite-3206530.html.

Kleinz, Torsten (2017a): Wächter des Weltwissens – wie Automaten Wikipedia beschützen, 8. November 2017, *Algorithmenethik*, https://algorithmenethik. de/2017/11/08/waechter-des-weltwissens-wie-automaten-wikipedia-beschuetzen/.

Kleinz, Torsten (2017b): Wo Algorithmen Wikipedia-Autoren ersetzen, ergänzen und motivieren, 11. November 2017, *Algorithmenethik*, https://algorithmenethik. de/2017/11/10/wo-algorithmen-wikipedia-autoren-ersetzen-ergaenzen-und-motivieren/.

Knaus, Christopher (2016): Acoss Criticises Government's ‚appalling‘ Jail Threats to Welfare Recipients, *The Guardian (Online)*, 6. Dezember 2016, https://www. theguardian.com/australia-news/2016/dec/07/acoss-criticises-governments-appalling-jail-threats-to-welfare-recipients.

Knaus, Christopher (2017a): Internal Centrelink Records Reveal Flaws behind Debt Recovery System, *The Guardian (Online)*, 12. Januar 2017, https://www. theguardian.com/australia-news/2017/jan/13/internal-centrelink-records-reveal-flaws-behind-debt-recovery-system.

Knaus, Christopher (2017b): Centrelink Scandal: Tens of Thousands of Welfare Debts Wiped or Reduced, *The Guardian (Online)*, 13. September 2017, http://www. theguardian.com/australia-news/2017/sep/13/centrelink-scandal-tens-of-thousands-of-welfare-debts-wiped-or-reduced.

Knight, Will / Wolfangel, Eva (2018): Künstliche Intelligenz: Was denkt sich eine KI?, *heise online*, 20. Juli, 2018, https://www.heise.de/newsticker/meldung/ Kuenstliche-Intelligenz-Was-denkt-sich-eine-KI-3778547.html.

Knobloch, Tobias (2018): Vorausschauende Polizeiarbeit: mit Algorithmen „vor die Lage kommen", *Algorithmenethik*, 14. Juni 2018, https://algorithmenethik. de/2018/06/14/vorausschauende-polizeiarbeit-mit-algorithmen-vor-die-lage-kommen/.

Kostka, Genia (2018): China's Social Credit Systems and Public Opinion: Explaining High Levels of Approval, https://www.fu-berlin.de/presse/informationen/ fup/2018/fup_18_198-studie-sozialkreditsystem-china/index.html.

Krankenkassen-Zentrale (2018): Unisex-Tarif-Versicherungen 2018: Auswirkungen für Versicherte, https://www.krankenkassenzentrale.de/wiki/unisex-tarif.

Kraul, Thomas (2018): Roboter sind auch nur Menschen!? – Ein juristischer Blick auf die Haftung für Künstliche Intelligenz, *Algorithmenethik*, 30. Oktober 2018, https://algorithmenethik.de/2018/10/30/roboter-sind-auch-nur-menschen-ein-juristischer-blick-auf-die-haftung-fuer-kuenstliche-intelligenz/.

Kriminalpolitische Zeitschrift (o. A., o. J.): Wohnungseinbruchdiebstahl – Stellungnahmen, https://kripoz.de/Kategorie/stellungahmen/wohnungseinbruchdiebstahl-stellungnahmen/.

Krüger, Julia / Lischka, Konrad (2018): Damit Maschinen den Menschen dienen, https://www.bertelsmann-stiftung.de/de/publikationen/publikation/did/damit-maschinen-den-menschen-dienen/.

Kunze, Anne (2014): Ada und der Algorithmus, *Zeit Online*, 23. Januar 2014, https://www.zeit.de/2014/05/ada-lovelace-programmiererin.

Larson, Jeff / Mattu, Surya / Kirchner, Lauren / Angwin, Julia (2016): How We Analyzed the COMPAS Recidivism Algorithm, 23. Mai 2016, https://www.propublica.org/article/how-we-analyzed-the-compas-recidivism-algorithm.

Lee, Kai-Fu (2018): AI Superpowers. China, Silicon Valley, and the New World Order, New York.

Leppert, Thomas (2018): Raus aus der Blase! Warum wir eine Bundeszentrale für technologischen Dialog brauchen, *Res Technica*, 23. November 2018, https://restechnica.wordpress.com/2018/11/23/raus-aus-der-blase-warum-wir-eine-bundeszentrale-fuer-technologischen-dialog-brauchen/.

Lewis, Paul (2018): 'Fiction is outperforming reality'. How YouTube's algorithm distorts truth, *The Guardian (Online)*, 2. Februar 2018, https://www.theguardian.com/technology/2018/feb/02/how-youtubes-algorithm-distorts-truth.

Lewis-Kraus, Gideon (2016): Going Neural, *The New York Times Magazine*, 18. Dezember 2016, S. 40, https://www.nytimes.com/2016/12/14/magazine/the-great-ai-awakening.html.

Lischka, Konrad (2018): 5 praktische Beispiele, wie Vielfalt algorithmischer Sortierung aussehen kann, 6. Mai 2018, http://www.konradlischka.info/2018/05/blog/5-praktische-beispiele-wie-vielfalt-algorithmischer-sortierung-aussehen-kann/.

Lischka, Konrad / Klingel, Anita (2017): Wenn Maschinen Menschen bewerten, https://www.bertelsmann-stiftung.de/de/publikationen/publikation/did/wenn-maschinen-menschen-bewerten/.

Lischka, Konrad / Stöcker, Christian (2017): Digitale Öffentlichkeit. Wie algorithmische Prozesse den gesellschaftlichen Diskurs beeinflussen, https://www.bertelsmann-stiftung.de/de/publikationen/publikation/did/digitale-oeffentlichkeit/.

Lobe, Adrian (2015): Der Algorithmus sagt, wo's brennt, *Golem*, 17. Dezember 2015, https://www.golem.de/news/big-data-der-algorithmus-sagt-wo-s-brennt-1512-117986.html.

Lobe, Adrian (2016): Die Angst vor der Vierzig-Stunden-Pause, *Frankfurter Allgemeine Zeitung (Online)*, 18. Juni 2016, http://www.faz.net/aktuell/feuilleton/debatten/die-digital-debatte/silicon-valley-fuer-bedingungsloses-grundeinkommen-14291521.html.

Lobenstein, Caterina (2017): Behörde auf Speed, *Zeit Online*, 30. März 2017, https://www.zeit.de/2017/14/bamf-unternehmensberater-geschwindigkeiten-folgen-fluechtlinge.

Lobo, Sascha (2018a): Das Verschwinden der Mittelklasse, *Spiegel Online*, 5. Februar 2018, http://www.spiegel.de/netzwelt/netzpolitik/digitalisierung-das-verschwinden-der-mittelklasse-kolumne-a-1205746.html.

Lobo, Sascha (2018b): Nicht einmal Facebook versteht Facebook, *Spiegel Online*, 10. Oktober 2018, http://www.spiegel.de/netzwelt/web/soziale-medien-das-realitaetsgefuehl-ist-die-neue-realitaet-a-1232508.html.

Loftus, Peter (2017): Eli Lilly Bets Big on Insulin-Delivery Devices, *The Wall Street Journal (Online)*, 21. November 2017, https://www.wsj.com/articles/eli-lilly-bets-big-on-insulin-delivery-devices-1511269200.

Lohr, Steve (2018): M.I.T. Creates a College for Artificial Intelligence, Backed by $1 Billion, *The New York Times*, 16. Oktober 2018, S. B7, https://www.nytimes.com/2018/10/15/technology/mit-college-artificial-intelligence.html.

Lum, Kristian / Isaac, William (2016): To Predict and Serve?, *Significance*, 13, Nr. 5 (2016), S. 14 – 19, https://doi.org/10.1111/j.1740-9713.2016.00960.x.

Lutz, Christoph / Ranzini, Giulia / Meckel, Miriam (2013): Trusted Surprises? Antecedents of Serendipitous Encounters online, 19. Juni 2013, https://www.alexandria.unisg.ch/223320/1/Serendipity_ICA_Final_Version.pdf.

Madsen, Jakob / Islam, Md / Doucouliagos, Chris (2016): Inequality, Financial Development and Economic Growth in the OECD, 1870-2011, *Monash Economics Working Paper*, Nr. 18 (2016), https://econpapers.repec.org/paper/mosmoswps/2016-18.htm.

Malik, Momin M. / Pfeffer, Jürgen (2016): Identifying Platform Effects in Social Media Data, http://mominmalik.com/malik_icwsm2016.pdf.

Martini, Mario (2017): Algorithmen als Herausforderung für die Rechtsordnung, *Juristenzeitung*, 72, Nr. 21 (2017), S. 1017 – 1025.

Mattioli, Dana (2012): On Orbitz, Mac Users Steered to Pricier Hotels, *The Wall Street Journal (Online)*, 23. August 2012, https://www.wsj.com/articles/SB10001424052702304458604577488822667325882.

MBA Crystal Ball (o. A., 2018): Affirmative action in U.S. college admissions: Definition, examples, pros and cons, 23. Februar 2018, https://www.mbacrystalball.com/blog/2018/02/23/affirmative-action-college-admissions/.

McDonald. Robert J. et al. (2015): The effects of changes in utilization and technological advancements of cross-sectional imaging on radiologist workload, *Academic radiology*, 22, Nr. 9 (2015), S. 1191 – 1198.

McGorrery, Paul / Gilmore, Dawn (2016): Scientists Are Trying to Predict Which Babies Will Grow Up to Become Criminals, *ScienceAlert*, 12. August 2016, https://www.sciencealert.com/how-forensic-scientists-can-use-algorithms-to-predict-future-crimes.

Meineck, Sebastian (2018): Die fünf wichtigsten Zitate aus Zuckerbergs Kongressanhörung – und was sie bedeuten, *Motherboard*, 10. April 2018, https://motherboard.vice.com/de/article/9kgzb7/die-funf-wichtigsten-zitate-aus-zuckerbergs-kongressanhorung-und-was-sie-bedeuten.

Meyer, Jan-Bernd (2015): Wolfgang Wahlster: Künstliche Intelligenz ist besser als natürliche Dummheit, *Computerwoche*, Nr. 23 (2015), https://www.dfki.de/

fileadmin/user_upload/DFKI/Medien/News_Media/Presse/Presse-Highlights/
Computerwoche-Interview-Wahlster-2015-cw23-s-s014.pdf.

Miller, Carl (2018): God Is the Machine. The Terrifying, Hidden Reality of Ridiculously Complicated Algorithms, *The Times Literary Supplement (Online)*,
21. August 2018, https://www.the-tls.co.uk/articles/public/ridiculously-
complicated-algorithms/.

Miller, Joe (2014): Zuckerberg: Facebook's mission is to 'connect the world', *BBC
(Online)*, 24. Februar 2014, https://www.bbc.com/news/technology-26326844.

Ming, Vivienne (2013): Tracking My Son's Diabetes, 2013, https://vimeo.
com/81272562.

Mingels, Guido (2018): Wie es einem deutschen Unternehmen gelang, besser als
Google zu sein, *Spiegel Online*, 6. Mai 2018, http://www.spiegel.de/plus/deepl-
der-deutsche-unternehmer-ist-besser-als-google-
a-00000000-0002-0001-0000-000157181383.

Ministerium für Wirtschaft, Innovation, Digitalisierung und Energie des Landes
Nordrhein-Westfalen (o. A., 2017): Werkzeugkasten Dialog und Beteiligung. Ein
Leitfaden zur Öffentlichkeitsbeteiligung, https://www.dialog-schafft-zukunft.
nrw.de/fileadmin/download/Werkzeugkasten_Dialog_und_Beteiligung_2017.
pdf.

Mitchel, Andrea (2016): Mayor Bill De Blasio On Importance Of Neighborhood Policing, *MSNBC*, 27. Juni 2016, https://www.youtube.com/watch?v=PpLyPIuL7KQ&f
eature=youtu.be&t=88.

Morrell, Dan (2017): Better Hiring Through Brain Science, 1. Juni 2017, https://www.
alumni.hbs.edu/stories/Pages/story-impact.aspx?num=6231.

Mortensen, Dennis R. (2017): Automation may take our jobs—but it'll restore our
humanity, *Quartz*, 16. August 2017, https://qz.com/1054034/automation-may-
take-our-jobs-but-itll-restore-our-humanity/.

Mörtlbauer, Melanie (2013): Vom Sprach- zum Kunstfehler, *Deutsches Ärzteblatt*, 110,
Nr. 3 (2013), S. 98, https://www.aerzteblatt.de/archiv/134064/Uebersetzungen-in-
der-Medizin-Vom-Sprach-zum-Kunstfehler.

Mozilla (o. A., o. J.): Common Voice, https://mzl.la/voice.

New York City Independent Budget Office (o. A., 2016): A Look at New York City's
Public High School Choice Process, http://www.ibo.nyc.ny.us/iboreports/
preferences-and-outcomes-a-look-at-new-york-citys-public-high-school-choice-
process.pdf.

Nida-Rümelin, Julian / Weidenfeld, Nathalie (2018): Digitaler Humanismus. Eine
Ethik für das Zeitalter der Künstlichen Intelligenz, München.

Novet, Jordan (2018): Facebook is using A.I. to help predict when users may be suicidal, *CNBC (Online)*, 21. Februar 2018, https://www.cnbc.com/2018/02/21/how-
facebook-uses-ai-for-suicide-prevention.html.

n-tv Ratgeber (o. A., 2018): Software erleichtert Schülern das Mathe lernen, 2018,
https://www.n-tv.de/mediathek/videos/ratgeber/Software-erleichtert-Schuelern-
das-Mathe-lernen-article20398295.html.

O'Neil, Cathy (2017): Angriff der Algorithmen. Wie sie Wahlen manipulieren, Berufschancen zerstören und unsere Gesundheit gefährden, München.

O'Neil, Cathy (o. J.): The era of blind faith in big data must end, https://www.ted. com/talks/cathy_o_neil_the_era_of_blind_faith_in_big_data_must_end.

OBS Medical (o. A., 2014): St Joseph Mercy Oakland recognised by the American Hospital Association for their use of innovative technology, 27. Juli 2014, http:// www.obsmedical.com/news/st-joseph-mercy-oakland-recognised-by-the-american-hospital-association-for-their-use-of-innovative-technology/.

Office of the Mayor (o. A., 2017): Smaller Safer Fairer, http://2aptr31i4knk1qo3dh464d6n-wpengine.netdna-ssl.com/wp-content/ uploads/2018/04/Smaller-Safer-Fairer.pdf.

Open Knowledge Foundation Deutschland (o. A., o. J.): Prototype Fund, https://okfn. de/projekte/prototypefund/.

Otto, Philipp (2017): Leben im Datenraum. Handlungsaufruf für eine gesellschaftlich sinnvolle Nutzung von Big Data, in: Hermann Hill, Dieter Kugelmann und Mario Martini (2017): Perspektiven der digitalen Lebenswelt, Baden-Baden, S. 9–36, https://irights-lab.de/wp-content/uploads/2017/06/Leben-im-Datenraum_Philipp-Otto_Perspektiven-der-digitalen-Lebenswelt_ HillMartiniKugelmann.pdf.

Palmer, Carl L. / Peterson, Rolfe D. (2016): Halo effects and the attractiveness premium in perceptions of political expertise, *American Politics Research*, 44, Nr. 2 (2016), S. 353–382.

Peck, Don (2013): They're Watching You at Work, *The Atlantic*, Ausgabe Dezember 2013, https://www.theatlantic.com/magazine/archive/2013/12/theyre-watching-you-at-work/354681/ 354681.

Peer, Mathias (2018): Start-up Kreditech will in Indien Privatdarlehen per Knopfdruck vergeben, *Handelsblatt (Online)*, 29. August 2018, https://www. handelsblatt.com/finanzen/banken-versicherungen/start-up-kreditech-will-in-indien-privatdarlehen-per-knopfdruck-vergeben/22970782.html.

Polizeipräsidium Potsdam (o. A., 2018): Abschlussbericht des Bundespolizeipräsidiums zum Teilprojekt 1 »Biometrische Gesichtserkennung« am Bahnhof Berlin Südkreuz, 18. September 2018, https://www.bundespolizei.de/Web/DE/04Aktuelles/01Meldungen/2018/10/181011_abschlussbericht_gesichtserkennung_down. pdf?__blob=publicationFile.

Petersen, Jana (2017): Das digitale Kind: Wohlerzogen dank künstlicher Intelligenz, *Wired (Online)*, 26. Mai 2017, https://www.wired.de/collection/tech/muse-app-test-kinder-erziehung-ki-vivienne-ming-portraet.

Pletter, Roman (2014): Ist er besser als wir?, *Die Zeit*, 26. Juli 2014, S. 19–21. http:// www.zeit.de/2014/29/computer-roboter-konkurrenz/.

Porten, Ben (2016): Your hiring algorithm might be racist, 12. Juni 2016, https:// technical.ly/philly/2016/05/12/solon-barocas-hiring-racism-big-data/.

Posadas, Brianna (2017): How strategic is Chicago's "Strategic Subjects List"? Upturn investigates, *Medium*, 22. Juni 2017, https://medium.com/equal-future/ how-strategic-is-chicagos-strategic-subjects-list-upturn-investigates-9e5b4b235a7c.

Pousaz, Lionel (2013): Under the skin, a tiny laboratory, 20. März 2013, https://actu. epfl.ch/news/under-the-skin-a-tiny-laboratory/.

PredPol (o. A., 2015): PredPol on Al-Jazeera America, 23. April 2015, https://www.youtube.com/watch?v=kAAHl4t27h4.

ProPublica (o. A., 2016): Sample-COMPAS-Risk-Assessment-COMPAS-'CORE', 1. Februar 2016, https://www.documentcloud.org/documents/2702103-Sample-Risk-Assessment-COMPAS-CORE.html.

Prüfer, Jens / Schottmüller, Christoph (2017): Competing with Big Data, *CenterER Discussion Paper*, Nr. 007 (2017), https://pure.uvt.nl/ws/portalfiles/portal/15514029/2017_007.pdf.

Pymetrics (o. A., o. J.): Pymetrics Gender Equality Whitepaper, https://www.pymetrics.com/science.

Ramge, Thomas (2018): Mensch und Maschine. Wie Künstliche Intelligenz und Roboter unser Leben verändern, 2018, Ditzingen.

Rank Ranger (o. A., o. J.): Google Algorithm Updates. Latest News & History, https://www.rankranger.com/google-algorithm-updates.

Ready, Douglas D. (2014): Student Mathemathics Performance in the First Two Years of Teach One: Math, http://www.newclassrooms.org/wp-content/uploads/2016/09/Teach-to-One_Report_2013-14.pdf.

Reichel, Tim (2017): Nur Platz 4: Warum deine Noten nicht so wichtig sind und worauf Personaler wirklich achten, 15. Mai 2017, https://www.studienscheiss.de/noten-wichtig-personaler-achten/.

Reinhard, Niels (2016): Offene Daten in der Berliner Verwaltung, *Code for Germany*, 28. November 2016, https://codefor.de/blog/open-data-verwaltung-grundschuleinzugsgebiete.html.

Reisman, Dillon / Schultz, Jason / Crawford, Kate / Whittaker, Meredith (2018): Algorithmic Impact Assessments, *AI Now Institute*, https://ainowinstitute.org/aiareport2018.pdf.

Riepl, Wolf (2011): Je mehr Störche, desto mehr Kinder, 7. August 2011, https://statistik-dresden.de/archives/183.

Rohde, Noëlle (2018): Gütekriterien für algorithmische Prozesse. Eine Stärken- und Schwächenanalyse ausgewählter Forderungskataloge, https://www.bertelsmann-stiftung.de/de/publikationen/publikation/did/guetekriterien-fuer-algorithmische-prozesse/.

Roman, Jesse (2014): In Pursuit of Smart, *NFPA Journal (The Magazine of the National Fire Protection Association)*, 3. November 2014, https://www.nfpa.org/News-and-Research/Publications/NFPA-Journal/2014/November-December-2014/Features/In-Pursuit-of-Smart.

Ross, Joy (2017): Aipoly Vision App for the Blind... I CAN SEE!!!, 30. März 2017, https://www.youtube.com/watch?v=iL6bYvc8QYo.

Roth, Alvin (2015): Why New York City's high school admissions process only works most of the time, 2. Juli 2015, https://www.chalkbeat.org/posts/ny/2015/07/02/why-new-york-citys-high-school-admissions-process-only-works-most-of-the-time/.

Saunders, Jessica / Hunt, Priscillia / Hollywoodu, John S. (2016): Predictions put into practice: a quasi-experimental evaluation of Chicago's predictive policing pilot, *Journal of Experimental Criminology*, 12, Nr. 3 (2016), S. 347 – 371.

Schaefer, Jürgen (2014): Digital macht schlau!, *GEO*, Nr. 12 (2014), S. 28–46, http://www.geo.de/GEO/heftreihen/geo_magazin/lernen-mit-neuen-medien-digital-macht-schlau-79266.html.

Scheibehenne, Benjamin / Greifeneder, Rainer / Todd, Peter M. (2010): Can there ever be too many options? A meta-analytic review of choice overload, *Journal of Consumer Research*, 37, Nr. 3 (2010), S. 409–425.

Schmehl, Karsten (2017): 7 der 10 erfolgreichsten Artikel über Angela Merkel auf Facebook sind Fake News, *BuzzFeed News*, 26. Juli 2017, https://www.buzzfeed.com/karstenschmehl/die-top-fake-news-ueber-angela-merkel.

Schmidt, Mario (2018): Unsere digitale Zukunft? – China und die künstliche Intelligenz, *Weltspiegel (Video)*, 15. Dezember 2018, https://www.daserste.de/information/politik-weltgeschehen/weltspiegel/videos/weltspiegel-video-392.html.

Schneider, Jan / Yemane, Ruta / Weinmann, Martin (2014): Diskriminierung am Ausbildungsmarkt: Ausmaß, Ursachen und Handlungsperspektiven, https://www.svr-migration.de/publikationen/diskriminierung-am-ausbildungsmarkt/.

Schönbach, Klaus (2008): Das Prinzip der zuverlässigen Überraschung, in: Bernhard Pörksen, Wiebke Loosen / Armin Scholl (2008): Paradoxien des Journalismus, Wiesbaden, S. 503–511.

Schönfelder, Jonas (2017): Digitale Assistenten beim BAMF-Software soll Dialekte erkennen, *taz (Online)*, 19. Dezember 2017, http://www.taz.de/!5470641/.

Schopenhauer, Arthur (1851): Parerga und Paralipomena. Erster Band. Aphorismen zur Lebensweisheit.

Schüller, Katharina (2015): Statistik und Intuition. Alltagsbeispiele kritisch hinterfragt, 2015, Heidelberg.

Schünemann, Isabel (2019): Moral machines: Stop discussing thought experiments, *Conditiohumana*, https://conditiohumana.io/moral-machines/.

Seitz, Norbert (2015): Der Cyborg in mir, *Deutschlandfunk (Online)*, 18. Dezember 2015, https://www.deutschlandfunk.de/enhancement-gesellschaft-der-cyborg-in-mir.1310.de.html?dram:article_id=340963.

Shakespeare, William (1597): Romeo und Julia, London.

Shetty, Salil (2016): Salil Shetty Speech to Techfest, 16. Dezember 2016, https://www.amnesty.org/en/latest/news/2016/12/salil-shetty-speech-techfest/.

Simard, Caroline et al. (o. J.): Climbing the Technical Ladder: Obstacles and Solutions for Mid-Level Women in Technology, *Anita Borg Instiute*, http://anitab.org/wp-content/uploads/2013/12/Climbing_the_Technical_Ladder.pdf.

Singer, Natasha (2015): Connecting the Dots to Spot Benefits Fraud, *The New York Times*, 22. Februar 2015, S. BU3, https://www.nytimes.com/2015/02/22/technology/bringing-big-data-to-the-fight-against-benefits-fraud.html.

Singh Baveja, Sarabjit / Das Sarma, Anish / Dalvi, Nilesh (2016): Determining Trustworthiness and Compatibility of a Person, 21. April 2016, http://www.freepatentsonline.com/y2016/0110648.html.

Smedley, Tim (2014): Forget the CV, data decide careers, *Financial Times (Online)*, 9. Juli 2014, https://www.ft.com/content/e3561cd0-dd11-11e3-8546-00144feabdc0.

Snoddy, Raymond (2011): Murdoch: "A monopoly is a terrible thing - until you get one", *mediatel newsline*, 9. März 2011, https://mediatel.co.uk/newsline/2011/03/09/murdoch-a-monopoly-is-a-terrible-thing-until-you-get-one/.

Sowell, Thomas (1993): Is Reality Optional? And Other Essays, Stanford.

Spiegel Online (o. A., 2012): Nobelpreisregen durch Schokoladenhunger, 11. Oktober 2012, http://www.spiegel.de/wissenschaft/mensch/laender-mit-hohem-schokoladenkonsum-erhalten-mehr-nobelpreise-a-860761.html.

Spiegel Online (o. A., 2015): Bettina Wulff und Google einigen sich, 16. Januar 2015, http://www.spiegel.de/netzwelt/web/bettina-wulff-und-google-einigen-sich-aussergerichtlich-a-1013217.html.

Spiegel Online (o. A., 2017): Franco A. sprach Deutsch in Asylanhörung, 16. Juni 2017, http://www.spiegel.de/politik/deutschland/bundeswehr-franco-a-sprach-deutsch-in-asyl-anhoerung-a-1152453.html.

Spielkamp, Matthias (2017): Inspecting Algorithms for Bias, *MIT Technology Review*, 12. Juni 2017, https://www.technologyreview.com/s/607955/inspecting-algorithms-for-bias/.

Staltz, André (2017): The Web Began Dying in 2014, Here's How, 30. Oktober 2017: https://staltz.com/the-web-began-dying-in-2014-heres-how.html.

Steppat, Timo (2016): Wie Populisten durch Facebook groß werden, *Frankfurter Allgemeine Zeitung (Online)*, 11. November 2016, http://www.faz.net/aktuell/politik/inland/wie-facebook-populisten-wie-trump-afd-und-pegida-gross-macht-14518781.html.

Stewart, Erin (2017): How Centrelink Debt Letters Are Harming Australians' Mental Health, *ABC (Online)*, 12. Januar 2017, http://www.abc.net.au/news/2017-01-12/centrelink-debt-letters-harming-mental-health/8169182.

Stieglitz, Stefan / Dang-Xuan, Linh (2013): Emotions and Information Diffusion in Social Media. Sentiment of Microblogs and Sharing Behavior, *Journal of Management Information Systems*, 29, Nr. 4 (2013), S. 217 – 248, https://doi.org/10.2753/MIS0742-1222290408.

Stover, Dawn (2010): Taking Stock in Diversity: Species with a Varied Population 'Portfolio' Thrive, *Scientific American*, 2. Juni 2010, https://www.scientificamerican.com/article/salmon-runs-portfolio/.

Strittmatter, Kai (2018): Die Neuerfindung der Diktatur. Wie China den digitalen Überwachungsstaat aufbaut und uns damit herausfordert, München.

Swait, Joffre / Adamowicz, Wiktor (2001): The Influence of Task Complexity on Consumer Choice: A Latent Class Model of Decision Strategy Switching, *Journal of Consumer Research*, 28, Nr. 1 (2001), S. 135 – 148.

Tegmark, Max (2017): Leben 3.0: Mensch sein im Zeitalter Künstlicher Intelligenz, Berlin.

The New York Times (o. A., 1972): Transcript of Nixon's Television Address to the Soviet People From the Great Kremlin Palace, 29. Mai 1972, S. 3, https://www.nytimes.com/1972/05/29/archives/transcript-of-nixons-television-address-to-the-soviet-people-from.html.

The Wall Street Journal (Online) (o. A., 2016): Blue Feed, Red Feed. See Liberal Facebook and Conservative Facebook, Side by Side, http://graphics.wsj.com/bluefeed-red-feed/.

Tillmann, Christina / Vehrkamp, Robert (2014): Wählen, Mitmachen, Entscheiden. Wie die neue Vielfalt unsere Demokratie stärkt, *Einwurf*, Nr. 2 (2014), https://www.bertelsmann-stiftung.de/de/publikationen/publikation/did/einwurf-22014/.

Tucker, Patrick (2017): Tomorrow Soldier. How The Military Is Altering the Limits of Human Performance, *Defense One*, 12. Juli 2017, https://www.defenseone.com/technology/2017/07/tomorrow-soldier-how-military-altering-limits-human-performance/139374/.

Tullis, Tracy (2014): Cracking the School Choice Code, *The New York Times*, 7. Dezember 2014, S. MB1, https://www.nytimes.com/2014/12/07/nyregion/how-game-theory-helped-improve-new-york-city-high-school-application-process.html.

Tversky, Amos / Kahneman, Daniel (1974): Judgment under Uncertainty: Heuristics and Biases, *Science*, 185, Nr. 4157 (1974), S. 1124 – 1131.

Umweltbundesamt (o. A., 2018): Umweltprüfungen, 17. April 2018, http://www.umweltbundesamt.de/themen/nachhaltigkeit-strategien-internationales/umweltpruefungen.

United States Environmental Protection Agency (o. A., o. J.): About Bristol Bay, https://www.epa.gov/bristolbay/about-bristol-bay.

Upturn (o. A., 2015): Led Astray. Online Lead Generation and Payday Loans, https://www.teamupturn.org/reports/2015/led-astray/.

Vacca, James (2017a): New York City Council. Int. No. 1696, 16. August 2017, http://legistar.council.nyc.gov/View.ashx?M=F&ID=5386249&GUID=24719B50-305D-486F-ACA7-3178E9F32D8B.

Vacca, James (2017b): Transcript of the minutes of the committee on technology, 7. Dezember 2017, http://legistar.council.nyc.gov/View.ashx?M=F&ID=5706946&GUID=B29D51C0-A86E-4DC3-B4D3-422D16FAE87B.

Vara, Vauhini (2017): We Will Literally Predict Their Life Outcomes, *Wired (Online)*, 5. August 2017, https://www.wired.com/2016/05/we-will-literally-predict-their-life-outcomes/.

Vasagar, Jeevan (2016): Kreditech: A Credit Check by Social Media, *Financial Times (Online)*, 19. Januar 2016, https://www.ft.com/content/12dc4cda-ae59-11e5-b955-1a1d298b6250.

Vidal, Frédérique (2018): Parcoursup, la plateforme d'admission dans l'enseignement supérieur, 13. April 2018, http://www.enseignementsup-recherche.gouv.fr/cid129330/point-d-etape-sur-parcoursup-discours-de-frederique-vidal.html.

Vieth, Kilian / Wagner, Ben (2017): Teilhabe, ausgerechnet. Wie algorithmische Prozesse Teilhabechancen beeinflussen können, https://www.bertelsmann-stiftung.de/de/publikationen/publikation/did/teilhabe-ausgerechnet/.

Vodafone Institute of Society and Communications (o. A., 2016): Big Data, https://www.vodafone-institut.de/bigdata/de/.

von Bünau, Paul (2018): Die Sehnsucht nach Transparenz ist eine Sehnsucht nach Begründung. Warum Algorithmen lernen sollten, eine Geschichte zu erzählen, 16. Juli 2018, https://idalab.de/blog/data-science/die-sehnsucht-nach-transparenz-ist-eine-sehnsucht-nach-begrundung-warum-algorithmen-lernen-sollten-eine-geschichte-zu-erzahlen.

von Lindern, Jakob / Heckel, Manuel / Ermisch, Steffen (2018): Wenden Sie Sich bitte an meinen Bot, *t3n*, Nr. 51 (2018), S. 39 – 41.

Vosoughi, Soroush / Roy, Deb / Aral, Sinan (2018): The Spread of True and False News Online, *Science*, 359, Nr. 6380 (2018), S. 1146 – 1151, https://doi.org/10.1126/science.aap9559.

Walker, Joseph (2012): Meet the New Boss: Big Data, *The Wall Street Journal (Online)*, 20. September 2012, https://www.wsj.com/articles/SB10000872396390443890304578006252019616768.

Walker, Tim (2017): How Much …? The Rise of Dynamic and Personalised Pricing, *The Guardian (Online)*, 20. November 2017, https://www.theguardian.com/global/2017/nov/20/dynamic-personalised-pricing.

Weare, Kent (2018): Pymetrics Open-Sources Fairness-Aware Machine Learning Algorithms, *InfoQ*, 30. Juli 2018, https://www.infoq.com/news/2018/07/Pymetrics-Fair-Machine-Learning.

Webb, Amy (2013): How I hacked online dating, *TEDSalon NY*, 2013, https://www.ted.com/talks/amy_webb_how_i_hacked_online_dating/transcript#t-181917.

Webb, Amy (2019): The Big Nine. How the Tech Titans and their Thinking Machines Could Warp Humanity, New York.

Weber, Lauren / Dwoskin, Elizabeth (2014): Are Workplace Personality Tests Fair?, *Wall Street Journal (Online)*, 30. September 2014, http://www.wsj.com/articles/are-workplace-personality-tests-fair-1412044257.

Weber, Sara (2016): Wenn Algorithmen Vorurteile haben, *Süddeutsche Zeitung (Online)*, 15. Januar 2016, https://www.sueddeutsche.de/digital/diskriminierung-wenn-algorithmen-vorurteile-haben-1.2806403.

Weiß, Rebekka (o. J.): Empfehlungen für den verantwortlichen Einsatz von KI und automatisierten Entscheidungen, https://www.bitkom.org/noindex/Publikationen/2018/Leitfaeden/180202-Empfehlungskatalog-online-2.pdf.

Welt (Online) (o. A., 2018): Zahl der Wohnungseinbrüche in NRW stark gesunken, 16. Juli 2018, https://www.welt.de/regionales/nrw/article179411310/Zahl-der-Wohnungseinbrueche-in-NRW-stark-gesunken.html.

Wengenmayr, Roland (o. J.): Wie gut sind Wettervorhersagen? Qualitätsprüfung beim DWD.

Whittaker, Meredith (2018): Intelligente Maschinen sind nicht unfehlbar, *Internet Health Report 2018*, https://internethealthreport.org/2018/intelligente-maschinen-sind-nicht-unfehlbar/?lang=de.

Wikipedia (o. A., o. J.): National Institute for Health and Care Excellence, https://en.wikipedia.org/w/index.php?title=National_Institute_for_Health_and_Care_Excellence&oldid=856187413.

Wikipedia (o. A., o. J.): Clarkesche Gesetze, https://de.wikipedia.org/wiki/Clarkesche_Gesetze.

Wikipedia (o. A., o. J.): List of Cognitive Biases, https://en.wikipedia.org/w/index. php?title=List_of_cognitive_biases&oldid=831048284.

Winston, Ali (2018): Transparency Advocates Win Release Of NYPD 'Predictive Policing' Documents, *The Intercept*, 27. Januar 2018, https://theintercept. com/2018/01/27/nypd-predictive-policing-documents-lawsuit-crime-forecasting-brennan/.

Wolfangel, Eva (2017): Google und die Frau am Herd, *Die Zeit*, 13. Juli 2017, S. 35, https://www.zeit.de/2017/29/kuenstliche-intelligenz-computer-rassismus-vorurteile-klischees.

World Bank (o. A., 2012): Three Quarters of The World's Poor Are "Unbanked", 19. April 2012, http://www.worldbank.org/en/news/feature/2012/04/19/three-quarters-of-the-worlds-poor-are-unbanked.

World Bank (o. A., 2017): Global Findex, https://globalfindex.worldbank.org/.

Wu, Yonghui et al. (2016): Google's Neural Machine Translation System: Bridging the Gap between Human and Machine Translation, 8. Oktober 2016, https://arxiv.org/pdf/1609.08144.pdf.

Yang, Xifan (2019): Wir sehen Dich!, *Die Zeit*, 10. Januar 2019, https://www.zeit. de/2019/03/china-regime-ueberwachungsstaat-buerger-kontrolle-polizei.

Žižek, Slavoj (2017): Das Ende der Menschlichkeit, *Neue Züricher Zeitung*, 23. August 2017. https://www.nzz.ch/feuilleton/digitalisierung-das-ende-der-menschlichkeit-ld.1312112.

Zukunftsinstitut (o. A., 2018): Die neue Reflexivität der Zukunfts-Pioniere, 24. Mai 2018, https://www.zukunftsinstitut.de/artikel/zukunfts-pioniere/.

Zweig, Katharina Anna (2017): Personalisierung bei der Google Suche geringer als gedacht – hauptsächlich regionale Effekte, 28. Juli 2017, https://algorithmwatch. org/de/bei-der-google-suche-personalisierung-geringer-als-gedacht-hauptsaechlich-regionale-effekte/.

Alle Webadressen: Stand Januar 2019.

Alzheimer heilen.
Den Krebs besiegen. Jahrzehnte länger leben.

288 Seiten, ISBN
978-3-421-04811-0

Dieses Buch
ist auch als E-Book
erhältlich

Lange Zeit konnten wir von solchen Durchbrüchen in der Medizin nur träumen. Doch in den nächsten Jahren könnten viele dieser Träume Wirklichkeit werden, denn im Silicon Valley wird gerade die Medizin neu erfunden. Thomas Schulz, langjähriger Silicon-Valley-Korrespondent des SPIEGEL, hat Einblicke in die geheimen Forschungslabore erhalten. In seinem Buch zeigt er, worauf Patienten hoffen dürfen, und erklärt, welche Chancen und Risiken die Zukunftsmedizin für jeden von uns birgt.

»Schulz lässt seine Leser hinter die Kulissen blicken, zeichnet die Grundlagen des sich anbahnenden Zeitwandels spannend nach – und zeigt auf, wie realistisch die Verheißungen sind.« *Bild der Wissenschaft*

DVA

Diabetes-Behandlung
Vivienne Ming (USA)
→ Personalisierung, S. 60

Telemedizin für Risikopatienten
Charité (Deutschland)
→ Freiraum, S. 99

FINANZWESEN

Zuteilung von Highschoolplätzen
New York City (USA)
→ Immer und überall, S. 19

Mathematikunterricht
Bettermarks (Deutschland)
→ Personalisierung, S. 63

Mathematikunterricht
New Classrooms (USA)
→ Personalisierung, S. 65

Rekrutierung von Studierenden
ITT Technical Institute (USA)
→ Personalisierung, S. 67

SICHERHEIT UND JUSTIZ

Rückfallwahrscheinlichkeiten
COMPAS (USA)
→ Immer und überall, S. 18
→ Algorithmen irren, S. 44
→ Gerechtigkeit, S. 148

Brandrisiken von Gebäuden
Fire Cast (USA)
→ Verteilung, S. 118

Personalauswahl: Diskriminierung
Kyle Behm (USA)
→ Algorithmen irren, S. 50

Personalauswahl: Matching
Knack (weltweit)
→ Zugang, S. 78

Personalauswahl: Antidiskriminierung
Pymetrics (weltweit)
→ Gerechtigkeit, S. 143

BILDER UND SPRACHE

Sprachtest Englisch
Einwanderungsbehörde (Australien)
→ Algorithmen irren, S. 41

Bilderkennung für Blinde
Alpoly Vision, Seeing AI (weltweit)
→ Befähigung, S. 86

Übersetzungssoftware
Google Translate, DeepL, Word Lens (weltweit)
→ Befähigung, S. 89

ONLINE-PLATTFORMEN

Berechnung von Vertrauen
Trooly, AirBnB (weltweit)
→ Befähigung, S. 91

Internet-Partnersuche
Parship (Deutschland)
→ Verbindung, S. 152